奥运遗产与体育旅游创新发展研究丛书

蒋依依　主编｜谢婷　方琰　陈希　副主编

奥运遗产可持续利用
与创新发展研究

蒋依依　高洁　方琰　著

科学出版社

北　京

内 容 简 介

本书系统探讨了奥运遗产的可持续利用与创新发展问题。全书分为四个主要部分：首先，理论研究部分深入分析了奥运遗产的概念、分类及其可持续发展的理论框架；其次，国际经验部分通过对多个国家和城市的案例进行比较研究，总结了国际上奥运遗产利用的实践经验；第三，评估分析部分阐述了奥运遗产可持续利用与创新发展研究理论、视角及方法，并从综合效应、环境影响、社会影响、经济影响等方面进行了案例评估，为后续政策制定提供了科学依据；最后，中国方案部分则结合 2008 年北京奥运会、2022 年北京冬奥会等案例，详细分析了中国在奥运遗产可持续利用与创新发展方面的探索与成就，探讨了北京冬奥精神引领下的奥运遗产可持续发展路径。全书为奥运遗产的长期效益最大化提供了理论支持与实践指导。

本书可供体育与旅游相关管理和规划部门的管理人员、科研人员和广大科研院校体育专业、旅游专业、体育旅游专业、休闲专业等相关专业的学生参考阅读。

图书在版编目（CIP）数据

奥运遗产可持续利用与创新发展研究 / 蒋依依，高洁，方琰著 . -- 北京：科学出版社，2024. 10. -- ISBN 978-7-03-080145-6

Ⅰ. G811.21

中国国家版本馆 CIP 数据核字第 2024ZW4377 号

责任编辑：李晓娟 / 责任校对：樊雅琼
责任印制：徐晓晨 / 封面设计：美 光

科 学 出 版 社 出版

北京东黄城根北街 16 号
邮政编码：100717
http://www.sciencep.com

北京九州迅驰传媒文化有限公司印刷
科学出版社发行　各地新华书店经销

*

2024 年 10 月第 一 版　开本：720×1000　1/16
2024 年 10 月第一次印刷　印张：15 3/4
字数：300 000

定价：**188.00** 元
（如有印装质量问题，我社负责调换）

前 言

奥林匹克运动会（简称"奥运会"）作为世界规模最大的综合性体育盛会，不仅展现着体育竞技中的追求梦想、公平竞争、团队合作和集体荣誉，更成为推动城市发展、社会进步、文化交流的重要平台。随着奥运会的举办，举办城市和地区不仅获得了短期的经济收益，受到全球瞩目，更积累了将在中长期内不断发挥作用的丰厚遗产，这些遗产会在体育、经济、社会、文化和环境等多个方面对城市乃至国家的发展产生深远影响。奥运遗产，如同一笔巨大财富，蕴藏着无限的潜力和机遇，需要进行科学有效的管理与利用。

在历史的长河中，奥运遗产的概念不断演化，从最初仅包括有形的体育场馆和基础设施，到如今涵盖经济增长、社会和谐、文化传承和环境保护等多维度的综合效益，从最初仅包括赛后遗产，到如今涵盖申办、筹办、举办等全阶段的多元作用。如何最大化地利用这些遗产，实现其可持续发展，既是各个主办城市和国家面临的重大机遇，也成为重要挑战。欣喜的是，2008年北京奥运会后"全民健身日"活动的持续开展大幅提升了大众参与体育活动的积极性，2010年温哥华冬奥会赛后以冬奥会志愿者信息系统为基础持续继承了志愿精神，2012年伦敦夏奥会通过"市场化+公益服务"提升了赛后场馆利用效率，2012年因斯布鲁克青奥会通过持续举办高密度冬季赛事延续着冬奥品牌影响力，2020年东京夏奥会通过"东京2020年无障碍指南"等方式营造了高质量无障碍环境。遗憾的是，少数城市在赛后未能充分利用部分奥运遗产，导致资源浪费，陷入管理困境，甚至成为地方财政的沉重负担。在全球化背景下，奥运遗产的持续利用与创新发展探索，不仅仅是个体城市和国家如何将体育赛事举办与区域发展策略紧密结合的有力渠道，更是奥林匹克运动与精神传承以及推进全球协同发展的重要探索。

本书以"奥运遗产可持续利用与创新发展"为主题，系统地探讨了奥运遗产的理论基础、历史演进及其利用和发展的国际经验，并结合中国的具体实践，提出了一系列实现奥运遗产可持续利用与创新发展的科学有效的策略和路径。全书分为理论研究、国际经验、评估分析、中国方案四个部分，旨在为学术研究、政策制定和实际操作提供全面的理论支持和实践指南。

本书的编写是北京体育大学体育休闲与旅游学院蒋依依教授团队近年来赛事遗产相关研究成果的汇总。团队深度参与了北京冬奥组委重大招标项目《2022冬奥会和冬残奥会遗产战略第三方机构研究和报告》编制服务项目，该项目的阶段性成果《2022冬奥会和冬残奥会遗产报告（2020年、2022年）》《北京2022年冬奥会和冬残奥会遗产案例报告集（2022）》《北京2022年冬奥会和冬残奥会遗产报告（赛后）》等已向国内外正式公开发行并深受好评。团队近年来聚焦奥运遗产，主持国家社会科学基金重点项目《新时代北京2022年冬奥会和冬残奥会国家认同构建的效应与路径研究》、北京市社会科学基金重点项目《以北京冬奥遗产保护利用为抓手助推京津冀深度协同发展研究》等科研课题多项，并在国内外发表论文多篇。团队成员主笔的围绕赛事遗产的多篇资政报告被北京冬奥组委、国家体育总局、教育部等机构采纳，充分发挥了决策咨询的重要作用。

在蒋依依教授的专业指导下，第一篇奥运遗产可持续利用与创新发展的理论研究由高洁、黄旭佳主笔，第二篇国际经验部分由郭琪、金山、郭佳明、高仔奕、李湉主笔，第三篇评估分析部分由高洁、徐海滨、崔嘉晋、李海龙、严宁宁、林云晓、金山、黄旭佳主笔，第四篇中国方案部分由江磊、王石峰、李姗主笔，方琰、洪鹏飞、张月、王宁等人参与了书稿内容的修订，还有其他受邀咨询的专家们的支持与贡献。成果同时也汇集了国内外多位学者和专家的研究成果，力求通过体育学、管理学、地理学、社会学等跨学科的视角与方法，深入分析从奥运场馆的利用到城市基础设施的更新，从文化遗产的传承到社区体育发展的振兴等奥运遗产如何在城市、区域和国家发展的不同层面与不同领域发挥积极作用。希望相关研究能够为学术界、政府部门、体育组织等提供有益的参考，为推动奥运遗产以及赛事遗产的持续传承和创新利用贡献力量。更希望不同机构与不同领域的读者能够不断创新、勇于探索、携手努力，使奥运遗产成为可持续发展道路上的灵感源泉和驱动力量，为世界带来更多的精彩与美好！

作　者

2024年6月

目 录

第一篇　奥运遗产可持续利用
与创新发展的理论研究

第二篇　奥运遗产可持续利用
与创新发展的国际经验

第三篇　奥运遗产可持续利用
与创新发展的评估分析

第四篇　奥运遗产可持续利用与创新发展的中国方案

第一篇　奥运遗产可持续利用与创新发展的理论研究

第1章 奥运遗产概念界定

1.1 奥运遗产的概念演化

奥林匹克运动会（简称奥运会）不仅仅是一项体育赛事，也为东道主创造了遗产。奥林匹克遗产（Olympic Legacy）（简称奥运遗产）是因奥运会举办，而为居民、城市（地区）和奥林匹克运动所带来的长期效益。从增加体育参与和教育项目，到提振经济和改善城市环境，奥运会带来的影响是多方面的。对奥运遗产的概念认识和研究大致分为"以实物专有财产及权利遗产为主的早期认识阶段—1956 年奥运遗产理念进入奥运申办材料的起步阶段—1987 年首次奥运遗产国际会议召开的发展阶段—21 世纪可持续发展理念深入奥运遗产的成熟阶段"四个阶段。

（1）早期认识阶段。20 世纪 50 年代以前，"Olympic Legacy"一词极少被提及。"遗产"只单纯地被认为是先人遗留下来的和奥运相关的东西，多以实物的形式出现（是遗产最基本的含义，用"Heritage"一词来表达可能更确切）并以专有财产的形式被国际奥林匹克委员会（International Olympic Committee，IOC）（简称国际奥委会）独家继承和保护[1]。

（2）起步阶段。1956 年，现代奥林匹克话语体系中的"Legacy"一词，最早出现于墨尔本申办第 16 届奥运会的投标文档中。时任墨尔本市市长的 James Disney 在陈述时强调"澳大利亚将建设运动员中心，并以此作为第 16 届奥运会的遗产来发扬和延续奥林匹克在推动业余体育运动发展方面的崇高理想"[1]。

（3）发展阶段。20 世纪 80 ~ 90 年代，奥运会申办方文件、报告使用"Legacy"的频次增多，申办材料中的遗产涉及物质场馆设施、文化、精神、人才、体育发展等有形和无形元素，如 1984 年洛杉矶奥运会的赛前申办及赛后总结材料中的"遗产"已涉及文化、经济、形象和教育等诸多方面，卡尔加里在第 15 届冬奥会候选文件中特别提出"体育设施遗产"，1996 年亚特兰大奥运会提出"留下积极的物质和精神遗产"使命目标[2]。人们开始重新审视奥运会作为大型体育赛事所带来的除了场馆设备和体育运动外的其他效应。即使尚未形成清晰的概念边界，但此后的申报报告文件中，"遗产"仍在不同方面的论述中被有意识地提及，引起了国际奥委会等官方组织的重点关注。1987年，第1次以"奥运遗产"为议题的国际性研讨会在韩国首尔举办①。此后，"奥运遗产"开始作为一个重要议题进入体育研究领域。

（4）成熟阶段。国际奥委会针对奥运会筹办机制进行了优化，更加注重奥运遗产的可持续性。在国际奥委会和国家奥林匹克委员会（简称国家奥委会）的鼓励下，各个城市在奥运会的申办、筹办和举办后期，越来越重视和强调遗产的重要性。2002年11月，国际奥委会联合巴塞罗那自治大学奥林匹克研究中心组织了一场题为"奥林匹克运动的遗产：1984—2000"（The Legacy of the Olympic Games：1984—2000）的国际讨论会。讨论会设置城市和环境遗产、体育遗产、经济和旅游遗产、政治遗产、文化社会和交流遗产、教育和档案遗产等主题，召集百余位相关机构人员和诸多至今依然活跃在各国遗产领域的专家研讨交流。讨论会未就奥运遗产的概念给出明确定义，认为对不同的利益相关者、语言和文化而言，遗产这一术语具有不同的含义[3]。讨论会指出，奥运遗产应该自申办第一阶段起即予以考虑，很有必要在可持续发展的语境下规划长期奥运遗产，同时需要兼顾环境、社会和经济发展。此次国际讨论会后发布了一份报告，提出要确保为主办城市及其居民留下场馆、基础设施、专业知识和经验等重大遗产，并对《奥林匹克宪章》作出修改，将"促进奥运会为主办城市和国家留下积极遗产"列为使命之一②，要求从2010年冬奥会开始，申办方须对遗产问题和遗产规划作出阐述。

奥运遗产的类型逐渐丰富，内涵更加关注长期持续效益。2003年，继"Legacy"首次被引入《奥林匹克宪章》后，国际奥委会就其概念进行多次阐述：2008年，国际奥委会主席Jacques Rogge在一次公开演讲中将"遗产"表述为努力之后形成的持久成果。2013年，国际奥委会编写的《奥运遗产手册》将"奥运遗产"界定为"可为社区建设与基础设施带来可观改变的持续性效益"，"奥

---

① 徐拥军，闫静. "奥运遗产"的内涵演变、理性认知与现实意义 [J]. 首都体育学院学报，2019，31 (3)：201-205，220.

② IOC. Legacy Strategic Approach：Moving Forward [EB/OL]. http://library. olympics. com/doc/ syracuse/173146 [2021-05-01].

运遗产"通常包括体育、城市建设等方面，这些遗产可以是有形遗产，也可以是无形遗产。有形"奥运遗产"包括体育设施、交通设施的建设及市容改造与美化；无形"奥运遗产"包括诸如通过奥运会的举办带来的民族自豪感的提升等。2015 年，国际奥委会在《奥运遗产指南》中将遗产阐释为：举办奥运会为主办城市和地区带来的包括有形和无形的赛后效应（Effects），通常是长期而非短期的影响。同年，国际奥委会可持续与遗产委员会组织的研讨会围绕奥运举办候选期或奥运赛事或运动项目结束后仍保持积极影响（Impacts）的概念展开。2018年 2 月 21 日，国际奥委会在第 9 届国际体育产业论坛上发布了全新的奥运遗产框架——《遗产战略方针》（*Legacy Strategic Approach*），对奥运遗产的概念进行了新的界定：奥运遗产是一个愿景的结果。它包括举办奥运会为人民、城市/地区和奥林匹克运动所带来的或加速的所有有形和无形的长期利益[1]。20 世纪末至今，奥运遗产类型也不断丰富，见表 1-1。此外，国际奥委会官方网站上还有两种描述，即奥运会在赛事之前、期间以及之后为举办城市、居民和奥林匹克运动创造的长期利益（Benefits）和首先体现为人类、社会和文化的长期利益（Benefits），因为这一事件将在人们的脑海中留存数十年；此外，一些新的基础设施被保留下来，部分改变城市的面貌，为居民和游客带来新的机遇（Opportunities）。

表 1-1　奥运遗产类型　　　　　　　　　　（单位：个）

研究人员或机构	年份	奥运遗产类型	数量
Cashman[4]	2003	经济遗产、建筑和物理环境遗产、信息和教育遗产、公共生活/政治/文化遗产、体育遗产、符号/记忆/历史遗产	6
Chappelet[5]	2003	旅游和经济遗产、基础设施遗产、体育设施遗产、城市和自然环境遗产、社会文化和交流遗产	5
Cornelissen 等[6]	2011	经济遗产、基础设施遗产、社会遗产、政治遗产、体育发展遗产、环境遗产	6
Dickson 等[7]	2011	体育遗产、经济遗产、基础设施遗产、信息和教育遗产、公共生活/政治/文化遗产、符号/记忆/历史遗产、社会资本遗产、环境遗产、法制遗产、城市发展遗产、目的地形象遗产	11

① IOC. Legacy Strategic Approach ［R/OL］. https://www.olympic.org/-/media/Document% 20Library/OlympicOrg/Documents/Olympic-Legacy/IOC_Legacy_Strategy_Executive_Summary.pdf[2021-05-01].

研究人员或机构	年份	奥运遗产类型	数量
Kaplanidou[8]	2012	经济遗产、社会遗产、环境遗产	3
Leopkey 和 Parent[9]	2012	体育遗产、文化遗产、怀旧遗产、奥林匹克运动遗产、经济遗产、形象遗产、信息和教育遗产、心理遗产、社会遗产、环境遗产、城市遗产、可持续性遗产、政治遗产	13
Li 和 McCabe[10]	2013	经济遗产、社会遗产、混合遗产	3
Preuss[11]	2015	经济遗产、基础设施遗产、社会遗产、体育遗产、文化遗产、城市遗产、社区遗产、形象和品牌遗产、信息和知识遗产、政治遗产、心理和情感遗产、环境遗产、关系网络遗产、信托基金遗产、教育和技能遗产、象征/记忆/历史遗产、旅游业遗产、健康遗产	18
Grix 等[12]	2017	经济遗产、城市再生遗产、国家自豪感/利好因素、身体和体育活动参与、国际声望和软实力	5
Preuss[13]	2019	城市发展、环境改善、社会发展（信仰和行为）、知识产权、人的发展（知识、技能和关系网络）、政策和管理	6
IOC[14]	2019	经济价值和品牌资产、环境改进、城市发展、文化和创造性发展、人类技能/网络和创新、经由体育实现的社会发展、组织性体育活动发展	7

诸多词汇都曾出现在国际奥林匹克官方文件和研讨会中，用以表述奥运遗产的内涵，可见"奥运遗产"的概念并不是一成不变的，而是动态发展、不断延伸的。出于进一步工作的需求，国际奥委会主动结合不同利益相关者的多方视角，对"奥运遗产"提出界定："因奥运会举办，为居民、城市（地区）和奥林匹克运动所带来的长期效益，是奥林匹克运动愿景和城市地区愿景相契合的结果"，这是当前被广泛引述的官方定义①。具体可以划分为 7 个类别：组织性体育活动发展、经由体育活动实现的社会发展、人类技能/网络和创新、文化和创造性发展、城市发展、环境改善，以及经济价值和品牌资产。

从国际奥委会官方实践的视角下可以看出，关于"奥运遗产"的表述具有强烈的正面积极性，与负面影响相区分，期冀在各奥运会举办地区中发挥正向引

---

① IOC. Legacy Strategic Approach：Moving Forward ［EB/OL］. http：//library. olympics. com/doc/syracuse/173146［2021-05-01］.

领作用。概念内涵由"影响"的范畴演化为长期的、可持续的"遗产"范畴。虽然在国际奥委会的正式出版物中体现"奥运生成结果"之时,"影响"和"遗产"时常被同时或被交替使用,但这是因侧重不同及描述场景不同导致的。评估特定届次的"奥运遗产",通常就是研究赛事所产生的"奥运影响",但"是否产生长期影响"的问题又成为遗产判定工作的一大难题。

1.2 奥运遗产概念的学术争鸣

在奥运遗产学术研究中,奥运遗产的概念引起了学者的多方探讨。Preuss[15]基于构造和构造之变化的"事件构造"观点较具代表性,他认为遗产是为体育事件创造或由体育事件创造的比事件本身存续更久的所有计划与非计划、积极和消极、有形和无形的构造。构造的改变是社会、经济或自然系统运行的基本方式转变或变化的结果,通常处于蛰伏状态,只有当它们创造的行动所需的机遇被调动和利用,才能触发新的积极或消极的影响,才能称之为遗产,由此 Preuss[13]进一步将遗产界定为:"由源于奥运会的构造改变造成的影响主体人和空间的所有结果。"与"事件构造"观点相比,Li 等[10]的"事件元素说"关注遗产的物质与时间两个维度以及经济、物质和心理三个领域,将重大事件遗产定义为事件留给主办国家未来世代的有形和无形元素,这些元素长期影响社区和个人层面的经济、物质、心理福祉。影响经济福祉的因素如 GDP、就业、旅游业和经济福利;影响物质福祉的因素有基础设施、环境、大众体育和健康;影响心理福祉的因素包括国家认同、社区凝聚力和公民自豪感[16]。

鉴于遗产概念涉及面广且具有某种程度的模糊性,Chappelet[17]提出了重大体育事件遗产的操作化定义,即事件在其环境中所留下的可称为后果(Consequences)的一切。"在事件的环境中"强调重大体育事件遗产的地域范围(当地的、区域的、国家的、全球的);"事件的后果"强调主体价值取向(积极与消极)、因果关系(即后果是否由该事件造成)和提前规划;"留下的一切"提议从物质性(有形遗产和无形遗产)、地域性(地域整体性遗产和个人遗产)、体育性(与体育运动直接相关的遗产和非相关的遗产)三个关键维度对遗产进行辨别。Coakley 和 Souza[18]同样强调了重大体育事件遗产与体育的直接关联性,将其理解为面向主办城市和国家的体育相关的特定结果,如体育参与增加、设立新的体育项目、新建和改建体育场馆设施、形成有关体育的社会资本。奥运遗产的概念也在不断发展，国际奥委会和奥林匹克运动会组织委员会（简称奥组委）更倾向于奥运遗产的正向积极作用，学术界更偏向于多角度考量奥运遗产的价值。

1.3 奥运遗产的类别及维度划分

奥运遗产所包含的内容非常广泛且呈现动态变化趋势，既有积极的也有消极的，既包括有形的也包括无形的，既可以是属于国家的也可以是属于个人的，既可能是有意而为之的也可能是出人意料，既可以对当地也可以对全球产生影响的，既包括临时的也包括永久的，不一定非要与体育运动相关的，不同群体对其定义的侧重点也是不尽相同的。正是由于奥运遗产的这一特性，我们很难对其进行精确定义和进行准确的评价与测量，只能笼统地认为奥运遗产是一个生动而鲜活的对奥运会记忆的延续形式，它是一个开放性的概念，随着时间的发展会增加和强调不同的要素[2]。

20 世纪末至今，奥运会等重大体育事件遗产在实践和研究方面成果颇丰。回顾 1956～2016 年历届夏季、冬季奥运会正式申办书和最终报告，遗产元素涉及体育、文化、怀旧、经济、形象、信息和教育、心理、社会、环境、城市、可持续性、政治、奥林匹克运动等多个方面。不同专业领域学者就遗产的某个或多个方面进行研究，涵盖经济、基础设施、社会、体育、文化、城市、社区、形象和品牌、信息和知识、政治、心理和情感、环境、关系网络、信托基金、教育和技能、符号/记忆/历史、旅游业、健康 18 个主题（表 1-1）。

奥运遗产研究涉及多个学科，不同学科间的遗产内涵维度存在重叠[19,20]。以基础设施为例，其建设发展可产生附加收入来源和更多工作机会，从而创造经济收益[8]，该领域中的道路、机场、公共交通可归入城市发展遗产，废水处理可归入环境遗产。再如举办地形象，其既可单独作为遗产类别，又可置于旅游遗产、社会遗产和城市遗产之下。为避免无限分类与重叠，一些学者提出便于区分奥运遗产的维度（表 1-2），如物质性、地域性、体育性三维度[7]；利益相关者（人）、环境、与奥运会的直接/间接因果关系、有形/无形、有意/无意、时间、空间七维度[13]。从奥运遗产的形式与分类可以看出，奥运遗产概念所涉及的因素繁多而且不能被完全清楚地界定，但可以确定的是奥运遗产必须具备以下两方面要素：一是与奥运会有关联的；二是对举办地及其居民产生长远影响的，并且这种影响通常是正面的。

表1-2　奥运遗产维度 （单位：项）

学者	年份	维度划分	类目
Preuss[15]	2007	计划/非计划、积极/消极、有形/无形、时间、空间	5
Dickson 等[7]	2011	成本、构造、计划性、有形性、时间、空间	6
Chappelet[18]	2012	物质性、地域性、体育性	3
Veal 等[21]	2012	直接/间接、全球/当地	2
Preuss[11]	2015	时间、机遇、价值、有形性、空间、意图	6
Dawson 等[22]	2018	行动者、意图、评价视角、时间、空间	5
Preuss[13]	2019	利益相关者（人）、环境、与奥运会的直接/间接因果关系、有形/无形、有意/无意、时间、空间	7

| 第 2 章 | 奥运遗产与可持续发展的历史演进

2.1　奥运遗产与可持续发展的历史

可持续性是指旨在优化社会、经济和环境层面的积极影响和最大限度地减少消极影响的战略与决策过程。在可持续发展的国际政策领域，联合国相继通过了千年发展目标（MDGs）、2030 年可持续发展目标（SDGs），分阶段勾勒了人类未来发展的美好愿景，以此作为全人类共同奋斗的目标[23]。2015 年 9 月，第 70 届联合国大会通过《变革我们的世界：2030 年可持续发展议程》的成果文件，即联合国《2030 年可持续发展议程》。《2030 年可持续发展议程》是一份围绕人类（People）、繁荣（Prosperity）、地球（Planet）、和平（Peace）和伙伴关系（Partnership）制定的全球宪章，包括 17 个可持续发展目标，旨在解决社会、经济和环境三个维度的问题，让全球走向可持续发展的道路[24]。

然而，关于可持续性的研究一直集中在制造业等行业，体育赛事领域的可持续性需要得到更加充分和深入的研究[25]。实际上，体育赛事与可持续性之间的联系越来越紧密。随着《2030 年可持续发展议程》向纵深推进，体育在全球公共事务框架中所发挥的作用越来越得到公众的肯定。公众越来越期望奥林匹克运动和奥运会主办城市组委会对社会、环境和经济发展实现长远考虑，将可持续发展原则和实践作为申办奥运会的共同主题。如果国际奥委会和奥组委没有采取可信的行动，就无法利用奥运会吸引新受众接受可持续的理念[26]。这些行动包括采用能够持续产生，并能够及时总结和发布与奥运会相关的主要经济、环境和社会成果，与可信的非政府组织（NGO）合作，等等。联合国大会也证实了体育运动在支持可持续发展目标方面所发挥的重要作用。《2030 年可持续发展议程》指出："体育是可持续发展的一个重要推动力。我们确认，体育对发展与实现和平的贡献越来越大，因为体育促进容忍和尊重，增强妇女和青年、个人和社区的权能，有助于实现健康、教育和社会包容方面的目标①。"因此，可持续性在奥运会的组织构建和效应形成中发挥了关键作用，可以被视为奥林匹克精神的基石[27]。

2.2 奥运遗产与可持续发展的趋势

国际奥委会对可持续性的定义是：在做决策时，我们确保可行性，我们寻求在经济、社会和环境领域的积极影响最大化和减少负面影响。全球体育可持续发展的历史进程可被概括为战略萌芽期（1992 年 6 月～2003 年 11 月）、战略形成期（2003 年 11 月～2017 年 9 月）和战略整合期（2017 年 9 月至今）[28]。国际奥委会可持续发展重点事件见专栏 2-1②。

（1）战略萌芽期。根据国际奥委会相关报告，国际奥委会的可持续发展之路始于 1992 年在巴西里约热内卢举办的联合国环境与发展会议（又称地球问题首脑会议），国际奥委会派代表出席了会议，环境问题首次被纳入奥运会的候选人问卷。1994 年，在法国巴黎召开的奥林匹克百年大会上，国际奥委会和其他代表专门讨论了体育与环境问题，正式提出将"环境保护"列入奥林匹克主义的三大支柱。1996 年，国际奥委会修订《奥林匹克宪章》，将"环境"和"可持续性"列入作为基本原则，"可持续发展"正式融入奥林匹克运动价值观。自此之后，无论是奥运赛事，还是其他奥林匹克大家庭活动，都强调奥林匹克运动在促进可持续发展上要有所贡献[28]。

（2）战略形成期。2005 年，国际奥委会与 35 个国际单项体育联合会共同发布《体育、环境和可持续发展指南》，重点说明了如何进行可持续发展理念引入、政策设计和实践活动开展，鼓励所有奥运项目、非奥项目的国际体育组织实施可持续战略。可持续发展的概念在 2012 年伦敦奥运会上得到落实，伦敦奥组委首次为奥林匹克运动设立了一个独立的监督机构（2012 伦敦可持续发展委员会）。国际奥委会 2014 年 12 月在摩纳哥举行的会议通过的《奥林匹克 2020 议

---

① IOC. Sustainability Essentials［R/OL］. https：//stillmed. olympics. com/media/Document% 20Library/OlympicOrg/IOC/What-We-Do/celebrate-olympic-games/Sustainability/sustainability-essentials/IOC-Sustain-Essentials_ v7. pdf？_ga＝2. 133916045. 2067493057. 1693776082-1777250100. 1685347700［2021-05-01］.

② IOC. IOC Sustainability Strategy［R/OL］. http：//extrassets. olympic. org/sustainability-strategy/1-1［2021-05-01］.

程》建立在信誉、可持续性和青年三大支柱之上[29]，表明国际奥委会应该在可持续性方面树立更加积极主动的立场，发挥领导作用，并确保将可持续性纳入奥运会规划和举办的所有方面，如制定可持续性战略、确保奥运会遗产的赛后监测等。之后，国际奥委会于 2015 年、2016 年和 2017 年连续对该议程进行了改进和落实，又于 2018 年通过了《奥林匹克 2020 议程：奥运会新规范》[30]。就关系来看，《奥林匹克 2020 议程》是在奥运会发展屡遇瓶颈[31]的背景下，国际奥委会对国际奥林匹克运动进行的统领性、系统性、战略性改革规划；而《奥林匹克 2020 议程：改革推进计划》是《奥林匹克 2020 议程》改革理念在奥林匹克改革实践中的介绍性报告，清晰地反映了《奥林匹克 2020 议程》每一条改革建议的完成进度以及下一年的具体改革计划；《奥林匹克 2020 议程：奥运会新规范》则是以《奥林匹克 2020 议程》的 6 条建议（第 1、2、3、4、12、13 条）为基本框架，专注于奥运会的关键领域与难点问题，是奥林匹克、奥运会可持续发展的具体深化，是当前国际奥林匹克领域改革、发展的重要指针[32]。

（3）战略整合期。2017 年 5 月 4 日，联合国宣布关闭体育促进发展与和平办公室（UNOSDP），标志着之前独立行动的两大系统（联合国和国际奥委会），正式进入战略整合期[28]。国际奥委会制定的战略、规划不再局限于奥林匹克大家庭、国际体育联合会、国家奥委会等相关者渠道，还通过与联合国组织机构合作，以"国际公约"的形式在国家政府中产生作用。国际奥委会、联合国两大系统之间的共同体意识更加强烈，组织间的关系也从"竞争-合作"转向"协同共治"。当前，距离全球 2030 年可持续发展目标不足 10 年，从形势上看，两大系统将会继续遵循协同治理的理念，共同推进全球体育可持续发展。

专栏 2-1　国际奥委会可持续发展重点事件

1992 年，国际奥委会的代表出席了在里约热内卢举行的联合国环境与发展会议，环境问题首次被纳入奥运会候选人的调查问卷（用于 2000 年奥运会）[25]。此次大会上，会员国代表一致通过并签署《21 世纪议程》等倡议，就环境保护和经济协调发展达成共识。

1994 年，国际奥委会与联合国环境规划署（UNEP）签署了一项协议，共同致力于提高环境意识和环境教育；在 1994 年的奥林匹克百年大会上，"环境保护"成为与体育和文化并列的奥林匹克三大支柱[33]。

1995 年，国际奥委会发起了"体育与环境"项目；首届世界体育与环境大会由国际奥委会与联合国环境规划署联合举办；国际奥委会成立了体育与环境委员会，专门负责制定环境保护相关的政策和行动方案。

1996 年，国际奥委会修订《奥林匹克宪章》，将"环境"和"可持续性"列入作为基本原则。具体而言，《奥林匹克宪章》第 1 章第 2 条和第 13 段规定，国际奥委会将"鼓励并支持负责任地关注环境问题，促进体育运动的可持续发展，并要求相应地举办奥林匹克运动会"（该宪章 2007 年生效，2014 年索契冬奥会于 2009 年发布了一项实质性的环境战略，这表明了该宪章的有效性）。

1999 年，针对世界体育运动大会上的环境方面，国际奥委会利用联合国《21 世纪议程》制定了自己的环境 ES 框架和步骤。随后奥组委将环境经济纳入《奥林匹克宪章》（2007 年），规定奥运会应"鼓励和支持对环境问题的合理关注"；国际奥委会发布《奥林匹克运动 21 世纪议程》，作为"促进可持续发展的参考程序"，敦促利益相关者关注和实施环境保护。

2003 年，奥运会研究委员会的报告强调了遗产的重要性。同年，国际奥委会启动了奥林匹克运动会全球影响项目。这一重大项目旨在创建和报告奥运会的环境保护承诺。

2005 年，国际奥委会与 35 个国际单项体育联合会共同发布《体育、环境和可持续发展指南》，重点说明如何进行可持续发展理念引入、政策设计和实践活动开展，鼓励所有奥运项目、非奥运项目的国际体育组织实施可持续战略，以促进奥林匹克运动践行《21 世纪议程》。

2006 年，国际奥委会发布了《运动员自愿行为守则》，倡导运动员成为环保榜样。该守则概述了六项主要原则，鼓励运动员避免浪费水和能源，尽可能高效地旅行，负责任地消费，妥善处理废物，以及支持环境保护和环境教育。作为环保榜样，奥林匹克运动员被鼓励"尊重环境，参与促进可持续发展的活动，这是他们作为知名人士树立良好榜样的责任的一部分"。

2007 年，国际奥委会因其在促进可持续发展方面的领导作用而获得联合国环境规划署颁发的地球卫士奖。

2009 年，国际奥委会被联合国授予正式观察员地位。

2012 年，国际奥委会发布了一份关于奥运会的概述，介绍了 1992 年以来奥林匹克运动的可持续发展成就。

2014 年，国际奥委会发布《奥林匹克 2020 议程》，将"可持续纳入所有奥林匹克运动及其日常"。随后的《奥林匹克 2020 议程：奥运新规范》再次明确"确保奥运会在可持续发展方面的领先地位"，可持续性是其三大支柱之一[34]。

2015 年，国际奥委会成立了可持续与遗产委员会（取代体育与环境委员会），并设立了一个负责可持续发展的新部门；联合国启动 2030 年可持续发展议程及其 17 项可持续发展目标。国际奥委会为 2030 年可持续发展议程的制定作出了贡献，这使得体育被认为是"可持续发展的关键推动者"；国际奥委会参加了在巴黎举行的第 21 届联合国气候变化大会（COP 21）。

2016 年，国际奥委会执行委员会批准国际奥委会可持续发展战略。

2017 年，国际奥委会颁布《国际奥委会可持续发展战略》，详尽解释了战略的具体内容、执行程序和保障举措，帮助奥组委、国际单项体育联合会、赞助商、运动员等利益相关者履行可持续发展的社会责任。其中，最具代表性的是国际奥委会将原来的申办程序改为邀请制，这不仅是对《联合国 2030 年可持续发展议程》的有效回应[35]，更凸显了国际奥委会在全球可持续发展目标达成上的示范作用。

第 3 章　奥运遗产研究进展

3.1　国内奥运遗产的研究进展

3.1.1　文献检索及统计结果

本节研究旨在系统梳理"奥运遗产"的学术研究进展。基于中国知网（CNKI），以"北大核心""CSSCI""CSCD"为文献来源。首先遵循"查全"的原则，考虑到官方及学者在不同阶段对于"奥运遗产"的概念及内涵解读不同，设置两条检索规则：一是以"奥运+奥林匹克运动会+奥运会+冬奥+冬季奥林匹克运动会+冬奥会+残奥+残疾人奥林匹克运动会+残奥会+青奥+青年奥林匹克运动会+青奥会"为检索式；二是以"遗产+场馆+影响+意义+价值+效益"为检索式，以运算符"逻辑与"（And）进行合并检索。截至 2023 年 7 月 23 日，获取3117 篇文献。其次遵循"查准"的原则，对初步得到的文献执行全面审查。强化奥运物质性遗产及奥运影响方面的文献梳理，只作简略提及或讨论的文献不纳入考量。最后通过分析文献标题、关键词及摘要等题录信息，经过剔除书评、简报和与主题不符等情况的无关样本及去重操作后，筛选得到奥运遗产相关文献样本共 511 篇。

3.1.2　科学计量分析

3.1.2.1　发文趋势分析

21 世纪前国内奥运遗产相关研究呈现零星分布的状态，学术产出较少。回溯其内容，探讨"影响"为主，"遗产"内涵初萌，皆肯定了举办奥运会的积极作用，重点论述了奥运会对民族凝聚力、体育事业发展、城市发展[36]、经济发展[37]及竞技体育精神[38]等方面的影响。1999年，李可和贾海力[39]首次在国内提及"奥林匹克的遗产"，主要指代奥林匹克精神，围绕"竞技体育文明""向往和平""追求美""全面发展"4个方面进行诠释，并作内容和形式上延伸的探讨。

21世纪后，奥运遗产研究呈现出周期性的趋势特征，发文明显分布于2008年北京夏季奥林匹克运动会及残疾人奥林匹克运动会（简称2008年北京奥运会或北京夏奥会）和2022年北京冬季奥林匹克运动会及残疾人奥林匹克运动会（简称2022年北京冬奥会或北京冬奥会）赛事举办的前后，且赛事举办年发文量达到峰值，见图3-1。

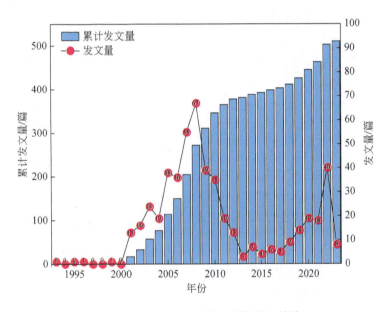

图3-1　国内"奥运遗产"研究发文趋势

（1）2001年，北京成功申请奥运会的主办权，相应地，研究产出突显，相关研究呈现迅速增长趋势，但在赛后，研究热度又明显回落。赛前，国际奥委会在对2008年北京奥运会的申请进行评估后，曾表示赛事将留下"独一无二"的遗产，学者们也同样意识到了奥运效应可能带来的政治、社会、经济、文化和城市方面的遗产[40,41]，如国际地位和国民素质的提升、对外开放的促进、民族自豪感的高涨、就业机遇的增加、体育及旅游产业的驱动和基础设施的完善等。遗产分类方面，董进霞[42]对奥运遗产概念演进和有形、无形分类进行浅析。在遗产内容方面，学者也进行了细致讨论[43,44]，内容集中在"人文奥运"范畴，如志愿遗产[45]、精神遗产[46]和中华传统体系下的特色奥运文化遗产[47]。另外，奥运会在社会、环境和文化等方面的遗产也受到关注。例如，时勘和贾宝余[48]对北京奥运会进行述评，言及其在奥运精神实践、体育参与促进及环保意识提高等方面的遗产；王晓微等[49]主要关注如何通过北京场馆遗产的后期利用，以起到推动北京建设世界性体育城市的作用；赵海燕等[50]经由历史回顾、特点归纳，形成了奥运遗产观的理论引申。总体来说，北京奥运会相关研究主题侧重于"无形遗产"，呈现从"奥运影响"到"奥运遗产"的研究转换趋势。

（2）相较于夏奥会，冬奥会的研究在 2013～2022 年总体虽呈现上升趋势，但涨幅较夏奥会有所收缩，从"奥运遗产可持续和创新发展"视角切入的研究更加丰富。2013 年 11 月，中国奥委会正式致函国际奥委会，提名北京为 2022 年冬奥会的申办城市。2015 年 7 月，国际奥委会经第 127 届会议表决，将第 24 届冬奥会的举办权正式交予北京，北京成为历史上第一座举办过夏、冬两季奥运会的城市。研究内容上，在京津冀协同发展战略及河北协办冬奥会的双因素作用下，体育参与遗产和区域发展遗产受到高度重视。2022 年北京冬奥会进一步推动了我国群众体育发展，丰富了体育活动形式，促进了冰雪运动普及，使参与冬季项目体育活动的人数迅速增加[51]。同时，城市建设者和决策者充分利用了冬奥会的积极影响，促进京津冀地区在城市经济、可持续发展、城市治理和生态环境保护等方面协同发展，进而推动区域城市一体化的发展[52]。2014 年《奥林匹克 2020 议程》的出台进一步强化了"奥运遗产可持续和创新发展"的重要性，基于该视角，国内学者分别从管理政策和举措[53]、场馆设计[54]、城市遗产愿景[55]和国际经验[56]等方面切入进行探讨。可见，北京冬奥会"可持续"议题有所强化，研究从"无形遗产"趋向"多元遗产"，重视区域协同发展研究。北京冬奥会创造具有中国特色的奥运遗产，形成相应的交付经验，结合不同领域和层级对遗产效果进行科学化实效评估，实现奥运遗产方法和理论的进一步拓展。

3.1.2.2 关键文献作者群体分析

识别奥运遗产领域的关键作者群体，对于学术评估、推动学术协作及跨学科创新发展等方面具有重大意义，通过引文空间（CiteSpace）[57]对作者的发文频次执行统计操作及协作网络共现。数据显示，核心学者分别为孙葆丽、王智慧、李卫平、王润斌、任海、闫静、蒋依依和徐拥军等（图 3-2）。

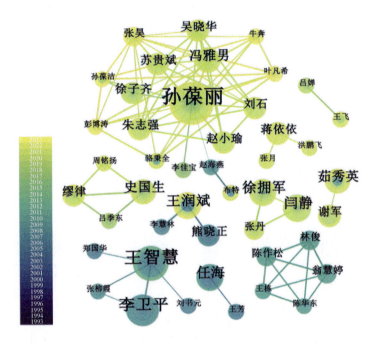

图 3-2　国内"奥运遗产"研究主要作者群共现图

另外，由协作网络共现可以识别出奥运遗产的 7 个作者群体（图 3-2）：①以北京体育大学孙葆丽教授为核心形成的协作网络密度最高，其与冯雅男、吴晓华、朱志强等多位学者共同开展了多项研究，主要关注冬奥遗产各时期形成的遗产内容、特点[58,59]和北京冬奥遗产的愿景与效益实现[60,61]；②王智慧教授连同张柳霞、李卫平等学者的研究构建了北京奥运对居民幸福指数的评价指标体系并进行实证探讨[62]；③中国人民大学的徐拥军教授和闫静、张丹两位学者形成的三人协作团体侧重于奥运文献档案遗产[63]及奥运遗产理论梳理和构建[64]；④福建师范大学的王润斌教授关注奥运遗产的治理[65]、传承创新[66]和可持续发展[67]，并曾与李慧林和熊晓正达成协作；⑤南京体育学院的史国生教授同样关注奥运遗产的传承[68]和治理[69]，曾与缪律、吕季冬及周铭扬达成协作；⑥以蒋依依教授为核心、洪鹏飞和张月等为成员的团队注重可持续理念，关注奥运遗产的交付管理[70]和旅游遗产的识别、评估与利用[71,72]；⑦林俊、陈作松和翁慧婷等的研究主要采用质性研究的方法，基于报道、评论、访谈及吉祥物等素材，围绕北京奥运的精神遗产展开[73]。其他团队由于检索方式可能存在遗漏，后续有待进一步补充。

3.1.2.3 期刊分布情况

期刊有较强的学科特征，分析主要发文期刊的学科属性，可以透视涉及奥运遗产研究的学科丰富度。据统计，研究样本的文献来源主要集中于体育类期刊，如《体育文化导刊》（71 篇）、《北京体育大学学报》（47 篇）、《体育与科学》（46 篇）、《武汉体育学院学报》（25 篇）和《体育学刊》（15 篇）等，如表 3-1 所示。其中，体育类期刊在排名前 15 的期刊中占比达到了 93.33%，一定程度上说明奥运遗产向其他学科知识溢出稍显不足。

表 3-1   国内"奥运遗产"研究主要载文期刊

序号	期刊名	发文频次/篇	占比/%
1	体育文化导刊	71	13.89
2	北京体育大学学报	47	9.20
3	体育与科学	46	9.00
4	武汉体育学院学报	25	4.89
5	商场现代化	22	4.31
6	体育学刊	15	2.94
7	南京体育学院学报（社会科学版）（现体育学研究）	15	2.94
8	成都体育学院学报	14	2.74
9	沈阳体育学院学报	13	2.54
10	体育科学	13	2.54
11	中国体育科技	12	2.35
12	广州体育学院学报	11	2.15
13	山东体育学院学报	11	2.15
14	上海体育学院学报（现上海体育大学学报）	11	2.15
15	首都体育学院学报	11	2.15
	合计	337	65.95

注：因四舍五入，合计占比与各期刊发文频次占比加和不一致

3.1.2.4 关键词共现分析

将数据经由 VOSviewer 进行关键词统计并生成关键词共现网络（频次大于或等于 3），见表 3-2 国内研究主要关键词信息和图 3-3 国内"奥运遗产"研究关键

词共现图。国内学者的研究主要围绕 2008 年北京奥运会、2014 年南京青奥会及 2022 年北京冬奥会展开，参考和吸收了往届夏、冬季奥运会等案例的经验和教训，如悉尼奥运、雅典奥运会、东京奥运会和平昌冬奥会等。当前研究涉及经济、体育、教育、文化、可持续发展、社会、城市和环境等诸多遗产（影响）领域，基于主要文献内容分析归纳出：①经济和社会效益、体育事业及产业发展是无形遗产中重点关注的领域，物质遗产则侧重于场馆的建设和赛后利用、文献管理等方面；②"奥运会"研究较为重视经济和社会人文方面，"青奥会"研究着重体现了教育方面的影响，"冬奥会"研究较为重视环境影响及可持续发展；③影响评估从单一效益评估向综合效益评估过渡。

表 3-2 国内研究主要关键词信息

主要内容	主要关键词（频次）
赛事主体	北京奥运会/北京奥运/2008 年奥运会/2008 奥运会/2008 北京奥运会/2008 年北京奥运/2008 北京奥运/第 29 届奥运会（111）、奥运会/奥林匹克运动会（110）、北京冬奥会/2022 年冬奥会/2022 北京冬奥会/北京 2022 年冬奥会/2022 冬奥会/北京冬季奥运会（42）、冬奥会/冬季奥运会/冬季奥林匹克运动会（34）、青奥会/青年奥林匹克运动会（15）、悉尼奥运会（10）、北京 2022 年冬奥会和冬残奥会（7）、雅典奥运会/雅典奥运（5）、东京奥运会/东京奥运（4）、北京残奥会（3）、残奥会/残疾人奥运会（3）、2022 北京冬奥会和冬残奥会/2022 年北京冬奥会和冬残奥会/北京 2022 年冬残奥会（3）、夏奥会/夏季奥运会（2）、巴塞罗那奥运会（2）、汉城奥运会/汉城奥运（2）、2018 平昌冬奥会（1）、东京 2020 年残奥会（1）、冬残奥会（1）、南京青奥会（1）、温哥华冬奥会（1）、都灵冬奥会（1）、伦敦奥运会（1）
影响及遗产类型	奥运经济/经济/体育经济/经济效益/经济影响/经济发展/奥运经济遗产（94）、竞技体育/学校体育/群众体育/休闲体育/体育参与/残疾人体育/体育遗产/冰雪运动/全民健身/竞技运动（53）、奥林匹克教育/教育/教育价值/体育教育/奥林匹克教育遗产/教育遗产（30）、奥运场馆/体育场馆/比赛场馆/奥运会场馆（27）、体育产业/体育旅游产业/冰雪产业（26）、体育文化/文化/文化遗产/奥运文化遗产（23）、可持续发展/可持续利用/可持续性（20）、奥林匹克精神/精神遗产/北京奥运精神遗产（19）、社会效益/和谐社会/社会/社会发展/社会影响/社会遗产（17）、旅游/体育旅游/旅游遗产（12）、城市发展/城市/城市形象/城市遗产（11）、环境/环境保护/城市环境/生态环境/环境意识（11）、志愿服务/志愿遗产/体育志愿服务/志愿服务体系/志愿服务精神/志愿精神（9）、软实力/国家形象（7）、幸福指数/生活满意度（5）、政治/政治遗产/媒体政治遗产（4）、文献遗产（3）、科技遗产（2）

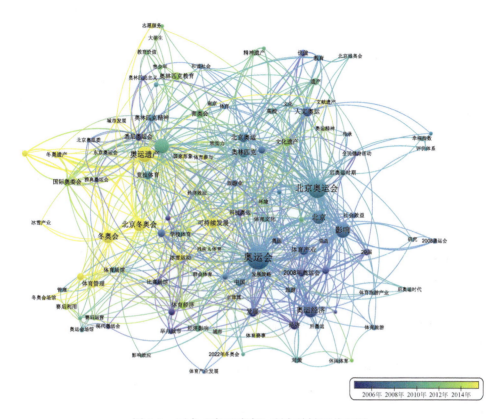

图 3-3　国内"奥运遗产"研究关键词共现图

3.1.3　主要研究与成果

3.1.3.1　奥运遗产的创造、识别与利用

国内研究对奥运遗产的概念辨别与解析大多受到国外学界研究成果或国际奥委会实践经验的启发，没有形成明显的差异性理解。国内研究对奥运遗产的概念辨别与解析大多受到国外学界研究成果或国际奥委会实践经验的启发，没有形成明显的差异性理解，以"有形"和"无形"这两种形态分类为主。在此基础上将奥运遗产概念归纳阐述为：因奥林匹克运动发展而遗存的具有普遍价值和持续影响的"有形和无形遗产的总和/物质和精神财富"[74]。国内学者大都认为奥运遗产的影响是正向的、可持续的。对于正向性的理解主要源于国际奥委会对奥运

遗产的表述，强调形成积极的奥运遗产，为主办城市（地区）及奥林匹克运动的发展起正面作用。可持续性体现在两个方面：一是赛事影响长远，奥运会作为一项不断发展的世界性体育赛事，其自身带来的影响深刻，横跨包括申办在内的赛前、赛中和赛后阶段，甚至赛后仍有长时间的影响；二是赛事成本过高更需要筹备过程具有预见性，通过践行全周期可持续和创新发展理念，方能实现城市发展及生态环境等方面的长期效应。奥运会作为世界性传统体育大会，具有明确的办赛周期，届次间的理论、组织体系可以形成有效衔接，具有继承性。由于奥林匹克运动体系庞大，囊括夏奥会、冬奥会、残奥会及青奥会等赛会，赛事影响也涉及经济、社会、文化等多个领域，不同赛程及不同举办城市的办赛特性存在差异，具有多样性及本土性。

以冬奥旅游遗产的创造、识别与利用为例，冬奥旅游遗产的创造，要坚持愿景交集的冬奥旅游遗产创造目标，坚持多元共生的冬奥旅游遗产创造主体，坚持杠杆撬动的冬奥旅游遗产创造方式；冬奥旅游遗产的识别，要从"旅游遗产"的概念内涵出发，辨析影响目的地旅游业的发展要素，涵盖冬奥旅游参与遗产、冬奥旅游吸引物遗产、冬奥旅游目的地形象遗产、冬奥旅游交通遗产以及冬奥旅游服务遗产；冬奥旅游遗产的利用，游憩化、规模化、市场化三措并举，在旅游服务遗产层面构建游憩化利用体系，在旅游参与遗产层面坚持规模化发展导向，在旅游吸引物遗产层面稳步推进市场化进程。未来，在《2030 年可持续发展议程》下，需要进一步夯实对奥运遗产的创造、识别以及利用等环节的理论研究及实践探讨，树立奥林匹克运动与国家区域和城市发展良性互动的新典范。

3.1.3.2　奥运遗产价值

1）教育价值

"教育"构成了奥林匹克运动的底色，是奥林匹克运动走向可持续发展的关键，更是孕育和实现自身及其他所有奥运效益的基础。从历史实践来看，高嵘和张建华[75]率先预见了"以体育人"的教育价值，并深耕于现代奥林匹克运动之中。依据《奥林匹克宪章》，国家奥委会具有"宣扬奥林匹克价值观及基本准则，推行奥林匹克教育计划，主张成立奥林匹克教育专职机构"的使命[76]。对此，2008 年北京奥运会开展了一系列规模大、影响力强的奥林匹克教育行动，其中以"同心结"国际交流活动和在国内范围设立或命名"示范学校"为主要典型[77]。这些举措不仅有助于推动奥林匹克运动的发展，发扬奥林匹克精神，更有利于实现人的全面培养。以青年为主体的南京青奥会的教育意蕴更加明确，通过教育计划落实、榜样效应和媒体传播的路径，可以实现培养青少年公民意识、形成奉献精神和增进体育运动参与意识等教育价值[78]。北京冬奥会在继承和深化夏奥会教育遗产的同时，创新性地融入中国新时代愿景，为奥林匹克教育贡献了体系完备的中国模式[79]。"教育"元素始终扎根于奥林匹克中国化的实践之中，充当传达先进奥运理念的介质，使奥运方针得以落地；同时国际奥委会也以"教育"的形式理解中国情景，进而为可持续发展和遗产效益的有效发挥做铺垫。

2）精神价值

伟大精神诞生于伟大事业，伟大事业成就于伟大精神。林俊等[75]通过北京奥运相关的口号、报道、访谈和评论等材料，以"自下而上"的研究思路对北京奥运的精神遗产进行质性分析，将其解构为以奥林匹克精神、志愿者精神、时代科学精神和民族人文精神为主的 4 个体系。赵溢洋和刘一民[80]认为弘扬北京奥运的精神遗产需要社会力量的积极参与和实践，同时还要发挥物质和非物质载体的作用，将其转化为有形的设施、公民行为和社会管理制度。2022 年，习近平总书记以"胸怀大局、自信开放、迎难而上、追求卓越、共创未来"这 20 字再次注解北京冬奥精神[81]，这是中国奥运精神的延续和升华，不仅彰显我国的制度优越和民族自信，还蕴含了对人类命运共同体的使命担当，体现了更高的精神追求。同样，冬奥精神也需要做好传承和创新，并最终回归于实践，用于指导新时代中国式现代化发展和民族复兴。

3）体育价值

体育作为奥运会的根本元素，其奥运遗产的价值显现是最为直接也是最受瞩目的，可以总结归纳为"发展体育事业、提高体育认识、营造体育环境、促进体育参与"4 个互为关联的方面。北京奥运的成功举办本就意味着我国的体育事业迈向新的阶段[82]，奥运助推体育事业首先表露于竞技体育领域，竞赛体系的逐步完善使中国跃升为体育大国，竞技体育竞争力和竞技体育管理水平得到长足的发展[83]。回溯奥运历程，其间民众也逐步形成或提高了对竞技体育、全民健身、残疾人体育和冰雪运动的认识，其中包括了对体育项目的理解、科学化锻炼的思维，以及一切与奥运有关的体育现象的感悟。这些认识层又直接或间接构成了体育的"软环境"，而奥运驱动下的体育场馆及基础设施的新建和改造优化，则形成了体育的"硬环境"，两者结合使更多的体育关注和体育接触成为现实，也驱动了群众体育的成长，为体育强国建设工程添砖加瓦。尽管现有研究中统计数据不足，但仍无法掩盖体育赛事本身对于促进体育参与的潜质[84]。宏观数据上，我国体育参与人数逐渐攀高，体育参与形式与活动日渐丰富①，调研显示，2021年每周至少进行 1 次锻炼活动的人数占比相较 2014 年提高了 18.5%。微观研究中，有证据显示民众通过对冬奥体育名人的认同和内化机制形成了参与冰雪运动的意愿，侧面印证北京冬奥会具有体育参与的涓滴效应[85]。

3.1.3.3 奥运遗产理论

经过不断探索，国内学者逐步形成了本土化的奥运遗产认识，并通过逻辑梳理、综合归纳和理论迁移等方式进一步充实了奥运遗产学理论体系。在"奥运遗产观"研究中，赵海燕等[50]在研究中将其解释为"关于奥运遗产问题的根本见解"，即对奥运遗产的认识、看法，并从历史脉络梳理中得出奥运遗产观的发展与奥林匹克运动的发展是相辅相成的。王成等[86]提出"奥运遗产是一种大的遗产观"的见解，认为它以奥林匹克的意识、理念遗存等为内核，以奥运积极影响为外显的组成。同时，学者们还解构了北京奥运的文化遗产类别、功能（教育、科研、经济）和价值体系（历时性价值、共时性价值和现实价值）。徐拥军等[66]从哲学体系切入搭建了奥运遗产基本理论框架，为奥运遗产体系提供学理依据的同时，利于形成"奥运遗产观"。此外，孙葆丽等[87]通过综合归纳分析奥运遗产的基本特点、奥林匹克体系下不同赛事遗产的特点以及单届奥运会遗产的特点，进而构筑了奥运遗产的特点框架，借此进一步分析北京冬奥会，得出其除了符合冬奥和奥运遗产的基本特点外，还具有"双奥之城"传承和京津冀"区域协同"的本土性特点。崔乐泉和王安荣[88]引入文化遗产中"层摞"的理念，用于分析和理解北京冬奥遗产战略，反映了从继承中创新、可持续发展的逻辑内核，为奥运遗产的继承和创新提供了新的理论视角。

3.1.3.4 奥运遗产治理

"奥运会的筹备是一项复杂的系统性工程"[48]，而遗产的治理工作亦是如此。国内学者对于奥运遗产治理的学术探讨多基于对国际及国家奥委会相关政策文

---

① 一图读懂《2022 国民健身趋势报告》[EB/OL]. 人民网，http：//health. people. com. cn/GB/n1/2022/0802/c14739-32492003. html [2023-08-13].

件、报告等文本的领会。胡孝乾和何奇泽[89]将奥运遗产治理表述为：奥运遗产的社会有关组织会合各方利益相关主体，秉承"善治"的理念，通过软性手段监控和指导奥运遗产发展，同时协调各方利益相关者的管理方式。在另一项研究中，胡孝乾等[90]认为奥运遗产治理体系中东道国和主办地区起到主导作用，奥运遗产具有遗产内容规划层面的"灵活性"、"广泛性"和"持久性"的属性特质，从而相应的治理工作具有较强的复杂性。王润斌[65]指出，美国学者 Jinsu Byun 向国际奥委会提交的遗产治理研究报告对于把握不同利益主体的权利平衡、互动关系，以及政策工具实施有较大的启示意义。缪律等[69]通过分析北京奥组委发布的《2022 年北京冬奥会和冬残奥会遗产战略计划》，透视出遗产治理的中国方案，要点在于办赛成本的控制及遗产效益的增强、相关部门协同与区域联动，以及将遗产工作嵌入整个奥运周期等方面。此外，还有其他学者关注场馆遗产的治理[91]及对奥林匹克治理体系的思考[92]。

3.1.3.5　奥运会影响

1）经济影响

奥运会的经济影响是国内学者较早开展研讨的遗产类型之一，也是奥运遗产研究的热点。经文献回顾，发现国内奥运经济影响的研究方法能够在一定程度上体现量化思维，应用了包括投入–产出法、DEA 评价法、断点回归法、合成控制法、事件研究法和双重差分法在内的多种方法。丁焕峰等[93]通过合成控制法，将澳大利亚、希腊、英国、巴西和中国五个奥运举办国作为主要研究对象，基于 35 个国家 2000～2018 年的经济数据分析，得出第 29 届北京奥运会对国内具有长期的经济促进影响。不仅是举办城市区域，国内其他区域也因奥运会投资获得经济收益，张亚雄和赵坤[94]通过投入–产出模型分析发现，北京奥运会的直接投资拉动北京经济总值增长 40%，而其他地区为 60%，显现出较强的"溢出效应"。顾海兵和张晓燕[95]基于投资乘数及旅游乘数进行经济计量分析，预测 2015～2025 年将会拉动北京生产总值年均增长 2.2 个百分点。此外，白宇飞和冯珺[96]认为"双奥之城"的特殊属性强化了基础设施的利用效率，有效避免"白象"问题的同时，强化了冬奥遗产经济效益的体现。虽然现有的研究大多体现出对中国整体或城市地区的正向经济影响结果，但同时其余各国的奥运经济影响现象各异，如澳大利亚、希腊、英国和巴西在评估区间内都曾出现负增长的趋势。奥运效益促进经济增长的机制繁杂，涉及投资生产、区域消费、制度体系和资源利用等，故促成奥运经济遗产需要多方面做出努力。

2）社会影响

奥运会的社会影响错综复杂，涉及因素众多且难以从整体上进行有效评估，可以大致分为个体、社会及国家三个层面进行探讨。个体层面上主要包括提高人民素质、提升幸福感和弘扬志愿精神等；社会层面上主要包括推动残疾人事业发展、提升社会管理水平、营造文明风气等；国家层面上主要包括增强民族凝聚力和自信、加快国际化建设、提升国家形象等。王科峰等[97]曾针对北京奥运会构建社会效益测量体系，体系包含社会秩序、国家声望及文化交流等方面，并提出可以通过综合评分或综合指数方法开展研究。钱娅艳等[98]认为奥运赛事的筹备工作推动了社会管理理念和机制的更新，从而提高了社会的整体管理水平；在"人文奥运"视角下提出的各项政策及活动进一步使北京市民的文明指数和环保意识得到提升。王智慧[99]通过文献梳理结合德尔菲法构建了幸福指数评价体系，在奥运前后期间对北京地区 9000 名居民进行问卷调查，结果表明北京奥运的举办提升了主办地居民包括愉悦感、满足感和成就感在内的多项幸福指数。孙葆丽等[59-61]研究认为 2022 年冬奥会实现了志愿服务事业、残疾人事业、社会文明程度和社会包容性的全面提升，体现为志愿服务质量更优、志愿活动及参与人数增多、助残服务提质增效等。王春玺和杜松石[100]通过梳理冬奥遗产和国家认同的内涵框架，得出可以从制度、道路、文化和民族认同四个方面强化国家认同，并提出冬奥精神能够对国民文化自信和民族认同有所助益，进而助推国家认同的形成。

3）环境影响

奥运的环境问题由来已久，国际奥委会针对环境问题和可持续发展进行过多次改革，呼吁在奥林匹克运动及奥运会中注入环保及可持续理念。北京奥运会的"绿色奥运"理念就是在这个背景下产生的，并以此促成了多项环境遗产。赛会前后，北京通过系列措施如机动车限行、鼓励公共交通出行和颁布机动车排放新规等，有效改善了空气质量，也为城市居民带来了许多健康收益[101]。郭振和乔凤杰[102]将北京奥运的环境遗产归纳为环保理念的树立、城市功能转型的促进、环境教育的实施、环境伦理观念的拔高、环保体系措施的构建和绿色场馆的应用这六个方面。此外，由于赛事规模、项目设置和理念上的差异，奥运体系下不同赛会的环境互动影响亦有所区别。罗乐等[103]认为"环保"于奥运会和青奥会而言，分别表现为"博弈"和"共赢"的关系；奥运会更加契合"硬环境"的改善，而青奥会与"软环境"更加匹配。孙葆丽等[104]认为夏奥会较冬奥会，与环境的互动领域更广，夏奥会更加偏向环境的改造，而冬奥会更加侧重环境的开发。

3.2　国际奥运遗产的研究进展

3.2.1　文献检索及统计结果

运用文献计量法对国外的发文情况进行估计，基于 Web of Science 数据库，以 Science Citation Index Extended（SCI-E）和 Social Sciences Citation Index（SSCI）为文献来源；以"Olympic"AND"legacy OR heritage OR benefit OR influence OR effect"为检索式，进行主题检索，截至 2023 年 7 月 23 日，直接获取 2921 篇文献。通过一系列筛选及去重操作后，得到相关文献样本 349 篇。此外，继续纳入文献样本的共被引强相关文献 27 篇，共计 376 篇文献纳入最终分析。

3.2.2　科学计量分析

3.2.2.1　发文趋势分析

国际奥运遗产研究也具有一定的周期性特征，但相对不明显。一方面是因为国际研究涉及的赛事主体较为多元；另一方面是因为国际遗产研究更为重视赛前和赛后，以及较长区间的整体评估分析。结合研究内容和文献增长趋势对整体情况进行阶段划分，可以将国际奥运遗产研究划分为三个阶段：探索阶段（1991～2007 年）、发展阶段（2008～2017 年）、完善阶段（2018 年至今），见图 3-4。

第一，探索阶段（1991～2007 年），此阶段整体发文量较少，趋势变化较为平缓。国际奥委会对奥运遗产的早期探讨，在学术研究内容上体现了包括政治、社会、经济、文化等方面的多元影响以及对赛事场馆的探讨[105,106]。20 世纪初，奥运会开始作为一项"体育盛事"被视为城市发展与变革的动因，20 世纪 60 年代之后的奥运会对城市发展的影响逐步强化，表现在新的交通道路系统、市区重

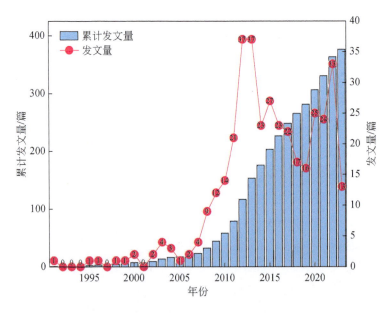

图 3-4　国际 "奥运遗产" 研究发文趋势

建计划、文旅活动设施、城市景观优化和城市污染治理等方面[107,108]。在探讨赛事效应的同时，也逐渐形成了不同流派的奥运遗产学术概念及测量体系。

第二，发展阶段（2008~2017 年），该时期研究成果得到快速积累，趋势变化显著。由于大型综合体育赛事的办赛成本跃升，主办城市需要通过创造积极的赛事遗产来实现收支平衡，进一步发掘社会、健康和经济等多方面收益[109]。随着可持续理念的逐步深化，要求国际奥委会和主办城市具备前瞻性的遗产规划能力，形成完善的遗产治理模式[110]。其中，由伦敦奥运会引申的体育参与遗产研讨比例得到显著提升[111]。尽管东道国对赛事在促进体育参与方面秉持理想的愿景，但仅有少量的证据表明赛事对民众的体育参与有所助益。既要在赛事推进过程中同步强化体育参与的政策引导，也要强化衡量赛事对体育参与影响的科学性观测和评价[112]。此外，遗产研究视角也更为多元，表现为研究对象的转变，如关注奥运会对边缘群体及非主办城市的影响等[113,114]。

第三，完善阶段（2018 年至今），此阶段的研究产出波动略有缓和，领域逐步走向成熟，能够从更广的时间范畴内探讨遗产的长期影响，且能够有更多不同的东道国遗产案例进行比较探讨。同样以体育参与的评估为例，Aizawa 等[115]利用 1994 年、2004 年和 2014 年的日本国民体育生活调查数据（Japanese National

Sport-Life Survey），对东京 1964 年奥运会的体育参与影响进行队列分析，结果表明，在长时间的观测评估中该届奥运会对体育参与频率具有显著影响，可视为本届奥运会的长期遗产之一。Bauman 等[116]对多个国家和地区的夏奥会及冬奥会进行数据采集，研究得出仅 2008 年北京奥运会和 1998 年长野冬奥会显现出身体活动或体育参与程度的提升，尽管样本间的数据统计口径不一，但依然能够在一定程度上反映不同地域及政策背景下遗产规划的效应差异。

3.2.2.2　文献作者群体分析

国际奥运遗产研究的主要学者包括 Leopkey Becca、Kassens-noor Eva、Chen Shushu、Preuss Holger、Brittain Ian、Ribeiro Tiago 等，发文频次前 10 的学者占总发文量的 12.23%（表 3-3）。

表 3-3　国际"奥运遗产"研究核心作者发文统计（Top10）

序号	作者	发文频次/篇	占比/%
1	Leopkey Becca	7	1.86
2	Kassens-noor Eva	5	1.33
3	Chen Shushu	5	1.33
4	Preuss Holger	5	1.33
5	Brittain Ian	4	1.06
6	Ribeiro Tiago	4	1.06
7	Pappous Athanasios（Sakis）	4	1.06
8	Smith Andrew	4	1.06
9	Maennig Wolfgang	4	1.06
10	Grix Jonathan	4	1.06
合计		46	12.23

注：因四舍五入，合计占比与各作者发文频次占比加和不一致

3.2.2.3　期刊分布情况

国外奥运遗产研究的主要载文期刊有：*International Journal of the History of Sport*（32 篇）、*Leisure Studies*（24 篇）、*Sustainability*（18 篇）、*Proceedings of the Institution of Civil Engineers-Civil Engineering*（13 篇）和 *European Sport Management Quarterly*（12 篇）等。发文频次前 15 的期刊占总发文量的 43.35%。通过期刊引

文报告（JCR）对发文频次前 15 的期刊的学科类别进行评估，其中大部分期刊归属于 Hospitality，Leisure，Sport & Tourism（酒店、休闲、体育与旅游）（116篇），还涉及 History（历史学）（32 篇）、Environmental Studies（环境学）（27篇）、Management（管理学）（23 篇）和 Sociology（社会学）（16 篇）等学科（表 3-4）。

表 3-4　国际"奥运遗产"研究主要载文期刊

序号	期刊	发文频次/篇	占比/%
1	*International Journal of the History of Sport*	32	8.51
2	*Leisure Studies*	24	6.38
3	*Sustainability*	18	4.79
4	*Proceedings of the Institution of Civil Engineers-Civil Engineering*	13	3.46
5	*European Sport Management Quarterly*	12	3.19
6	*Journal of Sport Management*	9	2.39
7	*Tourism Management*	9	2.39
8	*International Review for the Sociology of Sport*	8	2.13
9	*Sportin Society*	8	2.13
10	*Cities*	6	1.60
11	*International Journal of Heritage Studies*	5	1.33
12	*International Journal of Sports Marketing & Sponsorship*	5	1.33
13	*Planning Perspectives*	5	1.33
14	*Sport Management Review*	5	1.33
15	*Journal of Sports Economics*	4	1.06
	合计	163	43.35

3.2.2.4　关键词共现分析

基于国际"奥运遗产"研究关键词共现图（图 3-5），从赛事主体进行分析，国际"奥运遗产"研究多关注夏奥会，其中以北京奥运会（2008 年）和伦敦奥运会（2012 年）为主，而当前围绕北京冬奥会（2022 年）开展的相关研究也在逐步增多。奥运会作为一项大型体育赛事，在探索其背后的理论规律之时，也常将其与其他大型体育赛事进行共同或对比分析，如足球世界杯。研究内容侧重于城市发展、国家和城市形象、体育参与、政策与环境治理等方面。

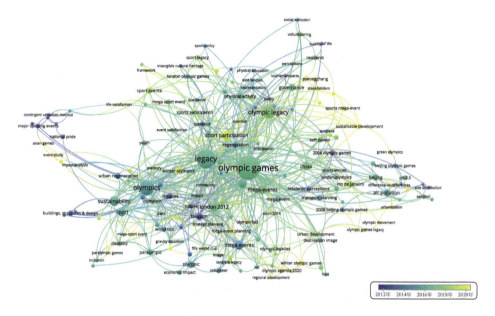

图 3-5　国际"奥运遗产"研究关键词共现图

3.2.3　主要研究与成果

3.2.3.1　奥运遗产评价和效果测度

对经济遗产的研究较早,其测度体系逐步成熟。1984 年洛杉矶奥运会首次采用私人资金商业化运营并取得盈利,但奥运会等大型体育事件仍需东道主国家担保、直接或间接由公共部门投资,因此对纳税人税收分配进行审查、测算举办奥运会的成本/收益以支持公私投资成为历届奥运会一项重要研究课题。测度方式和工具从应用乘数效应、估算奥运会各项投资支出和收入细目[117]发展到使用投入–产出模型、可计算一般均衡模型[118,119]、双重差分模型[120,121]等多种模型。

社会遗产研究范围较广,侧重居民感知研究。社会遗产研究偏重借助社会学、心理学等理论,如社会交换理论、理性行为理论[122]、社会表征理论[123]等,运用数理统计或结构方程模型,调查举办地或非举办地居民以及旅游者的感知、态度、行为,探究不同群体遗产认知以及遗产认知与行为/行为意愿、生活质量等变量之间的关系[124-128]。除了感知以外,体育参与遗产是社会遗产研究的重要组成部分，奥运会是促进民众体育参与/提高身体活动水平的重要契机。但是竞技体育与群众体育如何有效结合，如何以体育赛事举办为契机促进体育参与，仍是研究者和举办者有待解决的重要问题。2012 年伦敦奥运会就曾提出"增加基层民众的体育参与，特别是青少年群体"。类似地，2016 年里约奥运会和 2020 年东京奥运会分别提出了"扩大体育活动计划对公民的影响""提高体育参与率"等政策表述。指导体育遗产研究的理论包括理性行为理论、计划行为理论、社会认知理论、跨理论模型等[125]。目前为止，奥运体育参与遗产研究还较为薄弱，且证据不一。例如，对 2012 年伦敦奥运会的研究就有不同切入视角。首先，围绕一般的身体活动，Kokolakakis 等[129]基于活跃人口调查（Active People Survey，APS）对英格兰地区的体育参与情况分析表明，民众的体育参与率确实在办赛后短期内有很大的提升，但长期水平并不稳定。其次，有学者观察发现，自从伦敦获得奥运举办资格起，非传统体育项目如柔道、击剑的体育参与率就有所增长[130]。并且，奥运体育参与影响存在人口属性的差异，女性、残疾人和年轻人群体显现出更加积极的体育参与。大多数研究表明，短期效益实质存在，但确切落实可持续发展则需要建立政策—组织—社区的长效衔接与配合。

环境遗产可持续关注增多，聚焦于与户外环境关系密切的冬奥会。奥运会环境问题最早于 1932 年普莱西德湖冬奥会提出。随着 20 世纪后期全球环境运动兴起，20 世纪 70 年代加拿大班夫落选冬奥会举办权以及美国丹佛撤回申办冬奥会，背后皆有出于环境保护的抗议和反对[131]。批评者认为 1988 年卡尔加里冬奥会建设和发展引起的土地使用增加能带来经济繁荣，但消极的环境影响可能危及当地野生物种[132]。冬季奥运会对环境问题极为关切，将可持续发展确立为一项核心原则[133]。奥运会环境遗产的量化理论工具有生态足迹分析、环境投入–产出模型[134]、碳足迹[13]、场景模拟[135]等。

3.2.3.2 奥运遗产交付管理

奥运遗产交付管理向全周期的规划迈进。奥运遗产并非自然呈现，其交付需要提早规划，需要杠杆作用合集。从提交申办意向到候选再到正式举办，每届奥运会申办、筹办、举办的周期前后历时 9 年，这一过程中的任何节点事件都将为申办方和东道主创造杠杆作用的机遇。奥运杠杆作用是一种事件管理的战略方式，旨在将事件前、中、后不同时期举办国家地区的经济、社会、环境收益最大化[136]。围绕 2000 年悉尼奥运会，Faulkner 等[137]、Chalip①、Morse[138] 等提出"发挥悉尼奥运会杠杆作用"的观点。自 2000 年悉尼奥运会至 2016 年里约奥运会，杠杆作用实践的遗产领域已超越最初的经济、旅游、社会文化方面，拓展至探讨利用 2012 年伦敦奥运会、2014 年索契冬奥会、2016 年里约奥运会分别实现体育参与遗产[139]、区域发展遗产[140]、外交遗产[141] 的国家策略。Bason 和 Grix[142] 提出"利用奥运会申办"的观点：即使申办失败，同样可以借此机会增进体育参与、国际形象、城市发展、社区和国家建设等目标效果，依据"资源—机遇—战略目标—途径"4 个维度构建起奥运申办杠杆作用模型（图3-6）。

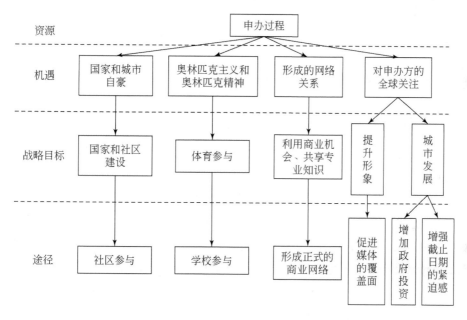

图3-6 奥运申办杠杆作用模型

3.2.3.3 奥运遗产与城市更新

城市更新是国际奥运遗产研究关注度较高的方面，大部分奥运实践及学者都将其视为重要的构成[143]，城市更新主要涉及城市交通、体育场馆等城市基础设施更新。自现代奥运会举办以来，规模逐渐增大，其中一个显著体现就是赛事参

---

① Chalip L. Leveraging the Sydney Olympics for tourism ［J/OL］. Barcelona：Centre d'Estudis Olímpics UAB, 2000. http：//olympicstudies. uab. es/pdf/wp096_ eng. pdf ［2023-08-13］.

赛人数和赛事观众扩增，导致赛事工作人员和志愿者规模也相应扩大。①在交通更新方面，对举办城市的交通基础条件提出了更高的要求，在许多赛事的筹备阶段，举办城市需要对交通进行新建或改善。赛事结束以后，举办城市的交通运载力和交通服务水平也得到相应改善，留下的奥运交通遗产主要可以分为6个方面：机场的改善、公园的新建和改造、道路通行能力的提升、新的大容量运输方式、先进的智能交通系统，以及机场与市区连通性的改进。②在场馆更新方面，奥运新建体育场馆主要服务于运动员竞赛需求和民众观赛体验。虽然部分学者认为奥运场馆存在"白象"现象（昂贵而无用之物），但体育场馆作为最直接的有形遗产，具有一定的先进性和标志性，在城市发展中除了提供一般体育活动载体的功能外，还具备催化地区开发、刺激周边经济活动、带动相关产业发展、提高城市知名度和强化民族认同等方面的潜质[144]。在节约办赛的倡议下，原建场馆的可持续利用得到重视，改造旧场馆及赋能成为新的常态。

3.2.3.4 奥运遗产与绿色发展

可持续理念逐渐深化下，奥运遗产促进绿色发展研究主要聚焦在场馆服务设施节能、空气质量升级、绿地空间供给三个方面。①在场馆服务设施节能方面，许多奥运场馆在规划建造之时便将节能环保纳入考量，以实现减少碳排放的目的[145]。实践层面已经有相关案例的具体呈现，如2000年悉尼奥运会在赛事规划和举办的设计、清洁、监测、土地管理、建筑、场馆运营、交通等各个方面都融入了绿色环境考量；在能源利用、水资源保护、避免污染以及自然和文化环境的保护等关键领域，取得了重要的成就①。②在空气质量升级方面，Chen 等[146]研究发现，2008年北京奥运会期间，北京空气污染指数确实得到了改善，且与赛事期间的工厂调休和交通管控相关联，表明奥运所引发的环境政策干预确实能够使空间质量得到改善。He 等[147]发现奥运期间空气质量的改善还显著降低了管控区域的死亡率。围绕2008年北京奥运会所开展的研究成果，为赛事对空气质量的改善作用提供了一系列的证据，但多数都被归纳为短期影响。③在绿地空间供

---

① Sydney 2000. The Environmental Games：Environmental achievements of the Sydney 2000 Olympic Games ［R］. https：//library. olympics. com/Default/digitalCollection/DigitalCollectionAttachmentDownloadHandler. ashx? documentId = 166681&skipWatermark = true #：～：text = TheEnvironmental% 20Guidelines% 20for% 20the% 20Summer% 20Olympic% 20Games% 2C% 20which，pollution% 20avoidance% 20% E2% 80% A2% 20protection% 20of% 20the% 20natural% 20environment ［2023-08-13］.

给方面，如 Tu 等[148] 对 1988~2016 年的夏季奥运会主办城市进行分析，发现与奥运相关的城市改造直接导致城市内绿地覆盖率增加 3.41%，而且人们的绿化空间的环境接触还有所增加。虽然许多研究涉及奥运会为环境改善所投入的资源及设施建设情况，但研究视角有待进一步多元化。

3.2.3.5　奥运遗产与体育治理

举办奥运会也是国家体育治理能力的集中体现，并对奥运会赛后及其他国家举办奥运会产生深远且持久的影响。奥运会的举办能够培养并且有效管理一支强大的国家奥林匹克运动员队伍[149]，从城市转型、体育组织管理、体育制度优化、少数群体关注等方面为主办国的体育治理升级提供了练兵场和试金石。①在城市转型方面，Geffroy 等[150] 探讨了如何利用 2024 年巴黎奥运会将奥运项目融入现有的城市发展模式，促进大都市转型。②在体育组织管理方面，Byun 等[151] 从治理的政治、政体和政策维度探索了促进奥运遗产组织采取集体行动的治理模式，并进一步探讨了与体育赛事遗产相关的利益相关者冲突对相关治理系统的有效性产生的影响。③在体育制度优化方面，Girginov[110] 以 2012 年伦敦奥运会遗产的管理为例，将奥运遗产的可持续原则与国家实际情况相结合，提出了四种治理模式和一系列政策工具。其他学者深入分析了遗产治理制度化、客体化的内涵，揭示了奥运遗产治理的特征，也有学者注意到运动员在体育政治舞台上扮演重要的角色，探讨了将不同水平的运动员纳入国家体育管理机构的作用[152]。④在少数群体关注方面，部分学者对于少数民族的体育遗产有所关注，举办奥运会与少数群体的体育参与率之间存在联系，鼓励政策制定者在赛事结束后利用体育遗产吸引少数群体增加体育参与，促进社会融入。

3.2.3.6　奥运遗产与国际形象

国家和城市参与奥运主办权竞选的一部分动机是期冀通过奥运赛事提高自身的国际知名度，提升国际形象，进而形成相应的价值效应[153]。主要表现在政治外交、国际形象感知两个方面。①在政治外交方面，Merkel 和 Kim[154] 分析了韩国平昌举办三次大型体育赛事的相关政策、政治以及从过去经验中吸取的教训；Houlihan 等[155] 探讨了奥运的竞争加剧对参赛国、潜在主办国和国际奥委会的影响。②在国际形象感知方面，有研究表明在奥运情境下民众对国家（目的地）形象的感知与赛事成绩表现[156]、赛事形象[157] 正相关。社交媒体在近年来也发挥了重要作用。

Kassens-Noor 等[158]通过社交媒体大数据内容审查了公众对奥运会的关注和形象感知情况，表明奥运会为主办城市和主办国吸引了广泛关注。但大部分话题热度的表现仅局限于赛事周期范围内，如何将短期关注和形象的提升转换为其他可见（可衡量）的且能够较好存续或维持的遗产形式，成为可持续发展的关键。需要明确的是，国家/城市形象的建立具有宏观性和长期性，即使赛事本身作为重要节点可能会起到一个推动的作用，要实现国家（城市）整体形象大的转变或提升仍需要经济、社会、文化等其他因素的共同作用。

3.2.3.7 奥运遗产与体育旅游

除了国际形象的提升，奥运会在旅游方面所产生的影响也是学者关注的一个重点领域，主要涉及赛后遗产旅游管理、赛后旅游人才培养等方面。①在赛后遗产旅游管理方面，Dansero 和 Puttilli[159]认为大型活动中所产生的有形或无形遗产在活动结束后仍然存在，接待设施的更新、基础设施的改善、旅游从业人员的培训，以及国际知名度的提高等均为地方旅游业的发展奠定了基础。但是如何通过政策措施将暂时性影响转化为持久影响是需要考虑的关键问题。Boukas 等[160]提出了一个奥运会赛后旅游业的战略规划框架，使得奥运遗产对所在城市旅游业的发展能够实现利益最大化。②在赛后旅游人才培养方面，Nichols 等[161]认为奥运会中的志愿者能够在当地未来旅游业的发展中起到特别的作用，但是如何对志愿者进行后续管理、从而更好地服务于当地旅游业的发展，则是需要考虑的问题。目前，国内外学者就奥运会能够为旅游业发展带来积极影响已达成共识，并且从基础设施建设、环境质量提升、国家形象改善、志愿者文化等多个角度切入，上述要素的改善均能对城市旅游的发展产生积极影响。但如何更加系统、全面地组织各个要素，进而能够从全域旅游的视角出发，整体提升城市的旅游发展水平，并使影响持久化，则需要政府更多的规划与参与。其中，各个遗产如何通过旅游的方式与手段作用于城市的发展与建设之中，其作用机制如何，更值得深究。

3.3 结论与展望

3.3.1 研究小结

在对核心期刊的文献综述中，发现国内外的奥运遗产学术成果颇为丰富，同时呈现出一定的周期性特征。20世纪后，奥运遗产这一命题的学术影响得以凸显，研究者也从广泛关注奥运影响向关注奥运遗产及可持续发展逐步过渡。国内外奥运遗产研究在赛事主体、分析方法以及切入视角上存在一定的差异。

1）赛事主体上的差异

国内的研究者主要扎根于本土举办的奥运赛事，即北京"双奥"和南京青奥会；对于国际上其他国家或地区举办的赛事主体的研究，则主要是对国际经验的梳理，以指导国内赛事的实践及学术开展。国际学者则更多关注伦敦奥运会及温哥华冬奥会，但同时可以看到国际层面对于中国举办的奥运赛事的兴趣日益增长。

2）分析方法上的差异

国内奥运遗产研究多数采用理论探讨和定性分析的方法，在经济和部分环境及社会遗产中体现了量化思维，研究大多借鉴了国际的理论研究。国际上相关研究不仅理论构建相对成熟，还展现出更加完善的遗产评估指标体系和实证研究框架。

3）切入视角上的差异

国内研究侧重于以政府为主体的赛事规划和利用，强调经济、社会和环境等领域的广泛效益；国际研究也关注国家及城市发展的各方面效益，但相对国内研究更关注奥运会对边缘群体及非主办城市的影响，同时有大量研究探讨居民视角下对奥运遗产的感知与评价。

3.3.2 研究展望

3.3.2.1 进一步完善奥运遗产理论体系框架

奥运遗产现有的理论框架较为单薄，对其进行进一步的学术探讨及为实践提供理论支撑性均显不足。通过前文梳理可以发现，奥运遗产具有一定的赛事周期，研究涉及面广，能够对经济、社会、文化、环境等领域造成影响，并且还具有多元相关利益主体的特征，如国际奥委会、国家及地方政府、举办地居民和企业等，故奥运遗产理论体系的建构存在一定的复杂性。需要关注奥运的全生命周期，包括赛前、赛中、赛后的不同特征；从不同学科形成合力，一方面融合应用其他学科成熟理论，另一方面从多学科出发建立奥运遗产特有的理论体系；同时要兼顾各方利益群体，理论框架建立过程中需要呼吁多方参与、权衡诉求、兼具弹性。

3.3.2.2 进一步拓宽奥运遗产研究视野及内容

一方面，遗产内涵呈现出逐渐扩展的趋势，如信息网络、品牌资产、数字化等；另一方面，各类型遗产间的关系并非独立存在的，有相互延伸的趋势，《奥运遗产方针》就将经由体育实现的社会发展归为一类，囊括体育设施、身体活动和体育休闲活动所带来的健康与福祉等。同时，相较国际前沿，国内研究的切入视角较为局限，在对边缘群体及非举办地的影响方面并没有很好地呈现。除此以外，随着可持续发展理念的不断深化，对奥运遗产研究及实践内容也提出了更高的要求。这些都意味着在拓展奥运遗产研究时，不单要关注某一方面或某几方面的遗产领域，而是同时还要关注遗产间的融合互动关系，有意识地推动形成遗产发展的长效动力机制，以及强化对社会和生态环境友好的遗产责任意识。

3.3.2.3 进一步规范奥运遗产评估方法及工具

尽管当前国内外奥运遗产有关学者都形成了长期、可持续发展的"遗产"意识，但通过审视现有的研究可以发现，大多数成果仍以描述和探讨遗产愿景为主，相关实证研究并未上升到严格意义上的"遗产"标准，即学者们普遍能够认识到奥运在推动社会、文化和环境等方面的巨大潜质，但已有成果所应用的评估方法及工具仍对这种遗产的效应刻画不足。目前为止，大型体育赛事的遗产往往难以被很好地观测，特别是无形遗产。大型体育赛事所形成的遗产及影响效应因测量评估方法不同、赛事主体和举办国/地区差异等因素而具有一定的异质性。同时，因不同利益主体的诉求差异和数据的可得性等限制，赛后的遗产效益及其利用往往容易被忽视。此外，所能观测到的遗产效果可能是多种效应共同作用的结果，因而区分净效益、叠加效益亦成为其中的一项难点。基于以上认识，可见在奥运遗产的评估中并不存在普遍适用的方法和工具，这就要求在实践与研究过程中不仅需要拓展研究手段，还需要动态调整方法和工具的"阈值"与"参数"，以求更加科学、精准地评估奥运遗产。

3.3.2.4 2022 年北京冬奥会遗产研究和实践借鉴

2022 年北京冬奥会是我国重要历史节点的标志性事件。从申办到筹办全过程，习近平总书记高度重视北京冬奥会各项工作，对办好北京冬奥会作出重要指示，强调坚持绿色办奥、共享办奥、开放办奥、廉洁办奥。2021 年 1 月，习近平总书记在北京主持召开北京冬奥会筹办工作汇报会并发表重要讲话，强调推动京津冀协同发展，要积极谋划冬奥场馆赛后利用①。

在可持续发展议题下，已有的奥运遗产研究进展和趋势对北京冬奥会遗产交付和中国同类型研究具有启示意义：国际奥委会官方和学术界对奥运遗产的内涵界定都充分考虑了社会结构的复杂性和遗产在多个领域的广泛影响，这为北京冬奥会的遗产实践提供了有力指导；通过梳理既有理论模型，可以为北京冬奥会遗产效果评估提供方法论视角；过往奥运的杠杆效应及其成功经验，能够为北京冬奥会遗产效果的更好发挥提供有益参考。

1）融合愿景，创造具有中国特色的奥运遗产和奥运遗产交付经验

从 "The Legacy of the Olympic Games：1984—2000" 国际讨论会到《奥林匹克 2020+5 议程》，国际奥委会始终强调基于可持续发展思想规划遗产，强调奥运遗产源自主办城市/地区愿景与奥林匹克运动愿景联合实施的结果②。北京冬奥会《北京 2022 年冬季奥林匹克运动会和残奥会申办报告》提出，北京 2022 年冬奥会愿景与区域长期发展战略的契合点在于规划建设京张体育文化旅游带，习近平总书记强调，要把筹办冬奥会、冬残奥会作为推动京津冀协同发展的重要抓手，发挥北京冬奥会筹办对城市发展的促进作用。

重大体育事件及其遗产规划、奥运杠杆作用战术实施等政策与治理遗产可能被识别，但难以被量化，而且某些政策变化短期效果不显著，大多数政策效力的显现需长期形成[162]，国外学者对于奥运遗产效果覆盖的时间跨度仍存在争论。

---

① 中国政府网. 习近平在北京河北考察并主持召开北京 2022 年冬奥会和冬残奥会筹办工作汇报会 [EB/OL]. http://www. gov. cn/xinwen/2021-01/20/content_5581375. htm[2021-05-06].

② IOC. Olympic Games Guide on Legacy [EB/OL]. https：//olympics. com/ioc/news/legacy [2021-05-01].

相关的启示和借鉴有二：①认真开展北京冬奥会"奥运影响"研究，加强国际奥委会、北京冬奥组委与第三方机构的合作，科学设计研究方法框架，结合中国实际和国际经验筛选关键绩效指标，测定经济-社会文化-环境三重影响基准线，全面、综合、持续测量评估北京冬奥会影响，为北京冬奥会主要利益相关者和未来奥运会申办者提供决策辅助；②辩证处理好"自上而下"与"自下而上"两种奥运遗产评估测度取向以及奥运遗产不同维度，客观评价北京冬奥会遗产战略计划实施绩效，平衡兼顾北京冬奥会遗产国家宏观叙事和人民群众身边故事。

2）加强研究，科学评估北京冬奥会多领域、多方面遗产效果

北京冬奥会重视可持续性和遗产规划，出台《北京 2022 年冬奥会和冬残奥会可持续性计划》和《北京 2022 年冬奥会和冬残奥会遗产战略计划》，通过举办冬奥会努力为主办城市和区域留下体育、经济、社会、文化、环境、城市发展和区域发展等方面的丰厚遗产。

无论是 Preuss[13] "事件构造"观点所蕴含的由奥运会引起（通常是间接的）的效果，抑或是国际奥委会建议性遗产定义所提到的通过举办奥运会或体育赛事带来或加速的长期收益①，理论和实践领域均重视遗产与奥运会的直接或间接因果关系。早期的奥运会成本-收益的经济学分析即有意识地区分奥运会本身的直接成本和外围设施建设等间接成本，将奥运会有关的支出区分为建设必要设施的资本性支出和规划管理赛会的运作性支出，相应的收入效应则包含直接收入和间接收入[163]。由于价值判断、客观性程度、假设及约束条件现实性、程序偏见等因素，应用乘数效应、投入-产出模型、可计算一般均衡模型、双重差分模型等模型测度同一大型体育事件经济、旅游影响/遗产可能得出相左的结论。北京冬奥会经济遗产研究要均衡使用投资-回报和成本-收益经济计量模型，统筹兼顾处理好实际收益与机会成本、直接遗产与间接遗产、即时影响与长期遗产、硬遗产与软遗产以及举办城市/区域、国家和全球遗产。

与奥运会等重大体育事件有关的人的观念和行为也构成遗产领域最常研究的主题[164]，研究除关注举办地或非举办地居民对奥运遗产的认知以及与此认知有关的行为/行为意向外，还调查主办城市或国家的形象是否以及如何在举办奥运会后发生变化。该领域研究借鉴社会交换理论较多。在社会交换理论看来，居民

① IOC. Olympic Games Guide on Legacy［EB/OL］. https：//olympics. com/ioc/news/legacy［2021-05-01］.

基于评估重大事件收益或成本的交换过程，认识和赋予奥运遗产价值，若评估的结果为收益大于支出，则他们倾向于涉入该过程，形成对奥运遗产的积极态度，而态度可用以推测行为，预期的积极遗产效果通常被认为是主办地居民支持当前及未来重大事件的强有力的预测器[165]。同时也应认识到：一是社会交换过程并非停滞固定，主体会随时空变化重新评价成本和收益；二是不同历史文化传统造就差异化的观念信念和行为习惯，思想改变非短时间内可以实现。

身体活动和体育参与遗产既是行为改变研究的方向之一[159]，亦可独立作为奥运遗产类型。关于奥运体育遗产，争议的焦点在于精英体育与大众体育参与的优先权问题、竞技运动员和一般体育参与者的能力差异、个人体育参与和有组织的体育参与增减、有过往体育项目参与经验与新手参与者影响模式、短期增加与持久增加等方面，没有实际证据表明体育参与提高是由举办奥运会造成的。此外，数据质量也是该领域研究力图克服的难题，大部分研究基于横断面数据的二次分析展开，原始调查并非特别为评估奥运会所引起的身体活动增加而设计，且调查缺乏纵向持续性，导致对分析结果有效性与可信性的质疑。北京冬奥会提出"带动 3 亿人参与冰雪运动"的申办承诺，举办地北京市、河北省和我国冰雪运动起步较早的吉林省分别制定了到 2022 年本行政区群众性冰雪运动参与人数达到 1000 万、3000 万、1000 万的目标。可持续交付北京冬奥会冰雪运动参与遗产，一是要确定统一、连续的冰雪运动参与人口统计核算口径；二是研究潜在冰雪运动参与人口转化和实际冰雪运动参与人口维持的相关机制。

环境遗产方面，北京冬奥会采取一系列卓有成效的行动和措施，将可持续发展理念贯穿冬奥会全过程，为城市和区域可持续发展描绘绿底色、注入新动力。例如，最大限度地利用 2008 年北京奥运会场馆；重视新建场馆设施生态修复；建设绿色场馆；实施可持续采购；使用新型二氧化碳制冷剂和可再生清洁能源；京张地区水、气、沙生态环境联防联治；升级改造延庆和崇礼赛区城区电力、供水、供气、垃圾处理等设施场站；推进建设城市轨道交通和应用新能源清洁能源公交车等。评估重大体育事件的环境遗产通常是复杂且长期的，环境投入–产出模型、生态足迹、碳足迹、情景模拟等寻求量化奥运会环境影响的模型和技术在适用范围上可能是局部的，而且需意识到奥运经济遗产、社会遗产、环境遗产之间相互转化的循环系统。研究北京冬奥会的环境遗产，要注意：避免简单地将生态环境价值等值替换为经济价值，同时也应考虑生态价值的累积性和外部性，平衡处理好生态服务功能局部加总与生态消耗单元无限细分。

3） 聚焦中国变量，贡献超脱中国场景的奥运遗产研究方法论和理论

北京冬奥会遗产成果丰硕，北京是世界上首个举办过夏季奥运会和冬季奥运会的"双奥之城"，一条高速铁路和两条高速公路联结起京张两地三赛区场馆，首钢园为全世界树立了工业遗址再利用的典范……中国场景的奥运遗产研究方法论和理论创新的两条路径：①演绎的方式，移植借鉴国外成熟理论，同时结合我国实际情况修改调整变量参数，与国外情景的研究发现进行对比；②归纳的方式，直接从中国实际出发，从北京冬奥会本身申办—筹办—举办全过程的遗产实践入手，乃至框定涵盖 1990 年北京亚运会、2008 年北京奥运会、2010 年广州亚运会、2022 年北京冬奥会，以及杭州亚运会等系列重大体育事件的更长时间序列，提炼升华形成原生的、能"走出去"的中国变量环境下的重大体育事件遗产理论。

第二篇　奥运遗产可持续利用与创新发展的国际经验

第 4 章 | 夏奥会和夏残奥会遗产可持续利用与创新发展

4.1　2012 年伦敦奥运会

第 30 届夏季奥林匹克运动会及第 14 届夏季残疾人奥林匹克运动会（以下简称 2012 年伦敦奥运会或伦敦奥运会）于 2012 年 7 月 27 日至 8 月 12 日在英国伦敦举办，共有 206 个国家和地区的约 10 500 名运动员参加了比赛。而残奥会则于同年 8 月 29 日至 9 月 9 日在伦敦举行，共有 164 个国家和地区的约 4300 名运动员参加了比赛。这是自 1908 年伦敦奥运会和 1984 年伦敦奥运会后，伦敦再次获得奥运举办权。2012 年伦敦奥运会的座右铭是"激励一代人"（Inspire a Generation），从一开始，它就致力于为伦敦东区、英国更广泛的人口和经济，甚至海外人民创造长期利益。2012 年伦敦奥运会的主要目标是：提高公众对多项体育运动的参与度、伦敦东部（奥运会主要举办地）的城市转型，以及促进城市内外的可持续发展和经济机会①。

4.1.1　场馆遗产

4.1.1.1　场馆设施瘦身，提升赛后场馆利用频率

在奥林匹克运动会的语境中，场馆就是举办比赛或其他主要比赛项目和活动

---

① IOC. London 2012：engaging, inspiring and transforming［EB/OL］. https：//olympics.com/ioc/news/london-2012-engaging-inspiring-and-transforming［2023-08-13］.

的大型运动会场址，包括竞赛场馆、开闭幕式场馆和奥运村①。2012 年伦敦奥运会共使用了 34 个比赛场馆，其中 15 个比赛场馆为现有场馆，10 个为新建场馆，9 个为临时场馆，见表 4-1。目前仍在使用的场馆有 20 个，场馆使用率达 73.5%，能够满足当地社区居民以及各种水平运动员的需要，可举办从世界锦标赛到学校活动的各种体育赛事、文化、娱乐和休闲活动等。同时，考虑到这些永久性建筑的赛后运营问题，在比赛结束后伦敦奥组委对其进行了瘦身[166]。例如，伦敦奥运会主场馆"伦敦碗"只有位于底部的 2.5 万个座位得以保留[167]，奥运期间它可容纳观众 8 万余名[168]，赛后，5.5 万个临时座椅被拆除，场馆瘦身为原有的 1/3。

表 4-1　2012 年伦敦奥运会场馆赛后利用统计

序号	场馆名称	利用类别	承办项目	赛后现状
1	北格林威治体育馆	现有	体操、蹦床、篮球	集体育和娱乐为一体的多功能场馆
2	温布利体育馆	现有	艺术体操、羽毛球	世界顶级的演唱会和体育比赛的场馆
3	伯爵宫	现有	排球	拆除
4	ExCEL 体育馆	现有	拳击、柔道、击剑、乒乓球、跆拳道、举重、摔跤	欧洲最大的多功能展览中心
5	温布利体育场	现有	足球	英格兰国家足球场
6	奥林匹克体育场（"伦敦碗"）	新建	田径比赛、开幕式和闭幕式	用于体育与田径比赛，以及文化与社区活动项目
7	水上运动中心	新建	游泳、跳水、艺术游泳、现代五项（游泳）	为当地社区、俱乐部以及学校提供服务
8	奥林匹克公园自行车馆	新建	场地自行车	环公路自行车赛、山地自行车赛场地、自行车馆组成自行车公园

---

① The Olympic Studies Centre. Over 125 years of Olympic venues: post-Games use ［EB/OL］. https://stillmed. olympics. com/media/Documents/Olympic-Games/Olympic-legacy/Full-report-venues-post-games-use. pdf? _ga=2. 39163363. 1158336351. 1661752558-981702762. 1661752558［2023-08-13］.

续表

序号	场馆名称	利用类别	承办项目	赛后现状
9	李谷白水中心	新建	皮划艇激流回旋	为当地社区和来访者提供皮划艇的比赛训练地
10	铜箱馆	新建	手球、现代五项（击剑）	社区多功能体育运动中心
11	奥运村	新建	运动员住宿	住宅小区
12	小轮车赛场	临时	自由式小轮车	环公路自行车赛、山地自行车赛场地、自行车馆组成自行车公园
13	奥林匹克公园曲棍球中心	临时	曲棍球	奥林匹克公园的曲棍球中心
14	奥林匹克公园水球馆	临时	水球	拆除
15	伦敦奥运篮球馆	临时	篮球、手球	拆除
16	骑兵沙排场	临时	沙滩排球	拆除
17	海德公园	临时	铁人三项、马拉松游泳	拆除
18	罗德板球场	临时	射箭	拆除
19	皇家炮团军营	临时	射击、射箭	拆除
20	林荫路运动中心	临时	马拉松、竞走、自行车（公路）	拆除
21	格林威治公园	临时	障碍赛、盛装舞步、现代五项全能（马术、跑步、射击）	拆除
22	汉普顿宫	临时	自行车（道路）	拆除
23	汉普顿公园球场	现有	足球	欧洲五星球场之一
24	威尔士国家体育场	现有	足球	用于英式橄榄球赛事以及国际橄榄球赛事的国家主赛场
25	老特拉福德球场	现有	足球	欧洲五星球场之一
26	圣詹姆斯公园球场	现有	足球	纽卡斯尔联足球俱乐部的主场球场
27	考文垂市体育场	现有	足球	考文垂足球俱乐部的主场球场

序号	场馆名称	利用类别	承办项目	赛后现状
28	伊顿多尼水上中心	现有	赛艇、皮划艇静水赛	伦敦休闲度假旅游目的地之一
29	韦茅斯-波特兰港	现有	帆船	为社区提供世界一流的体育设施
30	哈德利庄园	新建	山地自行车	向公众开放的奥林匹克山地自行车场地
31	伊顿庄园体育中心	现有	轮椅网球	多功能体育休闲中心
32	国际广播中心与主媒体中心	新建、部分临时性	媒体	8 万 m^2 的商业写字楼
33	温布尔登网球场	现有	网球	世界上现存的唯一大型草地球场
34	布兰兹-哈奇赛道	现有	残疾人公路自行车赛	运动赛车的比赛场地

资料来源：笔者基于资料整理

伦敦在申奥之时就承诺在 2012 年伦敦奥运会的奥运村和主要场馆建设中，太阳能、风能、水能等可再生能源将占其能源消耗的 50%，拆迁大型工厂建筑的废砖瓦和钢铁材料再利用率将达到 90%，新场馆建设中使用回收材料至少达到 20%[169]。为保障临时性场馆与设施在赛后能够得以顺利拆除、再生利用，伦敦奥运会提高了可拆卸与绿色建筑材料比例，如"伦敦碗"42% 的建材都来自可重复使用的材料，在设计上采用了开放式顶棚设计，充分彰显了绿色环保的理念。

4.1.1.2　市场化+公益服务，提升赛后场馆利用效率

伦敦奥运会遗产管理是伦敦奥运会场馆赛后利用的亮点之一[170]，在保证商业化运营的同时突出公益性。早在 2009 年，伦敦就成立了伦敦遗产发展集团负责奥运会遗产运营，制定了场馆赛后商业化运营、改造奥运村租赁住宅等商业和公益相结合的奥运会遗产管理运营模式，同时成立了李谷公园管理局（Lee Valley Regional Park Authority），与伦敦遗产发展集团共同负责奥林匹克公园的运作[171]，引入市场化机制进行管理，合理推广奥运遗产的赛后利用，促进就业、教育、社会服务和居民参与体育活动机会的增加，并且定期上报场馆的大众使用情况，体现了奥运会遗产管理商业和公益并重的理念。

4.1.2 体育遗产

4.1.2.1 推广奥运行动计划，提升大众体育参与热情

英国一直以来都非常注重群众体育的发展，在 1960 年就提出了"社区体育"的概念，明确了地方政府要重视社区体育发展的任务。奥运会作为世界顶级的体育盛会，能为国家的体育事业带来非同小可的推动作用。英国在 2005 年赢得奥运会主办权之时，伦敦奥组委就承诺将通过本次奥运会激励一代人参与体育的热情[172]，通过把握奥运会的机会，来激发体育热情，提高大众体育参与热情。在准备举办 2012 年伦敦奥运会的过程中，英国采取了多项举措来提高体育参与度，特别是年轻人的体育参与度，并促进了体育设施的发展。例如，"2012 伦敦奥运会行动计划"（Legacy Action Plan for the 2012 Olympic Games）①，推广全民免费游泳，同时随着 2012 年的临近，英国体育部门的战略规划也在层层推进，2010 年 "安置游戏场所计划"（Places People Play）②，重点关注体育的基础设施建设。这些项目为改善体育基础设施和参与体育活动提供了资金。2012～2015 年，106 个社区设施得到升级，40 万伦敦居民通过伦敦市长体育遗产计划参与基层体育活动。

4.1.2.2 制定体育参与计划，培养青少年终身体育习惯

为了应对英国青少年体育参与率下降，使青少年养成终身体育习惯[173]，从 2007 年开始，英国政府就制定了一系列鼓励青少年参与体育活动的计划，其中包括"青少年十年规划"（Ten-Year Youth Strategy）③，将青少年体育活动参与度作为大众体育的重要评价指标；2011 年 "学校运动会计划"（The School

---

① Department for Culture, Media and Sport（DCMS）. Before, During and After: Making the most of the London 2012 Games［EB/OL］. https：//library. olympics. com/Default/digital-viewer/c-209683［2023-08-13］.

② Sport England. Planning for Sport Guidance［EB/OL］. https：//sportengland-production-files. s3. eu-west-2. amazonaws. com/s3fs-public/2020-01/planning-for-sport-guidance. pdf? VersionId = V91Twg6jajoe7Tpard JDn9h6s9AiSqw0［2023-08-13］.

③ Department for Culture, Media and Sport（DCMS）. Creating A Sporting Habit for Life: A New Youth Sport Strategy［R/OL］. https：//assets. publishing. service. gov. uk/media/5a78f92de5274a277e690e8a/creating_a_sporting_habit_for_life. pdf［2023-08-13］.

Games)①，让数百万学生参与到竞技体育当中，学生代表有机会在奥运会开赛前去奥运会场馆观看比赛；2012 年"新的青年和社区体育 5 年战略"（The 2012-17 Youth and Community Strategy）②，培养青少年养成良好的运动习惯，将奥运精神延续到生活中，把青少年在 2012 年伦敦奥运会感受到的短期兴趣和兴奋转变为终身体育习惯，通过竞技体育推动群众体育的发展。到 2017 年，已有超过 41 000 名青少年参加了 Change4Life 体育俱乐部（青年体育信托慈善机构的一部分），达到了国家建议的体育活动水平。

尽管取得了重大进展，但体育参与人数的增加并没有达到政府宣布的英国增加 200 万人参加体育运动的目标。根据 2021 年英国国家儿童测量计划（The Government's National Child Measurement Programme）③ 显示，英国青少年肥胖率有所上升，从 2019 年的 9.9% 上升为 2020 年的 14.4%④，这一数据表明，虽然伦敦政府推出一系列的政策以及计划，但是从现有的结果显示，英国政府所希望创造的青少年体育参与、提高国民身体素质的愿景距实现仍有一定距离。2012 年伦敦奥运会后关于体育参与遗产的证据是混杂且不确定的，因为不同调查和研究的结果因时间框架、方法、研究的社会人口群体和体育参与的定义而异。可见，从政策制定到落地实施再到结果反馈，仍然需要投入更多的精力与财力，才能促进群众体育的发展。

4.1.3　经济遗产：品牌形象升级，经济飞速发展

4.1.3.1　提升旅游品牌形象，促进旅游业快速发展

促进旅游业发展是伦敦奥运遗产之一，伦敦奥运会的举办有效提升英国旅游

---

① GOV. UK. Funding for primary school sport ［EB/OL］. https：//www. gov. uk/government/news/funding-for-primary-school-sports ［2023-08-13］.

② GOV. UK. Creating a sporting habit for life-A new youth sport strategy ［EB/OL］. https：//www. gov. uk/government/publications/creating-a-sporting-habit-for-life-a-new-youth-sport-strategy ［2023-08-13］.

③ NHS England. National Child Measurement Programme, England, 2021/22 School Year ［EB/OL］. https://digital. nhs. uk/data-and-information/publications/statistical/national-child-measurement-programme/2021-22-school-year［2023-08-13］.

④ NHS England. National Child Measurement Programme, England 2020/21 School Year ［EB/OL］. https://digital. nhs. uk/data-and-information/publications/statistical/national-child-measurement-programme/2020-21-school-year/age［2023-08-13］.

业的品牌形象，为英国旅游业的发展提供了绝佳契机。在 2005 年申奥成功后，伦敦奥组委共签署了价值 10 亿英镑的合同，为当地经济发展提供了机遇，同时在基础设施建设、城市交通状况、安保等方面做出了投入与改善等一系列工作，推动了英国旅游业支持系统的完善[174]。在欧洲各国经济整体缺乏活力的大背景下，奥运会对促进英国旅游产业的发展非常有效。数据显示①，2012 年是自 2008 年以来伦敦旅游业最好的一年，有 1500 万人次的国际游客来到伦敦，消费超过 100 亿英镑，2012 ~ 2015 年来到伦敦的国际游客花费约 27 亿英镑②。举办地作为伦敦较为贫困的地区之一，自 2012 年以来，东伦敦的蓬勃发展和崛起远远超出了以往水平。

4.1.3.2　构建国际化渠道，拓展海外经济效益

奥运会期间和之后产生经济效益的一个关键工具是国际化"伟大运动"（Great Campaign）项目。它于 2012 年推出，旨在利用全球对奥运会和英国君主登基六十周年的关注，在超过 145 个国家和近 300 个城市开展国际业务。在奥运会期间，英国政府举办一系列活动，向国际投资者、买家和决策者等展示英国最好的商业、文化和科学等一系列投资及贸易项目，为英国政府带来了 142 亿英镑的贸易和投资效益，其中包括英国公司因英国贸易投资署的活动而增加的 59 亿英镑的销售额以及 47.2 亿英镑的额外外国直接投资。

同时，伦敦奥运会的成功举办提升了英国在大型规模项目交付方面的声誉，展示出英国企业良好的品牌形象，并帮助英国企业在巴西、俄罗斯和中东等地竞争并获得商业机会，英国贸易投资署的全球体育团队与英国驻外使领馆合作，支持英国公司积极瞄准未来在世界各地举办重大体育赛事的东道主。借鉴 2012 年伦敦奥运会的经验，英国企业在 2014 年索契冬奥会和残奥会以及 2018 年俄罗斯世界杯上获得了 60 多个合同。连续举办奥运会和残奥会的国家通过 2012 ~ 2016 年举行的年度英国-巴西对话建立了特殊关系，使得 40 家英国公司赢得了价值超过 1.5 亿英镑的合同。以体育为重点的贸易代表团定期前往巴西、俄罗斯、日

---

① VisitBritain/VisitEngland. Our history [EB/OL]. https：//www. visitbritain. org/our-history [2023-08-13].

② IOC. Factsheet Legacies of the Game [R/OL]. https：//stillmed. olympic. org/media/Document%20Library/OlympicOrg/Factsheets-Reference-Documents/Games/Legacies/Factsheet-Legacies-of-the-Games-May-2016. pdf [2023-08-13].

本、卡塔尔、韩国和印度尼西亚，并为来自一系列未来重大体育赛事主办城市的高级代表团访问英国提供了便利，向世界展示英国在促进出口和促进经济增长方面的专业知识与经验，促进企业双方体育赛事贸易投资合作。通过其高价值机会计划，英国投资贸易署帮助英国公司在 2015～2022 年从全球体育项目中获得了超过 7.3 亿英镑的商业收益。

4.1.4　社会遗产

4.1.4.1　实施"启航"项目，发展青年体育文化

伦敦奥运会的座右铭是"激励一代人"，希望通过奥运会这一舞台来激励全球的青年团结一致，在体育教育方面同样着眼于奥运会所带来的长期价值，期望通过推广奥林匹克精神，宣传健康积极的生活方式，引领青少年提高参与体育锻炼的积极性，培养终身体育的体育素养[①]。作为 2012 年伦敦奥运会的官方教育项目，"启航"[②]（Get Set）是伦敦奥运会和残奥会的青年参与项目，通过互动式的网站学习，提供丰富的教学资源，帮助学校开展"合作精神""国际化视野"等八类主题活动，让所有年轻人都有机会学习和实践奥运会和残奥会的价值观，并鼓励青少年积极参与伦敦奥运会与残奥会。"Get Set"在学校传播奥林匹克精神，教育孩子们了解友谊、卓越和尊重的奥林匹克价值观等。2016 年，在接受调查的教师中有 91% 的教师认为，"Get Set"提高了学生的积极性；到 2018 年，该倡议已覆盖英国一半以上 3～19 岁的青少年。"Get Set"提高了学生的学习积极性，提供更多的体育领导机会和更多的运动时间，对学校体育产生了积极影响。

作为学习平台，"Get Set"向全球开放，提供多语言版本，使全世界青年都有机会参与其中，也在为发展中国家的青年创造积极的遗产。到 2016 年，"Get Set"已惠及 20 个国家超过 2500 万人，培训了超过 255 000 名教师、教练和年轻领导者，并影响了 55 项政策、战略或立法变革。2016 年，International Inspiration

---

①　IOC. London 2012 Report and Accounts ［R/OL］. https://stillmed. olympic. org/media/Document%20Library/OlympicOrg/Games/Summer-Games/Games-London-2012-Olympic-Games/Facts-and-Figures/LOCOG-Report-and-Accounts-for-the-18-Month-Period-Ended-30-September-2012-London-2012. pdf # _ ga = 2. 76227669. 1901088267. 1540993723-708900866. 1539671487［2023-08-13］.

②　Get Set ［EB/OL］. https：//www. getset. co. uk/［2023-08-13］.

正式与 United Purpose 合并，United Purpose 是一家持续利用体育作为工具在世界各地开展一系列发展项目的慈善机构。

4.1.4.2　创办"汇聚计划"项目，推进基层体育志愿服务

2012 年伦敦奥运会的一个重要遗产是志愿者对基层体育的贡献得到了持续的认可。在 2012 年伦敦奥运会上，体育志愿者登上了各大媒体的头条，奥运会和其他志愿者所带来的活力、热情和才华成为伦敦奥运会和残奥会的亮点之一。伦敦奥运会在赛前 4 年就明确提出志愿遗产目标，让在志愿服务中成为朋友的志愿者们继续保持联系；与我们的伙伴一起创造新的志愿精神[175]。"汇聚计划"（Join It）项目成立于 2012 年 3 月，旨在传递奥运会的社会遗产，并成为"奥运会志愿者之家"。它的任务是帮助 2012 年伦敦奥运会的组织者和其他志愿者在社区层面继续他们的志愿服务之旅，并吸引更多的群众参与体育的志愿服务，为奥运会创造可持续的、影响力强的社会遗产。从 2012 年夏天的周末活动，到 2013 年在英国各地举行的为期六周的夏季活动，再到 2014 年开始的全国性全年活动，直至 2015 年，"Join It"项目已经拥有了超过 11.5 万名志愿者。"Join It"组织运营不局限于内部，它与各个部门和媒体都建立了良好的合作，实现自我造血与社会服务最大化。一方面，与私营部门建立了牢固的合作关系，包括创始合作伙伴英国电信（2012 年起）、官方合作伙伴劳埃德 TSB（2013 年）、大彩票基金（Big-Lottery-Fund）（2013 年）和茵特体育（Intersport）（2014 年）。这些合作伙伴不仅为"Join It"提供资金，还通过与员工和客户的活动积极推动组织的发展。另一方面，"Join It"还与全国性媒体合作，如英国广播公司（BBC）和英国独立电视台（ITV），进一步扩大其影响范围，仅在 2015 年就通过 30 万英镑的活动支出创造了超过 600 万英镑的媒体价值。

2012 年伦敦奥运会及其遗产重塑了人们对体育志愿者的认知。这一认知变革在政府的体育战略"体育未来：积极国家的新战略"（Sporting Future-A New Strategy for An Active Nation）① 中得到了认可，该战略首次明确指出志愿服务是群众从事体育运动的重要组成部分。发展志愿服务对于志愿者个人和体育发展都有一系列好处，能够让更多的人受益于志愿服务所带来的便利。

---

① Sporting Future-A New Strategy for An Active Nation［R/OL］. https：//www.gov.uk/government/publications/sporting-future-a-new-strategy-for-an-active-nation［2023-08-23］.

4.1.4.3 升级交通网络服务，促进城市交通建设

作为世界上最繁华的城市之一，伦敦在奥运会之前其交通运输网络已经处于接近满负荷运转的状态，因此为了应对奥运会期间的交通压力，改善伦敦的交通状况，英国投入了65亿英镑，用以增加交通容量、改善服务。对超过150年历史的伦敦地铁网络进行改造，措施包括朱比利线和中央线的信号及列车升级，以提供更大的运行频率和安全性，码头区轻轨得以扩展，并新增了更长的列车，运载能力提高了50%，伦敦城铁也得以拓展。在奥运会举办前期，为了应对大量游客涌入，伦敦投资建设了一流的交通管理系统。新系统、更新的交通信号和改善的模式为伦敦交通留下了一份遗产，奥运会后，10条铁路线和30座新桥梁继续连接伦敦社区，为伦敦当地交通出行提供了极大的便利①。

同时奥运会和残奥会的举办使伦敦交通网络无障碍服务得以升级。伦敦交通局以创新的方式增加地铁和铁路的无障碍通道，其无阶梯城市火车站数量增至136个。近90%的公交车站实现了无障碍通行。改善的方面包括新增或翻新了电梯，增加了驼峰调车场、水平通道和站台触觉条的数量，改善了电子显示屏、音频循环和帮助点，并加宽了车门。此外，整个常规公交车队都设有轮椅通道。每辆公交车都有轮椅坡道和轮椅专用空间。不断完善的交通体系使伦敦更加智能化、可持续发展，其不仅服务于奥运会期间，在奥运会结束之后也仍在继续服务于当地居民，为城市留下长久的遗产。

此外，作为践行可持续发展的一部分，在奥运会期间，伦敦开展了"积极出行计划"（Active Travel Plan）[176]。由政府投资修建新的自行车和步行线路，特别是在伦敦奥运场地周围，修建了大量的免费自行车车位和免费维修设施，旨在借用奥运会机会鼓励居民增加步行或自行车出行的频次，培养人们健康的生活方式，同时减少伦敦公共交通和路网的压力。目前伦敦交通局仍在积极推进为更多人提供步行和骑自行车的机会，通过提供更好的停车设施、打击自行车盗窃行

---

① IOC. London 2012 Facts & Figures ［R/OL］. https：//stillmed. olympic. org/media/Document% 20Library/OlympicOrg/Games/Summer-Games/Games-London-2012-Olympic-Games/Facts-and-Figures/Factsheet-Facts- and- Figures- London- 2012. pdf # _ ga = 2. 137830195. 2054324432. 1548237639- 708900866. 1539671487 ［2023-08-13］．

为、推动出行租赁、改进旅行数字化工具等方式①提升骑行舒适度，以改善伦敦民众的健康和生活质量。

4.1.4.4 树立健康生活标准，推动可持续食品愿景

2012年伦敦奥运会最成功但却鲜为人知的影响之一就是其可持续食品愿景的成功②。奥运会期间，伦敦奥组委的目标是既要解决奥运会期间餐饮方面的巨大后勤挑战（在四周内提供1400万份餐饮），也要关注食品采购的质量问题。伦敦奥组委的目标是打造一届"更健康、更美味、更环保的奥运会"。为了确定并实现这一愿景，2009年初伦敦奥组委召集了一个多专业领域的"食品咨询小组"，对为参加伦敦奥运会的运动员、观众、工作人员、游客和记者提供的食品设定了开创性的健康、符合伦理和可持续的标准。

2012年食品遗产计划是为了激励"英国的活动、餐饮和酒店业发生持久、积极和可持续的变化"，为"日益增长的健康生活公共议程"作出贡献。伦敦奥运会的食品遗产主要分为三部分。第一项行动是英国多家领先的餐饮企业共同承诺采用奥林匹克式餐饮标准。许多餐饮企业改变了采购和供应食品的方式，遵守可持续采购政策。第二项为可持续鱼类行动，旨在鼓励英国餐饮业、企业、政府和其他机构承诺提供可持续鱼类食品，以生态和可持续方式管理渔业。第三项是有关城市种植空间的行动，关注在城市中种植健康、可持续食品的空间，帮助伦敦市民接受可持续运营培训、参加交流活动、支持种植销售以及设备折扣等，以促进社区协作，引导居民健康生活。

4.1.5 环境遗产

4.1.5.1 创新碳排放核算方法，开发可持续发展管理工具

可持续发展一直是2012年伦敦奥运会整体发展的核心。伦敦奥运会主要成

---

① Transport for London. Encouraging cycling & walking [R/OL]. https：//tfl. gov. uk/corporate/about-tfl/how-we-work/planning-for-the-future/encouraging-cycling-and-walking [2023-08-11].

② The Olympic Studies Centre. The LONDON 2012 Food Legacy：Update/International Olympic Committee. [EB/OL]. https：//library. olympics. com/Default/doc/SYRACUSE/64209/the-london-2012-food-legacy-update-international-olympic-committee? _ lg=en-GB [2023-08-11].

果之一是创建了一系列可持续发展管理工具，这些工具已成为大型赛事活动行业的范本，主要体现在以下四个方面：一是创建了可持续发展管理工具，开发了国际标准 ISO 20121，这是第一个完全可认证的国际可持续性管理体系标准；二是与全球报告倡议组织（GRI）和国际合作伙伴（包括国际奥委会）合作，为相关的部门管理条例制定提供参考；三是创新制定重大事件碳排放核算方法，该方法在 2019 年被国际奥委会进一步发展为奥运会碳排放测量的统一方法；四是制定全面的可持续采购准则和将可持续性纳入采购治理模型，这对各种类型的活动，如会议、展览、体育赛事、音乐节等具有指导意义。伦敦奥运会在活动筹备、场馆建设、交通管理、废物处理、能源利用和供应链管理等方面都采取了积极的可持续发展的措施，为后续的大型体育赛事树立了榜样，并且激励了更多的赛事主办方和组织者关注可持续性问题，积极推动可持续事件管理的实践与落实。

4.1.5.2　开展生态环境恢复，扩大城市利用空间

伦敦奥林匹克公园为高质量的环保型体育公园建设提供了新样板。伦敦奥运会的场地选址在伦敦泰晤士河湾区水泽地带，该区域长期被用作码头和轻重制造业基地，是伦敦乃至全英国社会经济最为萧条的区域，且全境土壤和地下水水源受到严重污染。伦敦申奥时承诺，将奥林匹克公园建设成为一个崭新的城市公共场所，同时进行生态恢复，以解决奥运会相关活动带来的资源、水、废物和能源等环保问题，并践行可持续发展理念①。其中，奥林匹克公园选址在伦敦东部斯特拉特福德的垃圾场和废弃工地上，其土地曾被数十年的工业严重污染。为此，伦敦奥组委采取了严格的生态修复和污染物处理方案，对面积达 2.5km² 的主赛场区进行综合环境治理，采用创新技术进行清洁，包括泥土清洗和生物降解。在奥林匹克公园范围内，还建起了两座土壤修复工厂，并动用了 5 辆土地清洁车逐一清洁污染的土地。目前，奥运园区也成为欧洲最大的城市公园区，释放出巨大"棕地"资源和可再利用的城市空间，为当地居民留下一笔不可忽视的绿色遗产，也将东部地区发展成为一个集高技术、高附加值企业和创新部门于一体的生态城[177]。其中，奥运会期间所建设的伊丽莎白女王奥林匹克公园，不仅成为伦

---

① IOC. London 2012 Report and Accounts［R/OL］. https：//stillmed. olympic. org/media/Document% 20Library/OlympicOrg/Games/Summer-Games/Games-London-2012-Olympic-Games/Facts-and-Figures/LOCOG-Report-and-Accounts-for-the-18-Month-Period-Ended-30-September-2012-London-2012. pdf # _ ga = 2. 76227669. 1901088267. 1540993723-708900866. 1539671487［2018-10-16］.

敦最新的旅游景点，同时也是一个不断增长的商业、科技、制造、零售、教育和创意艺术集群的核心，为当地居民创造大量就业机会，通过赛后继续举办气候马拉松、时尚集群的城市挑战赛、伦敦气候行动周、公平能源运动等绿色活动，促进当地社区和游客的学习与知识共享，创造更可持续的生活方式。

4.2 2016 年里约奥运会

第 31 届夏季奥林匹克运动会及第 15 届夏季残疾人奥林匹克运动会（以下简称 2016 里约奥运会或里约奥运会）于 2016 年在巴西里约热内卢举行。第 31 届夏季奥林匹克运动会共有来自 200 多个国家和地区的约 11 000 名运动员参加 306 项比赛项目。里约热内卢成为奥运史上首个主办奥运会的南美洲城市，同时也是首个主办奥运会的葡萄牙语城市，向世界展示了巴西里约热内卢这座城市的风采。为了克服基础设施和后勤方面的一系列挑战，里约奥组委做出了巨大努力。里约奥运会的标志性场馆包括马拉卡纳体育场、奥林匹克公园等，为运动员提供了展示自我的舞台。奥运会给这个国家带来了深刻而积极的变化，体育设施建设、体育事业发展以及城市交通等方面都有了明显的改善，为巴西留下了超越体育的重要遗产。

4.2.1 场馆遗产

如表 4-2 所示，2016 年里约奥运会共使用了 35 个比赛场馆，其中 19 个比赛场地是现有的，9 个是新建的，7 个是临时的。在 7 个临时场馆中，5 个已经拆除，德奥多罗体育场和奥林匹克越野车中心被重新规划再使用。目前仍在使用的场馆有 28 个，场馆使用率为 80%。里约奥运会场馆在赛后继续为运动员、专业团队和当地俱乐部举办比赛与训练提供场馆，并为当地居民提供举办音乐会、参与休闲体育等其他活动的机会。

表 4-2 2016 年里约奥运会场馆赛后利用统计

序号	场馆名称	利用类别	承办项目	赛后现状
1	卡里奥卡体育馆	新建	篮球、柔道、摔跤、击剑、跆拳道	巴西奥运会训练中心

序号	场馆名称	利用类别	承办项目	赛后现状
2	奥林匹克水上运动中心	新建	游泳、水球	未使用（拆除）
3	奥林匹克小轮车中心	新建	自行车（小轮车）	未使用（拆除）
4	奥林匹克高尔夫球场	新建	高尔夫	向社区开放，举办赛事
5	奥林匹克曲棍球中心	新建	曲棍球	德奥多罗奥林匹克公园的一部分，巴西国家曲棍球队的训练基地
6	奥林匹克网球中心	新建	网球	巴西奥运会训练中心
7	白水体育场	新建	轻艇（激流）	作为德奥多罗奥林匹克公园中的一个场馆
8	巴拉自行车馆	新建	自行车（场地赛）	巴西奥运会训练中心
9	青年体育馆	新建	篮球（女子）、现代五项（击剑）	德奥多罗现代五项运动公园
10	德奥多罗水上运动中心	现有	现代五项（游泳）	德奥多罗现代五项运动公园
11	马拉卡纳体育场	现有	开闭幕式、足球	巴西著名的综合性体育场馆
12	阿维兰热奥林匹克体育场	现有	田径、足球	室内综合体育馆
13	罗德里戈·弗雷塔斯潟湖	现有	赛艇、皮划艇（竞速）	奥运会比赛场地
14	吉尔伯托·卡多佐体育馆	现有	排球	室内排球馆
15	玛丽亚·莲克水上运动中心	现有	跳水、水球、花样游泳	巴西游泳运动员、教练及官员的训练场所
16	格洛里亚码头	现有	帆船	未使用（拆除）
17	国家马术中心	现有	马术	巴西国家马术中心，是德奥多罗奥林匹克公园的一部分
18	国家射击中心	现有	射击	在使用
19	里约奥林匹克体育馆	现有	体操	举办音乐会、体育赛事和电子竞技比赛等的多功能场馆
20	里约中心2号馆	现有	拳击	承担众多大型赛事和文艺演出
21	里约中心3号馆	现有	乒乓球	承担众多大型赛事和文艺演出
22	里约中心4号馆	现有	羽毛球	承担众多大型赛事和文艺演出

续表

序号	场馆名称	利用类别	承办项目	赛后现状
23	萨普卡伊侯爵森巴场	现有	射箭、田径（马拉松）	巴西里约热内卢市中心的特别游行区
24	科帕卡瓦纳体育场	临时	沙滩排球	未使用（拆除）
25	德奥多罗体育场	临时	现代五项（马术、射击、跑步）、橄榄球	德奥多罗现代五项运动公园
26	科帕卡瓦纳炮台	临时	游泳（公开水域）、自行车（公路）、铁人三项	未使用（拆除）
27	未来体育馆	临时	手球	未使用（拆除）
28	奥林匹克越野车中心	临时	自行车（登山）	被重新设计为一个更小的赛道，至今仍在使用
29	蓬塔尔	临时	田径（竞走）、自行车（计时）	未使用（拆除）
30	里约中心 6 号馆	临时	举重	未使用（拆除）
31	巴西利亚国家体育场（巴西利亚）	现有	足球	综合性体育场馆
32	米内罗体育场（贝洛哈里桑塔）	现有	足球	巴西第二大的足球场
33	新水源体育场（萨尔瓦多）	现有	足球	巴伊亚队的主场
34	科林蒂安竞技场（圣保罗）	现有	足球	巴西科林蒂安俱乐部主场球场
35	亚马逊竞技场（玛瑙斯）	现有	足球	综合性体育场馆

资料来源：笔者基于资料整理

4.2.1.1 实施"场馆重建工程"，计划提升材料利用效益

里约奥运会为了践行可持续发展理念，提高场馆的利用率，在赛后拆除了一部分体育场馆，拆除场馆的建筑材料被应用在公园或其他公共设施当中。例如，在奥运会期间举办手球比赛的未来体育馆，赛后场馆会被拆解成建筑材料并重建成为四个新的学校，场馆的屋顶、覆面还有钢结构都会留下来成为新学校的外壳。为了日后的转变可以达到材料浪费的最小化，在设计之时，对场馆材质使用

和建造流程进行了深刻规划，较好地解决了奥运会体育馆投入成本高、用途少、寿命短的问题。但由于财政连年紧张，巴西体育部资金始终未能到位，拆除工作迟迟未能开始。除上述场馆外，其余大部分场地均已启动拆除，但拆卸工作进展坎坷缓慢，部分项目已沦为"烂尾工程"。

4.2.1.2　推出梯级化"国家训练体系"，保障体育基础设施

在巴西，公共权力是国家体育发展的重要助力，对体育组织采取良好管理政策具有重大影响。奥运会完善了巴西体育基础设施，为国家体育的繁荣发展提供有利的环境。例如，梯级化"国家训练体系"（National Training System）①，旨在发展基础设施的公共政策方案和项目，明确场馆作为公共资源的指导方针、目标和行动，以最有效的方式利用体育资源和对体育进行更专业的管理。"国家训练体系"计划在全国范围内建立体育中心，为运动员创造足够的训练空间，使其能够获得必要的基础设施，以促进其发展和提高，将体育融入巴西的所有领土，满足不同类别的运动员的进步。在体系顶端的是奥林匹克训练中心，奥林匹克训练中心是为专业运动员创建的场所，为高水平训练队、各种类型的国内和国际比赛以及面向社会的活动提供场地支持；其次是国家训练中心，这些场馆旨在开展各种类型的体育训练，通过巴西奖牌计划，为专业运动员和基础运动员提供培训；最后是地区和地方训练中心，即满足同一地区运动员发展需要的多项运动或单项运动场馆，如青年项目中心计划建造的场馆等。

4.2.2　体育遗产

4.2.2.1　颁布《国家体育计划》，完善体育发展规划

2002～2016 年，巴西经历了所谓的"大型体育赛事时代"，一共举办了五项世界级的重要赛事，巴西政府意识到巴西体育事业迎来了关键发展的时刻，因此在里约奥运会结束之后，巴西政府以广泛和长远的视角规划并集中力量出台《国家体育计划》（*National Sports Program*），旨在从顶层设计上完善巴西体育发展规

---

① Rio 2016. Legacy: Olympic and Paralympic Games Rio 2016 [R/OL]. https://library.olympics.com/Default/digital-viewer/c-207464 [2023-08-13].

划设计。《国家体育计划》主要涉及五项基本方针：基础教育高中的体育运动实践和文化的普及；鼓励开展群众体育运动；促进竞技体育的发展；建立结构化、专业化的人才计划；落实《国家体育计划》在巴西体育发展中的核心地位。

4.2.2.2 实施"Transforma"项目，完善体育教育网络

奥运会重要遗产之一是 2016 年里约奥运会的"蜕变"（Transforma）教育计划。"Transforma"教育计划主要从创造体育机会、搭建教育平台、构建体育培育网络等方面入手，致力于扩大学校的体育活动，并弘扬卓越、尊重和友谊的奥林匹克价值观[①]。

一是创造体育机会，"Transforma"[②] 与公立和私立学校合作，为小学到高中的学生创造机会，学生通过教材以及相关活动体验奥运会和残奥会的价值观，学习和体验新的体育运动。从 2013 年开始，该项目通过体育课堂、训练课程和体育节等形式，扩大巴西青少年的运动项目选择范围，这意味着他们能够在巴西的传统三大项（足球、排球和篮球）之外，探索新的体育项目，激发他们的运动潜能，为巴西许多青少年提供了首次尝试各种不同运动项目的机会。

二是搭建教育平台，"Transforma"与巴西教育部合作开发在线教育平台，用来展示参与学校的教育内容、活动和新闻，以及培训课程、奥运会和残奥会运动员的学校访问、参与计划等材料，同时为巴西学校教师提供了 17 门葡萄牙语培训课程和现场讲习班，让教师学习不同的奥运会和残奥会运动项目，将体育项目和奥林匹克与残奥会价值观带到各自学校之中。

三是构建体育培育网络，"Transforma"不仅鼓励青少年参与体育运动，而且建立起了一个由父母、学生、赞助商、联合会、教师、巴西奥运选手组成的体育网络，共同致力于鼓励和改变巴西青少年的生活——"把教育和体育结合起来改造"。"Transforma"带领里约热内卢公立学校的 5 万名学生观看残奥会，并与来自世界各地的运动员见面，为许多弱势青年提供了在学校或社区无法获得的机会，从而改变了他们的生活态度。里约教育项目"Transforma"自 2013 年启动以来，惠及了 3000 个城市 1.6 万所公立和私立学校的 800 万名学生，在国际上推

---

① IOC. Olympic Games Rio 2016- Youth & Sporting Legacy ［R/OL］. https：//olympics. com/ioc/news/ olympic- games- rio-2016-youth-sporting-legacy ［2023-08-13］.

② Kirakosyan L. Educational Legacy of the Rio 2016 Games：Lessons for Youth Engagement ［J］. Societies, 2020, 10 （2）：39.

广到 20 多个国家。然而由于巴西内部的经济和政治问题，"Transforma"项目在 2017 年暂停了，托管培训内容的虚拟平台被关闭，但是"Transforma"启发了一个名为"推动"（Impulse）的新的青年体育教育项目，新项目以"Transforma"的经验作为基础，在 2017 年由里约热内卢的非营利组织西班牙半岛 Instituto Peninsula 开发并实施。

4.2.3 社会遗产

4.2.3.1 联动多种交通方式，优化城市交通网络

自申奥成功以来，巴西政府推出了与奥运配套的"公共政策计划"，其中包括二十七大类工程，涵盖资金投入、交通改善、场馆建设、环境治理、设施配套等方面。一是多种交通方式的整合。为缓解奥运会期间的交通压力，里约热内卢斥资约 3.4 亿美元新建了总长 28km 的轻轨系统，并在 2016 年里约奥运会开幕前两个月投入使用，行程超过 100 万 km，这一新系统连接了公共汽车、火车、地铁和轮渡，整合了各种交通方式并将多个街区连接起来，方便人们出行。二是地铁、轻轨等交通网络的优化。连接巴拉（Barra）和南区（Zona Sul）的新地铁线已经开通；六个枢纽已完成翻新，130 列新列车现已投入运营[1]。因奥运改善的交通体系，里约可以使用高质量公共交通的人数比例从 16%上升到 63%[2]。但是由于监督、政策衔接，以及资金等问题，部分项目没有在长期遗产计划指导下完成。

4.2.3.2 深耕草根培训，全方位帮扶贫困社区

里约奥运会积极引导当地社区参与奥运会的筹备工作，全方位帮扶贫困社区、妇女以及青年群体，旨在为他们创造未来可持续的项目。例如，里约热内卢社区中心安装了新设备，为九个贫困社区成员提供免费培训，使他们能够成为技术网络专业人员；针对里约热内卢贫困社区妇女，开展了设计、质量控制和基本管理技能方面的培训，受雇制作装饰运动员公寓的垫子等；以及鼓励年轻学徒接

---

① IOC. Olympic Games Rio 2016-Urban Legacy ［R/OL］. https：//olympics. com/ioc/news/olympic- games- rio-2016-urban-legacy ［2023-08-13］.

② Rio 2016. Legacy：Olympic and Paralympic Games Rio 2016 ［R/OL］. https：//library. olympics. com/ Default/digital- viewer/c-207464 ［2023-08-13］.

受体育和赛事管理方面的培训，并在奥运会上获得了第一份工作机会，大约1450名年轻专业人士接受了技术培训和技能培训，并在随后的奥林匹克转播服务公司（OBS）找到了工作[①]。但也有研究表明，一些居民因修建奥林匹克公园腾出空间而被迫搬离家园，城市中边缘群体的城市权利被剥夺，由于失去了社区互动，他们感到孤立和沮丧[②]。部分居民的补偿承诺至今尚未兑现。

4.2.4 环境遗产

4.2.4.1 践行可持续管理，推动服务标准升级

2016年里约奥运会推动本土企业在可持续管理领域进行了重要的升级和创新。一是可持续管理的实践，里约2016年的可持续发展计划获得了ISO 20121认证，提高了整个供应链的环保实践标准，表明里约奥运会在活动筹备和举办过程中，对可持续性管理和社会责任方面进行了系统性的规划和实施；二是节能低碳技术的应用，巴西等拉美国家实施节能低碳技术，减少碳排放220万t，展示了农业和工业低碳生产的可行性；三是供应商的培训与认证，通过与海洋管理委员会（MSC）和水产养殖管理委员会（ASC）等组织合作，里约奥运会鼓励供应商获得鱼类和海产品的认证，这意味着这些产品来自经过可持续渔业管理的水域或经过认证的养殖场，这有助于维持渔业和林业资源的可持续利用[③]。

4.2.4.2 开展城市振兴项目，服务居民绿色生活

城市振兴项目使里约奥运遗产对城市北部、西部和市中心等不同地区的绿色转变升级做出了重要贡献，主要表现在绿化升级、垃圾处理升级以及污水处理升级等方面。一是绿化升级，高尔夫球场恢复了44hm²的新原生植被，奥林匹克公园恢复了7.3hm²的自然植被，马杜雷拉公园是巴西首个获得可持续建筑认证标

---

① IOC. Olympic Games Rio 2016-Social Legacy［R/OL］. https：//olympics. com/ioc/news/olympic-games-rio-2016-social-legacy［2023-08-13］.

② Rio 2016 Olympic Legacy for Residents of Favelas：Revisiting the Case of Vila Autódromo Five Years Later［EB/OL］. https：//www. mdpi. com/2076-0760/12/3/166［2023-08-23］.

③ IOC. Olympic Games Rio 2016- Environmental Legacy［R/OL］. https：//olympics. com/ioc/news/olympic-games-rio-2016-environmental-legacy［2023-08-13］.

准 AQUA 印章认证的公共公园；二是垃圾处理升级，新建一座日处理垃圾 9000t 的垃圾处理中心，并在里约热内卢西部新建 10 个污水处理站和 2100km 的收集系统；三是污水处理升级，在巴拉奥林匹克公园周围修建了一条 9mile① 长的管道，新系统直接惠及该地区三个未接入污水管网的社区，如今随着污水收集系统和污水处理站的运行，污水收集和处理服务依然造福于周边 23.2 万名居民。但是由于经费和缺乏监督等其他原因，一些计划项目尚未交付。

4.3　2020 年东京奥运会

第 32 届夏季奥林匹克运动会及第 16 届夏季残疾人奥林匹克运动会（以下简称 2020 年东京奥运会或东京奥运会）原定于 2020 年举办，由于新冠疫情而推迟至 2021 年在日本东京举办。第 32 届夏季奥林匹克运动会共有 204 个国家和地区以及俄罗斯奥运队和奥林匹克难民代表团 2 个参赛队伍的约 11 420 名运动员参加 339 项比赛项目，第 16 届残奥会共设有 22 个大项、539 个小项的比赛项目，吸引了来自全球 160 多个国家和地区的约 4400 名运动员参加比赛。继 1964 年东京奥运会向世界展示了日本战后的复苏、推动了东京向世界级大都市的转变后，东京再次被选为奥运会和残奥会的主办城市，在推进奥运会的筹备工作的同时，日本政府同时寻求创造基于九个不同主题的奥运遗产（安全和安保、城市发展、体育与健康、参与与合作、文化与旅游、教育与多样性、环境与可持续性、经济与技术、灾害与恢复）②，以期实现东京作为一个成熟大都市的新发展，使东京成为一个更可持续的城市。

4.3.1　场馆遗产

4.3.1.1　编写体育设施指南，提升体育设施服务效益

东京将举办奥运会列为城市长期愿景的首要策略。东京奥运会的场馆设计以

---

① 1mile≈1.609 344km。

② Tokyo 2020 Legacy Report ［R/OL］. https：//www.2020games.metro.tokyo.lg.jp/docs/Tokyo2020 LegacyReport_EN.pdf ［2023-08-13］.

"Infinite Excitement"（无限的可能性）[1] 核心理念，整体场馆区域以奥运村为中心连接继承 1964 年东京奥运会遗产的"遗产区"和象征城市未来的"东京湾区"两个区域，"无限"的象征体现了世界精英运动员的无限激情、承诺和灵感、子孙后代的无限潜力。该届奥运会比赛场地总数为 42 个，包含 28 个现有场馆、7 个临时设施、7 个新建设施[2]，场馆赛后利用见表 4-3。除承办城市东京之外，部分比赛项目还在日本其他地区举办，包括地震受灾地福岛县、宫城县、茨城县等，以及曾承办过 1972 年札幌冬季奥运会的北海道地区，以奥运会为展示平台，日本向世界宣传灾后复兴成果和可持续发展的奥运理念。为了更好地使用东京奥运会的场馆遗产，东京奥组委特意编写了《东京体育设施指南》[3]，旨在让尽可能多的东京居民享受和使用体育设施。《东京体育设施指南》介绍了东京奥运会遗留的 18 个体育场馆设施，每个设施都有其用途说明，同时附有二维码，浏览者可以轻松访问设施网站和地图。例如，举办排球赛事的有明竞技场转变为文化展览中心，以及东京水上运动中心向大众开放使用等，为当地居民使用体育场馆提供了更多便利。

表 4-3　2020 年东京奥运会场馆赛后利用统计

序号	场馆名称	利用类别	承办项目	赛后现状
1	新国立竞技场	新建	田径、足球	用于体育、文化相关活动
2	东京体育馆	现有	乒乓球	举办世界大赛等大规模比赛
3	有明体操竞技场	临时	竞技体操、艺术体操、蹦床	未使用（拆除）
4	有明城市运动公园	新建	自由式小轮车、小轮车竞速、滑板	城市体育的中心会场之一
5	青海城市运动公园	临时	三人篮球、攀岩	城市体育的中心会场之一
6	梦之岛公园射箭场	现有	射箭	射箭比赛场所和其他多种用途设施使用
7	海之森马术越野赛道	临时	马术	未使用（拆除）

---

① Bureau of Olympic and Paralympic Games Tokyo 2020 Preparation. Venue Plan Concept. ［EB/OL］. https：//www. 2020games. metro. tokyo. lg. jp/special/eng/watching/venue/ ［2023-08-13］.

② 競技会場マップ（ヘリテッジゾーン＆東京ベイゾーン）［EB/OL］. https：//www. 2020 games. metro. tokyo. lg. jp/taikaijyunbi/taikai/map/index. html ［2023-08-13］.

③ Tokyo Metropolitan Government Sports Facilities Guidebook ［EB/OL］. https：//www. sports- tokyo-info. metro. tokyo. lg. jp/suru/basyo/18facilities/data/guidebook_en. pdf ［2023-08-13］.

序号	场馆名称	利用类别	承办项目	赛后现状
8	东京水上运动中心	新建	游泳、跳水、花样游泳	举办国内外赛事，同时作为促进健康的便民设施，比赛期间场馆容量为 15 000 个座位，赛后减少至 5 000 个座位
9	海之森水上竞技场	新建	皮划艇静水、赛艇	亚洲水上竞技的重要场地
10	辰巳水球中心	现有	水球	东京地区游泳等水上运动的主要举办场所
11	有明网球公园	现有	网球	国内屈指可数的网球比赛设施
12	有明竞技场	新建	排球	东京市的娱乐、体育和文化中心
13	马事公苑	现有	马术	日本中央竞马会运营的马术普及基地以及马术比赛场地
14	朝霞射击场	临时	射击	未使用（拆除）
15	潮风公园	现有	沙滩排球	日本东京都品川区的都立公园
16	大井曲棍球竞技场	新建	曲棍球	作为曲棍球等各种体育项目的多功能球馆使用
17	国立代代木竞技场	现有	手球、羽毛球	多功能体育场馆
18	葛西皮划艇激流回旋中心	新建	皮划艇激流回旋	各种水上运动和休闲活动
19	国技馆	现有	拳击	东京著名的运动场馆
20	日本武道馆	现有	柔道、空手道	作为大规模比赛场馆设施
21	东京国际论坛大厦	临时	举重、力量举重	近现代东京的行政中心
22	台场海滨公园	临时	马拉松游泳、铁人三项	多功能的人工海滨公园
23	武藏野森林公园	临时	公路自行车	森林公园
24	东京体育场	现有	足球、现代五项、橄榄球	东京都调布市的多功能体育场
25	武藏野森林综合体育广场	现有	羽毛球、现代五项	举办大规模体育大会和活动表演的设施
26	伊豆山地自行车赛道	现有	山地自行车	山地自行车赛道

续表

序号	场馆名称	利用类别	承办项目	赛后现状
27	伊豆自行车竞赛馆	现有	场地自行车	自行车竞赛馆
28	富士国际赛车场	现有	公路自行车	坐落于富士山脚下的赛车场
29	埼玉体育场	现有	足球	日本职业足球联赛劲旅浦和红钻的主场球场
30	埼玉超级竞技场	现有	篮球	一座具有美式足球配备资格的体育馆
31	霞关乡村俱乐部	现有	高尔夫	埼玉县的首座高尔夫球场
32	江之岛游艇码头	现有	帆船	平时对大众开放，提供潜水、冲浪等海上活动。同时也是旅游景点，让游客近距离观赏海景
33	横滨国际综合竞技场	现有	足球	日本职业足球联赛横滨水手的主场球场
34	横滨棒球场	现有	棒球、垒球	首个多功能运动场，横滨港湾明星队的主场
35	福岛吾妻棒球场	现有	棒球、垒球	吾妻综合运动公园的一部分
36	茨城鹿岛体育场	现有	足球	专业足球比赛场地
37	札幌大通公园	现有	田径	札幌公园
38	札幌巨蛋体育场	现有	足球	日本最北的全天候圆顶体育场
39	幕张国际会展中心 A 厅	现有	跆拳道、摔跤	复合会议设施
40	幕张国际会展中心 B 厅	现有	击剑	复合会议设施
41	钓崎海岸冲浪会场	现有	冲浪	优质波浪所在地
42	宫城体育场	现有	足球	用于田径比赛、足球等多种活动的多功能体育场

资料来源：笔者基于资料整理

4.3.1.2 利用可循环材料建造奥运村，打造日本首个"氢动力城市"

东京奥组委在筹办和举办东京 2020 奥运赛事时，启动了 "Operation BATON"（"指挥棒行动"），通过使用来自日本各地的木材和纸板等可循环利用材料建造场馆设施。例如，东京奥运会主场馆新国立竞技场，采用来自日本 47 个地方政府提供的木材作为建筑材料，通过木材的巧妙运用打造 360°围绕的外檐屋顶，并使用多层屋檐设计的传统建筑技法，将自然风引入会场中央，另外安装了 185 处覆盖全馆、马力强劲的送风机加大了通风力度，为低碳降温提供助力，充分展现了本土化和低碳环保的特质。此外，作为临时性建筑的奥运村以及残奥村，其主要建筑材料也是从 63 个地方政府借来的木材，奥运会结束后拆除的木材将用于各地方政府的公共设施等建设。通过该行动解决了奥运村建设原材料的收集、回收和再利用的问题，可以减少资源浪费和废弃物的产生。"指挥棒行动"有效促进各地方政府的参与热情，传递了"共同创造"的理念，同时在挑选木材的过程中严格遵守奥运会采购准则，将奥运的可持续采购理念和标准延伸到日本其他地区。赛后奥运村正在改造成日本的第一个"氢动力城市"，以符合2020 年东京奥运会展示可持续解决方案的目标以及东京都政府的"东京零排放"战略。该项目旨在促进多个代际人群和社区之间的互动，将在生态友好的环境中提供一系列娱乐、商业、儿童保育和医疗保健服务①。

4.3.2　体育遗产

4.3.2.1　传播"生活中的体育"理念，推广城市体育运动

2020 年东京奥运会提出了一个愿景，即"体育有改变世界和我们未来的力量。1964 年东京奥运会完全改变了日本"②。2012 年，东京奥组委在东京奥运会准备期间明确提出打造体育城市的目标③，通过体育手段进行城市建设，将体育融入市民的日常生活。在政策方面，笔者从东京都政府官网④了解到，东京都政府从 2013 年开始颁布一系列计划，明确东京发展体育城市目标并利用现有成果促进社会发展与群众身体健康，政策的延续性保障了东京体育城市建设的顺利进行，东京逐渐确立了"坚持促进体育场地设施基础与大众体育参与并行""体育

---

① IOC. Tokyo 2020 two years on: the Games' legacy continues as sports activities flourish ［EB/OL］. https：//olympics. com/ioc/news/tokyo-2020-two-years-on-the-games-legacy-continues-as-sports-activities-flourish ［2023-08-13］.

② Tokyo 2020 Legacy Report ［R/OL］. https：//www. 2020games. metro. tokyo. lg. jp/docs/Tokyo2020 LegacyReport_ EN. pdf ［2023-08-13］.

③ 以"体育城市东京"为目标 ［EB/OL］. https：//www. johokokai. metro. tokyo. lg. jp/mado/shuyojigyo/documents/e9occ109. pdf ［2023-08-13］.

④ 东京都政府官网，https：//www. metro. tokyo. lg. jp/index. html ［2023-08-13］.

旅游促进体育产业发展""通过体育城市实现社会包容性增加和经济振兴"等工作路径[178]，有效推进了东京全球体育城市建设的进程。

在群众体育建设中，一方面，日本大力推广城市体育运动。滑板、自由式小轮车、运动攀岩和三人篮球等城市运动在 2020 年东京奥运会上迎来了首次亮相。日本运动员在城市运动项目中的表现尤其出色，进一步提高了这些运动在该国的受欢迎程度。在此势头的基础上，日本奥运会后举办了首届 FIFA 跑酷世界锦标赛、IFSC 攀岩世界杯 B&L 混合赛、宇都宫市 FIBA 3×3 世界巡回赛等，为民众创造了更多继续参与这些体育运动的机会。另一方面，创造群众的真实体育体验，使人人都能开展、观看或支持体育运动。提出让整个城市演变成一个"运动场"，诸如"日产 2020 全民大篷车""山梨大体育节 2019"等活动火热开展，希望通过奥运会，在不降低日常生活质量的情况下，促使人们保持健康和充满活力的体魄。东京都政府的数据显示，2022 年 66% 的东京居民每周至少参加一次体育运动，而 2012 年这一比例为 54%，2021 年参与率达到顶峰（69%）。越来越多的人出于健康和增强体力的原因进行体育运动。特别是对于工作人群，2020年东京奥运会促成了"生活中的体育"理念的深入，让体育自然而然地融入了日常生活。

4.3.2.2 建立"可持续竞技体育系统"，支持运动员贯通式发展

在竞技体育方面，日本政府为提高竞争力，搭建了一个人才储备、人才培训、人才回流、人才传播等多领域相互协同的竞技体育系统。人才储备方面，日本政府于 2017 年启动了以发掘下一代运动员为目的的"日本新星计划"（J-STAR Project），通过在全国范围内发掘在国际比赛等方面崭露头角的运动员，扩大专业运动员的后备力量；人才培训方面，日本奥委会与体育组织和地区合作，在全国范围内发掘优秀的青少年运动员，并以体育团体的一贯指导体系为基础，运营"日本奥委会精英学院"；在人才回流方面，为了让运动员找到工作，培养归属感，提高运动员士气，稳定日常生活，日本奥委会一直在为顶级运动员提供职业支持，如免费的就业安置项目"AthNavi NEXT"、与有意向雇佣运动员的公司进行匹配等；在人才传播方面，在比赛之外进一步扩大优秀运动员的影响力，在社会各处开展各种活动以及利用社交平台进行宣传推广，通过竞技体育带动群众体育的发展。

4.3.3　社会遗产

4.3.3.1　推广文化项目，展示灾后复兴成果

东京奥运会和残奥会与恢复和重建有着非常密切的关系。1940 年，东京奥运会如期举行，此届奥运会向世界展示了一个从 1923 年关东大地震中恢复的东京。1964 年东京奥运会向世界展示了日本如何从战争结束时的一片废墟中恢复过来。2020 年东京奥运会的主题之一是"恢复与重建"，2011 年东日本大地震发生后，世界各国纷纷伸出援助之手，奥运会是向世界展示灾区如何从这场前所未有的灾难中恢复过来的良机。日本政府组织海外媒体参观灾区，建设"东京2020 复兴纪念碑"，以及在各种招待会和其他活动中使用灾区产品（食材、鲜花、燃料等），借机向地震灾害发生时得到的世界各国的支持表示感谢，通过宣传进一步促进当地生产与经济复兴[179]。

4.3.3.2　关注特殊人群，营造高质量无障碍环境

在 2020 年东京残奥会上，约 4400 名残疾人运动员参赛，参赛人数创历史新高。日本政府充分利用 2020 年东京奥运会和残奥会这一契机，促进无障碍的城市规划，实现建设一个包容性社会的目标。2022 年，政府启动了东京残疾运动发展支持（TOKYO Para Spo&Support）项目①，该项目作为联系残疾人运动员的桥梁，将残疾人体育运动与那些愿意提供支持的人联系起来，进一步促进残奥项目与社会共同发展。另外，东京都政府通过完善社区无障碍体育设施、鼓励残疾人体育指导员认证、培养残疾人运动员等方式为民众提供了解残疾人竞技体育的机会。日本政府通过制定《东京 2020 年无障碍指南》，推进了公共交通工具和住宿等基础设施的无障碍化（配备了多语言、象形图、语音引导和机器人礼宾服务等），并在日本全社会范围内所有年龄段持续开展宣传教育工作，致力于使每个人，包括残疾人、老年人和外国人，都能在物理空间和态度上享受高质量的无障

---

① TOKYO Sports Legacy Vision［EB/OL］. https://www.sports-tokyo-info.metro.tokyo.lg.jp/english/data/TOKYO_Sports_Legacy_Vision_Outline.pdf［2023-08-13］.

碍环境①。经过不断的宣传活动，残疾人进行体育运动的比例从 2017 年的 20.8% 提高到 2020 年的24.9%，同时相比于 2016 年里约残奥会，2020 年东京残奥会的观看量增加了 50%，很大程度上提高了市民对残疾人体育运动的认知水平。

4.3.3.3 鼓励数字化转型，预防未来赛事运营风险

突发公共卫生事件也给东京奥运会带来诸多变数，东京奥运会的成功举办也为后续突发公共卫生事件中的赛事管理提供了宝贵经验。一是赛事卫生管理，推广在奥运会筹备过程中开发的风险管理系统和专业知识（系列 2020 年东京奥运会手册②等），确保包括运动员和主办奥运会的日本公众在内的参与者安全，支持未来大型国际活动的安全举办；二是鼓励数字化转型，利用人工智能、信息和通信技术等尖端技术预防街头犯罪、恐怖主义和暴力犯罪、网络攻击和其他公共卫生事件威胁，设置支持智能场馆的管理技术，创新基于机器人的社交模型，预防未来的赛事运营风险。

4.3.4 环境遗产

4.3.4.1 发布奥运碳补偿计划，助力实现"零碳社会"

东京奥运会发布了一项名为《2020 东京奥运的碳补偿计划》③ 以实现零碳排放的目标，该计划旨在将减少二氧化碳排放实践思路推广到日本其他地方乃至全世界，鼓励市民采取绿色行动。一是加快创造一个氢动力社会，从奥运会期间在奥运村和残奥村使用氢气、引入燃料电池和其他新技术，到促进与产生氢气需求的私营部门合作，加快氢气与未来城市发展的联系；二是推广零排放住宅，从在竞赛场馆积极使用太阳能电池、地热泵等可再生能源，到利用补贴和其他奖励措施来鼓励更多家庭安装可再生能源设备；三是创造新能源交通网络，鼓励公共交

---

① Building the legacy-Beyond 2020［EB/OL］. https：//www. 2020games. metro. tokyo. lg. jp/T-Legacy-EN _Web_2202. pdf[2023-08-13].

② Version 2 of Tokyo 2020 Playbooks Released［EB/OL］. https：//olympics. com/ioc/news/version-2-of-tokyo-2020-playbooks-released［2023-08-13］.

③ 2020 年东京奥组委开展的主要可持续发展项目［EB/OL］. https：//olympics. com/zh/news/key-sustainability-projects-para［2023-08-13］.

通出行，创造机会让人们直接接触和体验零排放电动汽车；四是建立可持续发展的循环经济，将"3R"（Reduce，Reuse，Recycle）原则引入奥运资源管理中，从瓦楞纸材料的纸板床到氢能源的使用、从电子垃圾制作的奥运奖牌到海洋垃圾制作的颁奖台，在筹办和运营的各个方面预防资源浪费，最大限度地提高资源利用效率，实现资源的循环利用，致力于创造一个舒适、生态、友好的城市环境。

4.3.4.2 制定体育气候行动议程，促进零碳目标实现

2018 年 12 月，2020 年东京奥运会成为联合国体育促进气候行动框架的首批签署者之一，该框架由国际奥委会和联合国共同创建和领导，呼吁体育界共同制定体育气候行动议程①。"体育促进气候行动"倡议将为体育组织提供一个论坛，参与者可以通过相互学习、传播良好做法、学习经验教训、开发新工具以及在共同感兴趣的领域开展合作，以一致和相互支持的方式开展气候行动。在此框架内，2020 年东京奥运会也在不断鼓励公众参与减少和吸收二氧化碳的行动，如用植物覆盖建筑物墙壁以防止过度使用空调，将废油加工成生物柴油用作汽车或发电厂的燃料。体育运动正式加入零排放竞赛（一项全球运动），旨在凝聚企业、城市、地区、投资者的领导力和支持，实现健康、有弹性、零碳的复苏，防止未来的威胁，创造体面的就业机会，并实现包容性、可持续的增长[180]。

4.4 小 结

第二次世界大战结束后，无论是比赛项目数量，或是参赛国家及运动员、志愿者、媒体等利益相关者数量，还是竞赛场馆和其他配套设施规模[181]，"白象综合征"趋势明显。进入 21 世纪第二个十年，在世界经济不景气的全球大环境下，"蒙特利尔陷阱"引发的办奥成本之争和奥运会申办遇冷现象再次出现。面对环境保护、可持续发展等多方批判以及申办程序、办奥成本等问题，作为奥运会所有者的国际奥委会持续思考奥林匹克运动改革并付诸实践。随着奥运会的重要性不断提升，其也越来越多承担起为社会创造更多收益的责任，体育在社会发展中的作用也被联合国承认，强调其作为和平与发展的重要推动力量。2017 年，

---

① IOC. Tokyo 2020: sustainable Games for a sustainable society [EB/OL]. https://olympics.com/ioc/news/tokyo-2020-sustainable-games-for-a-sustainable-society [2023-08-13].

可持续发展和奥运遗产正式纳入《奥林匹克宪章》，使可持续发展和奥运遗产成为每个申办和举办城市的基石，推出并实施《奥林匹克运动 21 世纪议程》《奥林匹克 2020 议程》等相关改革方案，明确建议降低申办费用和奥运会运营成本，将可持续性理念贯彻到包括遗产在内的奥运会的各个方面。申办方运用遗产理念来阐述预计成功举办奥运会产生的经济效益，并承诺工程结束后留下丰富遗产以证明对奥运会公共资源的合理使用，同时，他们将奥运会视为本地区战略规划中的重要组成部分，旨在借助其推动本地议程项目的快速发展，从而赢得各方认同与支持。本章以 2012 年伦敦奥运会、2016 年里约奥运会和 2020 年东京奥运会为案例，总结归纳每届奥运会为举办城市所创造的遗产并分析其利弊，旨在为我国奥运遗产的可持续利用与创新发展提供借鉴与思路。

2012 年伦敦奥运会在场馆建设时贯彻低碳、绿色、可持续发展的理念，通过"减少浪费、再利用、循环利用"的方法实现了可持续发展，成功做到了提质增效；2016 年里约奥运会作为南美洲第一届奥运会，推动了体育事业的可持续发展，完善了体育设施的建设；2020 年东京奥运会则是在筹备过程中使用了大量的可再生能源和可循环原材料，将奥运会作为一个展示平台，成功向世界宣传灾后复兴成果和可持续发展的奥运理念。2024 年夏季奥运会在法国巴黎举行，2024 年巴黎奥运会以独特的国际庆典精神展现奥林匹克主义的新愿景。2024 年巴黎奥运会规划中 95% 都是现有或临时场馆，每一个场馆都有与城市长期发展计划相一致的明确遗产。

可以看出，奥运会在创建可持续社会方面发挥作用。奥林匹克运动越来越关注环保和可持续发展，特别是比赛场馆，不单只将其作为奥运会比赛场地，而是综合考虑到场馆的赛后利用，提高场馆利用率。相信未来的奥运会举办地在承办奥运会时会更加注重赛后可持续性发展的规划，放大奥运会这一顶级赛事在多领域的影响力。

第5章 冬奥会和冬残奥会遗产可持续利用与创新发展

5.1 2010年温哥华冬奥会

第21届冬季奥林匹克运动及第10届冬季残疾人奥林匹克运动会（简称2010年温哥华冬奥会），分别于2010年2月12~28日和2010年3月12~21日在加拿大温哥华市举办。第21届冬季奥林匹克运动会设置了7个大项、15个分项86个小项比赛，比赛共在3个地方举行，分别是温哥华及小城里士满、距温哥华120km以外的惠斯勒雪山，以及距温哥华30多千米的塞普里斯雪山（又叫松柏山）。此届冬奥会的口号是："从海洋到天空的比赛"，2010年温哥华冬奥会吉祥物是根据温哥华市所在的不列颠哥伦比亚省的神话传说所创作的3个卡通形象。2010年温哥华冬奥会被称为史上最成功的冬奥会之一，不仅为体育赛事、可持续性发展和赛后遗产设定了新的标准，而且至今仍在多方面惠及民众[182,183]。

5.1.1 场馆遗产

5.1.1.1 遗产多功能赛后利用，融入社会体育服务

为了举办冬奥会，温哥华在比赛场馆和配套设施上投入了很大的力量。在温哥华、惠斯勒、里士满地区规划新建和改建了10座场馆，同时在温哥华和惠斯勒两个地区新建了奥运村（表5-1）。这些场馆和奥运村依托于当地社区，在冬奥会结束后，作为永久的奥运遗产服务于周边社区居民[43]。冬奥会后，专门遗产机构2010 Legacies Now（简称2010LN）与2000多家当地机构密切配合，执行了包括以青少年体育推广、社区建设、奥运进校园等为主题的4000多个项目，使奥运场馆在赛后持续发挥作用。这说明冬奥场馆在赛后已被全面纳入温哥华城市系统，以向

社区提供公共体育服务为主要目的，从多方面融入社区居民的日常健身运动、娱乐休闲，实现了奥运遗产回归社区的愿景[42]。

表 5-1 2010 年温哥华冬奥会场馆赛后利用统计

序号	场馆名称	利用类别	承办项目	赛后现状
1	温哥华奥林匹克体育场	现有	开闭幕式	惠斯勒奥林匹克公园
2	加拿大冰球馆	现有	冰球	多功能体育馆（温哥华加人队主场）
3	太平洋体育馆	现有	花样滑冰、短道速滑	多功能体育馆
4	温哥华奥林匹克中心	新建	冰壶	多功能社区娱乐中心
5	哥伦比亚大学雷鸟竞技场	新建	冰球	多功能体育馆（不列颠哥伦比亚大学）
6	温哥华奥运村	新建	运动员住宿	居民住宅
7	惠斯勒河畔滑雪场	现有	高山滑雪	度假村
8	塞普里斯山滑雪场	新建	自由式滑雪、单板滑雪	度假村
9	里士满奥林匹克馆	新建	速度滑冰	多功能体育馆
10	惠斯勒奥林匹克公园	新建	越野滑雪、北欧两项、冬季两项、跳台滑雪	休闲公园、度假村
11	惠斯勒滑雪中心	新建	雪车、钢架雪车、雪橇	国际赛事公益性训练中心
12	惠斯勒奥运村	新建	运动员住宿	居民住宅

比较具有代表性的再利用案例是里士满奥林匹克椭圆速滑馆、温哥华会议中心以及惠斯勒奥运村。里士满奥林匹克馆除了速滑跑道、冰面、多功能运动区等区域，还拥有加拿大第一家奥林匹克博物馆，现已成为加拿大女子排球国家队、曲棍球国家队、乒乓球协会、攀登梯队和轮椅橄榄球等多个项目的高性能训练中心，是不列颠哥伦比亚省热门的旅游景点，仅 2018 年就接待游客 1 008 000 人次①。温哥华会议中心是冬奥会的新闻中心和国际广播中心，在冬奥会结束后，温哥华会议中心依然承接各种活动，并且由于冬奥会的影响力，场地预定的数量持续上涨，甚至有一些会议的预约合作期限长达 3 ～ 7 年。

---

① IOC. The Richmond Olympic Oval ［EB/OL］. https：//olympics. com/ioc/news/the- richmond- olympic- oval ［2023-08-13］.

5.1.1.2 运动员村改造为保障性住房，服务当地社区居民

除了专业运动场馆，其他基础设施也被充分利用，如惠斯勒奥运村的临时公寓，在赛后被分派给不列颠哥伦比亚省的 6 个社区，可为当地老年人、无家可归者和低收入人群提供 156 套临时廉租房[184]。惠斯勒奥运村对当地居民来说是一个使其真正受益的奥运遗产，因为该奥运村的一部分在赛后转型为当地的保障性住房，解决了 800 多人的居住问题，因此惠斯勒留住了一大批技术工人，解决了惠斯勒地区发展所需的劳动力问题。

专栏 5-1　2010 年温哥华冬奥会场馆赛后利用补充说明

1. 温哥华奥林匹克体育场：该体育场最初是为举办 1986 年世博会而建的，曾举办了各类体育和文化活动，如足球、美式足球和橄榄球比赛以及音乐会等。体育馆的屋顶在冬奥会结束后被改造为可伸缩式开合构造，可视天气情况或主办方要求调整屋顶开合状态，现成为加拿大职业橄榄球联赛哥伦比亚雄狮队以及美国职业足球大联盟温哥华白浪队的主场，由专业运营公司PavCo 运营。

2. 温哥华奥林匹克中心：赛后该场馆被改建为多功能社区娱乐中心，为不同年龄的人提供体育活动场所，场地包括健身房、羽毛球馆、篮球馆等，能够为民众提供多种项目选择。

3. 加拿大冰球馆：加拿大冰球馆建于 1995 年，现为罗渣士体育馆，由加拿大罗渣士通信集团冠名赞助，是北美冰球职业联赛温哥华加人队的主场，以举办冰球赛事与演唱会活动为主。

4. 哥伦比亚大学雷鸟竞技场：在赛后依然为当地市民和不列颠哥伦比亚大学的学生服务，且随时可以转换为冰球和冰橇训练比赛场地。

5. 太平洋体育馆：该场馆建于 1968 年，在温哥华冬奥会期间进行了大量改造与升级，安装了新的照明、座椅和记分牌。目前，太平洋体育馆是加拿大曲棍球联盟温哥华巨人队的主场，还可以承办音乐会及其他文化和体育活动，包括冰上表演、拳击比赛、篮球比赛、马戏表演和贸易展览等活动。

6. 温哥华奥运村：该奥运村赛后作为私人住宅出售。这些房屋创新了可持续性系统，如太阳能加热和绿色屋顶等。

7. 塞普里斯山滑雪场：该滑雪场拥有 53 条高山滑雪道和 19km 长的越野步道，目前以自由式营地场所形式开放。

8. 里士满奥林匹克馆：赛后该场馆改造为一个多功能的体育中心，为当地社区提供健身服务。场馆设施包括 7 个多用途球场、1 个 200m 的跑道、1 个室内攀岩墙、1 个健身中心、1 个室内划船和划桨中心等。该场地还是加拿大女子国家排球队、乒乓球队、速度滑冰队的训练中心，近年举办过世界女排大奖赛和击剑世界杯比赛等大型赛事。

9. 惠斯勒河畔滑雪场：惠斯勒地区雪上项目场地规划为旅游度假村，兼具赛事与休闲度假功能，在冬奥效应和设施服务改造升级的双重驱动下，惠斯勒小镇已成为全球最受欢迎的滑雪目的地之一。

10. 惠斯勒奥林匹克公园：惠斯勒奥林匹克公园有近 90km 的越野滑雪道，多次承办国家级、省级以及相关俱乐部的越野滑雪比赛。此外，公园还设有冬季两项射击场，提供冬季两项项目教学课程。

11. 惠斯勒滑行中心：惠斯勒滑行中心是为了举办冬奥会新建的场馆，在赛后交付惠斯勒 2010 体育遗产组织进行管理，惠斯勒 2010 体育遗产组织利用中心相关的配套设施，在赛后吸引了加拿大雪橇、雪车、钢架雪车协会来此处训练和比赛，同时其他国家的队伍也在重大比赛之前来此训练备战。该中心高水平的配套设施也吸引了国际雪橇联合会雪橇世界杯、国际雪橇联合会雪橇洲际杯等世界级大赛，这些赛事的举办同时吸引了大批游客来此观赛和消费。

12. 惠斯勒奥运村：赛后奥运村为不列颠哥伦比亚省的 6 个社区的老年人、无家可归者和低收入居民提供了 156 个负担得起的永久住房，同时该奥运村 300 个可持续建造的住房提供给了当地居民。惠斯勒奥运村的另一部分被改造成惠斯勒运动员中心，为教练、运动员和体育工作人员提供短期和长期的住宿。

5.1.2　经济遗产

5.1.2.1　支持培育新企业，增加服务就业岗位

在把握奥运契机、创造就业机会方面，温哥华奥组委的很多创新性举措令人

印象深刻。例如，冬奥会举办地之一的惠斯勒度假区利用2010年冬奥会的契机，建立了冬奥会举办地可持续发展体系，既有对外推广惠斯勒的营销活动，也有对内加强服务体系建设的商业活动，更有丰富居民生活、文化的社区活动，以及惠及当地民众的专门性活动。凭借内容丰富的活动，各国游客和当地居民在享受冬奥会之时，也能够切身感受到冬奥会为当地带来的发展机会，如惠斯勒的吸引力大幅度增加，当地商业能够充分满足人们的需求，且形成了良好的商业环境，为当地居民提供了更多的就业机会，同时，具有冬奥会特色的社区文化也为当地社会的可持续发展创造了良好的环境[185]。据不列颠哥伦比亚大学公布的一份研究报告，2010年温哥华冬奥会为不列颠哥伦比亚省直接或间接地产生了2.078万个就业岗位，最终推动了大约800个新企业的诞生。

5.1.2.2 整合体育+旅游机构，提升旅游目的地知名度

温哥华冬奥会举办期间，加拿大旅游部门同美国国家广播公司（NBC）、奥林匹克广播服务公司（OBS）等多家媒体合作，增加温哥华冬奥会在媒体上的曝光度，提升加拿大旅游目的地形象。加拿大旅游委员会围绕冬奥会的媒体和公共关系活动在2010年创造了大约10亿加元的"广告价值等值"。惠斯勒旅游局称，2010~2016年，长途目的地市场份额冬季增长了18%，夏季增长了36%①。

2015年，受举办冬奥会和冬残奥会带来的效益的启发，温哥华市与温哥华旅游局、温哥华酒店目的地协会、不列颠哥伦比亚大学合作，成立了温哥华体育主办机构。其目标是主动规划均衡体育赛事组合，为该地区带来显著的经济和社会效益。自成立以来，它已保障并主办了国际足球联合会、国际橄榄球理事会、国际自行车联盟、国际滑冰联盟和国际冰球联合会的国际体育赛事，以及加拿大滑冰、加拿大曲棍球、加拿大足球和加拿大网球等国内赛事。2017年和2018年，温哥华体育主办机构被加拿大体育旅游联盟评为"年度体育旅游组织"②。

---

① IOC. Promoting tourism [EB/OL]. https：//olympics. com/ioc/news/promoting-tourism [2023-08-13].
② IOC. Agency for social change [EB/OL]. https：//olympics. com/ioc/news/agency- for- social- change [2023-08-13].

5.1.3　社会遗产

5.1.3.1　设立"2010 Legacies Now"机构，从互动治理到自主治理

为了实现"创造遗产"的目标，温哥华市政府于 2001 年设立专门遗产管理机构 2010 Legacies Now（2010 LN），其宗旨是"更好地创造并发展奥运会在温哥华当地居民中的影响"。2010 LN 与其他奥运会遗产管理者之间的关系相对微妙，它并不需要向温哥华奥组委和政府相关部门汇报工作，2010 LN 与他们不构成直接的管理和被管理关系。2010 LN 的董事会成员由温哥华奥组委主席、国际奥委会成员、温哥华市政府和其他社会组织的成员组成，关于遗产工作的重大议题和实施方案都需要经过 2010 LN 董事会的批准，因此 2010 LN 与其他遗产管理机构的关系非常密切，但在落实具体方案时少了机构与机构间的协作障碍，使得遗产管理工作更具灵活性。不同于政府合作伙伴服务部门更多地将工作重心放在政府方，2010 LN 更多地将工作重心放在公众方，利用他们在公众，尤其是在青少年、社区和商业赞助中的强大影响力，将奥运遗产工作细化普及。

2011 年，2010 LN 遗产机构重组为 LIFT 慈善合作伙伴，采用风险慈善模式，帮助加拿大各地的非营利组织更可持续、更有效地发挥社会影响力。随着组织的变迁，其治理模式也从互动治理模式向自治治理模式演进。①赛前阶段的互动治理模式。在冬奥会前，2010 LN 由非政府组织、私营公司和政府共同组成，通过促进民众的社区参与创造社会遗产。2010 LN 的重点目标之一是在非政府层面建立多样化的合作伙伴关系，采用自下而上的方法促进不同利益相关者在多个层面上的互动，从不同视角出发探索有关如何创建社会遗产等问题。②赛后阶段的自治治理模式。在赛后阶段，2010 LN 在与社区合作所获得的经验和知识的推动下发展成为一个自治系统，并在奥运会后重新命名为 LIFT。LIFT 用风险慈善模式建立其自治系统，为相关慈善机构和社会企业提供资金和支持①。2014 ~ 2017 年，LIFT 及其合作伙伴的咨询时间和财务贡献的价值从 300 万加元增长到 770 万加元。

---

① Vancouver 2010：benefits for the region，social cohesion and sport［EB/OL］. https：//olympics. com/ioc/news/vancouver-2010-benefits-for-the-region-social-cohesion-and-sport［2023-08-13］.

5.1.3.2　关注本地居民社区，创造安全包容的社会环境

许多评论家特别指出温哥华对社会包容的新关注，特别是对年轻人和本地居民社区的关注①。为本地居民社区提供商业机会、促进多样性，以及在冬奥会期间提高人们对本地居民文化遗产的认识和了解，是 2010 年温哥华冬奥会目标的重要组成部分。相关举措主要包括成立东道主本地居民协会、设立本地居民青年体育遗产基金、提供培训及签署相关合作宣言。在温哥华获得 2010 年冬季奥运会主办权后，由于当地居民的传统领地在奥运会期间被征用，成立由当地居民组成的非营利组织，让本地居民切实参与到奥运会规划和决策过程中，开设制作商店为当地贫困青年、单身母亲和移民提供奥运相关木工产品（如滑雪架、滑雪椅）技能培训②，同时设立相关青年体育遗产基金，为本地业余运动员提供财政支持等。2010 年温哥华冬奥会在当地民族团体的参与下，成为体育与民族的盛会，实现了奥林匹克运动和当地少数民族的共同发展。

5.1.3.3　建立志愿者信息中心，完善志愿者信息管理体系

温哥华冬奥会调动了当地市民参与志愿服务的积极性，约 75 000 人参与到冬奥会的志愿服务中。赛后，以温哥华冬奥会志愿者信息系统为基础，遍布温哥华各地的志愿者信息中心纷纷建立起来，同时用以协助志愿者中心在线管理志愿者信息库的志愿者官方网站（VolWeb. Ca）以及管理软件（Volunteer Centre Opportunity Listings Tool）也被开发和使用。在温哥华冬奥会结束后，超过 1.1 万名志愿者和 2000 多个赛事组委会在志愿者信息中心注册。利用志愿者信息中心和志愿者网站将志愿者、赛事及志愿服务工作需求整合起来，为志愿服务提供了便捷的平台，这些都成功地将温哥华冬奥会志愿精神继承下来，并发扬光大。

---

① IOC. Vancouver 2010：setting the standard for sport, sustainability and social legacy ［EB/OL］. https：//olympics. com/ioc/news/vancouver-2010-setting-the-standard-for-sport-sustainability-and-social-legacy ［2023-08-13］.

② IOC. Indigenous culture and inclusion ［EB/OL］. https：//olympics. com/ioc/news/aboriginal-culture-inclusion ［2023-08-13］.

5.1.3.4 创办惠斯勒生活文化节 "Whistler Live!", 展示加拿大社区文化

在温哥华冬奥会前后, 惠斯勒社区组织了丰富多彩的文体娱乐活动, 其主要目的是通过社区活动激发惠斯勒社区居民参与冬奥会的热情, 提高社区居民自豪感, 鼓励社区居民通过社区组织的活动主动创造与冬奥会有关的社区遗产。文娱活动以惠斯勒生活文化节 (Whistler Live!) 为代表, 在 2010 年温哥华冬奥会前后的 27 天里举办的惠斯勒生活文化节, 是惠斯勒地区举办的规模最大、历时最长的文化节, 文化节展示了加拿大国内外的艺术、音乐、舞蹈、绘画、视觉艺术和电影等形式多样的大众文化, 为当地社区居民和游客提供了非凡的文化盛宴。一些惠及社区的活动是这一系列活动中的亮点, 这些活动为社区青年提供多样的学习机会, 确保惠斯勒的年轻居民有更多的机会参与到冬奥会之中。

5.1.4 环境遗产

2010 年温哥华冬奥会在能源与环境设计领导力 (LEED) 绿色建筑评级系统下的独立可持续发展认证方面开辟了新天地。2010 年, 温哥华冬奥会场馆和村庄被加拿大绿色建筑委员会和 BC Hydro 认定为北美最大的同步建设、低环境影响设施群[①]。这类建筑能在整个生命周期内需要更少的建筑材料, 消耗更少的能源和水, 最大限度地减少废物排放和有毒材料的使用。在温哥华冬奥会后, 这些环境遗产也被积极利用起来, 用来改善温哥华周边地区的环境。哥伦比亚大学雷鸟竞技场选用生态制冷系统 Eco-Chill System 热循环系统节约能源的设计, 利用制冰机产生的热量减少了能量损失, 其他冬奥会场馆中也利用了热循环系统实现了场馆的能量循环, 减少了碳氧化物的排放。

5.2 2014 年索契冬奥会

第 22 届冬季奥林匹克运动会及第 11 届冬季残疾人奥林匹克运动会 (简称 2014 索契冬奥会或索契冬奥会), 分别于 2014 年 2 月 7~23 日和 3 月 7~16 日在

---

① IOC. Venues Overview [EB/OL]. https://olympics.com/ioc/news/overview-ioc-x1704 [2023-08-13].

俄罗斯索契市举行。这是俄罗斯历史上第一次举办冬季奥运会。第 22 届冬季奥林匹克运动会共设有 15 个大项、98 个小项的比赛项目,包括传统的滑雪、滑冰、冰球、雪车等项目,以及一些新兴的单板滑雪、自由式滑雪等项目。第 12 届冬季残疾人奥林匹克运动会则设立了 5 个大项、72 个小项的比赛项目,包括轮椅冰壶、滑雪、雪车和冰球等。

俄罗斯政府为成功举办 2014 年索契冬奥会,在索契动工兴建了 378 项设施,当地政府兴建了 46 项,而在这些工程中只有 13 项直接用于运动会。奥组委协调委员会主席表示,索契冬奥会所需的 85% 的基础设施需要从零开始。在 2014 年索契冬奥会之前,索契是位于高加索山脉脚下的黑海避暑胜地,没有冬季运动传统。举办冬奥会为俄罗斯提供了利用附近山区优势、复兴海滨度假胜地、将沿海和山区开发为全年旅游目的地的机会①。教育和社会项目也是 2014 年索契冬奥会遗产愿景的核心。冬奥会后索契已逐渐成为世界级旅游胜地,每年超过 600 万游客前往疗养、度假,年客流量较奥运会举办前增加了近一倍,带来了巨大的经济效益②。

5.2.1　场馆遗产

5.2.1.1　政府主导赛事建设,为城市发展注入新活力

作为最能够体现政府主导赛事建设和举办的一届冬奥会,索契冬奥会被称为历史上最贵的奥运赛事,总投资超过 510 亿美元,超过此前全部 21 届冬奥会投资的总和。2007 ~ 2014 年索契冬奥会筹办期间,俄政府投资建造了 12 个体育场馆,完成交通、通信、电力、机场码头等项目的新建和改造工作(表 5-2)。索契冬奥会的竞赛场馆分为两大类:一类是室内场馆,主要用于冰上项目,共有 5 座;另一类是室外场馆,主要用于雪上项目,共有 7 座[186]。冬奥会举办前,索契作为旅游城市,以康复、休闲度假和旅游产业为主,产业结构较单一,经济总量和人均消费均处于俄罗斯国内中等偏下水平,冬奥会的场馆供给远超当地居民

---

① IOC. Sochi 2014: from the beach to the mountains [EB/OL]. https://olympics.com/ioc/news/sochi-2014-from-the-beach-to-the-mountains [2023-08-13].

② 冬奥之城巡礼 | 索契:因奥运而璀璨的黑海明珠 [EB/OL]. https://finance.sina.com.cn/tech/2022-01-22/doc-ikyamrmz6735667.shtm [2023-08-13].

的有效需求，且场馆距离城市核心区域较远，尚未形成稳定的客户群，存在较大不确定性①，为场馆的赛后利用和运营增加了难度。因此，索契冬奥会场馆的赛后利用主要依靠所在区域力量，不仅在规划和建设阶段需要政府发挥主导作用，而且在赛后维护及利用时也以政府干预和支持为主。主要做法中，除部分场馆保留原功能保证高水平训练和举办大型国际赛事所需外，冬奥会大部分赛事场馆积极转型以满足外来访客的需求和提高自身吸引力，音乐厅、展览馆等商业功能也被相继开发。

表 5-2　2014 年索契冬奥会场馆赛后利用统计

序号	场馆名称	利用类别	承办项目	赛后现状
1	菲施特奥林匹克体育场	新建	开闭幕式	2018 年俄罗斯世界杯、足球场（PFC 索治主场）
2	阿德勒竞技场	新建	速度滑冰	多功能场馆
3	沙依巴冰球中心	新建	冰球	国家儿童体育中心
4	波绍伊体育馆	新建	冰球	多功能体育馆（HC Sochi 俱乐部主场）
5	冰立方冰壶中心	新建	冰壶	冰壶训练赛事多功能体育休闲中心
6	冰山滑冰宫	新建	花样滑冰、短道速滑	多功能滑冰馆、花样滑冰学校
7	滨海奥运村	新建	运动员住宿	居民住宅
8	罗萨–胡特滑雪中心	现有	高山滑雪	度假村
9	高尔基俄罗斯跳台滑雪中心	新建	跳台滑雪和北欧两项	训练中心
10	山崎奥林匹克滑行中心	新建	雪车、钢架雪车、雪橇	训练中心
11	罗萨–胡特极限公园	新建	自由式滑雪、单板滑雪	训练中心
12	劳拉越野滑雪和冬季两项中心	新建	冬季两项、越野滑雪、北欧两项	度假村

资料来源：笔者基于资料整理

　　目前为 2014 年索契冬奥会建造的 12 个体育场馆全部仍在使用，服务于体育、文化、教育、旅游和娱乐等多种用途。2012 年，经常参加体育锻炼和运动的索契居民人数达到 136 000 人，约为 2006 年（33 500 人）的 4 倍。与此同时，

---

① 索契的后冬奥景象［EB/OL］. 人民网，http：//politics. people. com. cn/n/2015/0801/c70731-27394924. html［2023-08-13］.

运动员的数量和运动项目的种类也在不断增加，包括山地滑雪（运动员人数比2006年增加了2.5倍以上）、单板滑雪、花样滑冰和冰球等项目。体育运动在残疾人中的普及率也加速增长，2005~2011年，俄罗斯参加体育运动的残疾人人数总体增加了48%①。以服务社区为目的的场馆更容易融入城市结构，有效扩大惠及区域，强化了区域体育公共服务供给。

5.2.1.2　与教育培训相结合，实现奥运场景化教学

索契冬奥会结束一年后，曾在奥运会期间举办冰球比赛的沙依巴冰球中心、前国际广播中心和前媒体广播酒店等设施被改造成天狼星学院（Sirius Academy），为来自世界各地的才华横溢的孩子们提供体育、科学和艺术领域的发展机会②。

专栏5-2　2014年索契冬奥会场馆赛后利用补充说明

1. 波绍伊体育馆：波绍伊体育馆现由国际冰球联合会经营，是大陆冰球联盟HC Sochi俱乐部的主场，赛后成为集赛事、演唱会、娱乐于一体的多功能体育馆。

2. 沙依巴冰球中心：这是一个可容纳7000人的多功能体育和娱乐场所，在冬奥会结束后作为国家儿童体育中心使用。

3. 阿德勒竞技场：在奥运会后被改造成多功能场馆，用以举办会议、展览等活动。场馆内除了有滑冰和冰球项目场地，还包括网球场地和一个体操中心。

4. 菲施特奥林匹克体育场：菲施特奥林匹克体育场成为俄罗斯国家足球队（PFC索治）的主场，赛后主要用于举办国际赛事和足球联赛。

---

① Sochi 2014：Legacy Report：January 2014 = Soči 2014：Nasledie Otčet O Nasledii Soči 2014：Janvar' 2014/Organizing Committee of XXII Olympic Winter Games And XI Paralympic Winter Games 2014 in Sochi. The Olympic Studies Centre, https：//library. olympics. com/Default/doc/SYRACUSE/37836/sochi- 2014- legacy- %20report-january-2014-soci-2014-nasledie-otcet-o-nasledii-soci-2014-janvar-%202014-orga［2023-08-13］.

② IOC. The Sirius Academy［EB/OL］. https：//olympics. com/ioc/news/the- sirius- academy［2023-08-13］.

5. 冰立方冰壶中心：如今仍然作为冰壶场地，为俄罗斯冰壶国家队提供训练基地。此外，该中心于2015年举办了世界冰壶锦标赛，2017年举办了冬季世界军人运动会的开幕式和闭幕式。

6. 冰山滑冰宫：如今是俄罗斯花样滑冰国家队和短道速滑国家队的训练基地，并承办了国内外的冰球、速度滑冰和花样滑冰的比赛。它也是一所花样滑冰学校的所在地，为200多名6~18岁的青少年提供教学培训。此外，该场馆还是一个多功能服务中心，可以作为武术、乒乓球、艺术体操和舞蹈等运动项目的场地。

7. 滨海奥运村：位于索契奥林匹克公园内，共有47栋建筑，包括约1500套公寓。奥运会结束后，这些公寓被用作居民住房，至今仍有人居住。

8. 高尔基俄罗斯跳台滑雪中心：是国际滑雪和单板滑雪联合会（FIS）越野滑雪认可的场地，在夏季和冬季举办国内和国际赛事，已经举办了俄罗斯跳台滑雪锦标赛和一些城市锦标赛。它还是俄罗斯跳台滑雪国家队的训练基地。

9. 山崎奥林匹克滑行中心：此场馆被用作俄罗斯雪车、钢架雪车、雪橇国家队的训练基地。作为俄罗斯唯一的世界级滑行中心，其定期会举办国际雪车联合会雪车和钢架雪车世界杯赛事，每年使用期达到9~10个月。

10. 罗萨–胡特滑雪中心：俄罗斯最大的阿尔卑斯山度假胜地。该中心在奥运会之前就已经存在了。2016年，该中心作为世界青少年滑雪锦标赛的举办地，在一年内接待了近200万游客。

11. 罗萨–胡特极限公园：此公园是胡托尔高山中心的一部分，公园分为两个区域：单板滑雪公园和自由式滑雪中心。单板滑雪公园举办障碍追逐、双人障碍滑雪赛、双人超级大回转等比赛；自由式滑雪中心则举办单板自由式、U型槽、自由式滑雪和雪上技巧项目的比赛。

12. 山地奥运村：坐落在罗萨–胡特极限公园旁边，由约50座山地小屋式公寓和酒店客房组成，这些房屋已被改造为四家酒店，用于接待游客。

13. 劳拉越野滑雪和冬季两项中心：该综合体包括冬季两项和越野滑雪两个独立的赛道系统，以及其他游客服务设施。此中心曾举办俄罗斯冬季两项杯、俄罗斯越野滑雪杯，以及FIS越野滑雪世界杯、IBU冬季两项世界杯和IPC北欧滑雪世界杯等大型赛事。

5.2.2　经济遗产

5.2.2.1　创建住宿设施星级评定，提升国际旅游市场竞争力

索契冬奥会的举办带动了当地旅游业发展，改变了城市和地区的定位，如今索契已成为一个全年候的度假胜地。奥运会期间索契共建造了 46 个住宿设施，42 家酒店，共有 27 000 多个房间。与此同时，为了保证住宿质量，提升索契整体服务水平，索契 800 余家酒店、旅馆、疗养院和私人招待所在筹备 2014 年冬奥会框架下通过了强制性星级评定，通过星级评定的酒店、旅馆、疗养院和私人招待所将进入奥运住宿设施清单，被推荐给奥运宾客。根据规定，所有超过 5 个房间用于出租的房屋都应获得资格证书[①]。冬奥会四年后，索契将奥运会设施与城市历史中心和传统旅游路线结合在一起，将周边的沿海和山区整合为一个旅游综合体。2014～2018 年，这些度假服务设施对地区经济的贡献率为 13%～13.5%，而奥运会前为 6%～7%[②]。

5.2.2.2　鼓励中小企业投资，促进主办地区域经济发展

奥运会的筹备和举办有助于促进中小企业的发展，这一点体现在参与奥运项目的俄罗斯承包商中，个体企业家占了很大比例。2011 年，中小企业总数较 2008 年增加了 2.4 倍，同时索契企业的营业额增长了 11%，超过 3320 亿卢布。除了实体经济的发展，冬奥会的举办也吸引了大批外部投资。2012 年，索契的总投资超过 2100 亿卢布，其中很大一部分来自外国投资者。此外，也有助于提高当地居民的就业率，冬奥会在举办期间为当地创造了 69 万个就业机会，这些新岗位在赛后也持续保留了下来。在赛前阶段，俄罗斯 GDP 2012 年增长 3.4%，2011 年增长 4.3%，赛后于 2010 年增长 4.5%[③]。

---

① 俄罗斯索契 800 余家酒店通过冬奥会住宿设施星级评定［EB/OL］. https：//news. sina. com. cn/o/2014-01-15/134529250174. shtml［2023-08-13］.

② Sochi 2014：From the beach to the mountains［EB/OL］. https：//olympics. com/ioc/news/sochi-2014-from-the-beach-to-the-mountains［2023-08-13］.

③ 中国奥委会. 索契冬奥会遗产盘点：为俄罗斯经济带来了什么？［EB/OL］. http：//www. olympic. cn/e-magzine/1503/2015-03-31/2349988. html［2023-08-13］.

5.2.3　社会遗产

5.2.3.1　积累体育人力资本，积极实践大型赛事经验

索契冬奥会的一个重要遗产是人力资本的发展和获得组织重大国际体育赛事的经验。一是志愿者的培养，奥运会的筹备和举办促进了志愿者运动的迅速发展。俄罗斯政府推出了奥运会历史上规模最大的志愿者培训计划。志愿人员培训方案帮助俄罗斯提高了其在 2012 年世界捐赠指数中的排名，在参与志愿服务的居民人数方面排名第八。奥运会共得到 25 000 名志愿者（占奥运会工作人员的35%）的支持，并首次促成了俄罗斯志愿者运动的发展，在 14 个地区建立了 26个志愿者中心，并在奥运会结束后继续为当地社区服务，也为后续大型体育赛事的举办积累了重要的人力资本。二是奥林匹克大学的筹办，俄罗斯依托索契冬奥会，创建了俄罗斯国际奥林匹克大学（RIOU），这是世界上第一所与奥运相关的高等教育机构，是一个象征奥林匹克遗产的非凡项目，专注于为俄罗斯和全球体育产业以及奥运会和残奥会运动培养体育管理领域的高技能专家和人才。大学的课程涵盖体育教育和训练的主要范畴，涉及场馆和基础设施管理、活动组织、大众传播、外交和行政管理以及职业管理等内容，以满足公共和市政管理机构、体育联合会和俱乐部、体育媒体机构，以及从事体育用品制造和体育营销公司的需求。这所体育大学分设在莫斯科和索契，其目的是作为一个国际交流平台，吸引国际学者和学生在俄罗斯进行体育文化交流，为俄罗斯培养未来体育领导者、运动管理者和奥林匹克运动推广者打下基础。

其他重大体育赛事也在索契冬奥会经验积累下如火如荼开展，如世界游泳锦标赛（2015 年）、世界冰球锦标赛（2016 年）以及随后的足球世界杯（2018年）等[187]。著名的奥林匹克门户网站 Sportcal 进行了全球体育影响力调查，邀请来自不同国家和体育产业的 200 多名专家分析了 2007～2018 年举办的约 700项重大体育赛事，利用经济、社会、体育、信息和环境参数研究了国际体育赛事对主办城市和国家的影响，其中俄罗斯被评为 2013～2018 年世界体育领导者地位。

5.2.3.2　创办奥运会档案馆，建立"奥林匹克文化资源库"

为了保存在冬奥会筹备和举办过程中产生的所有知识和经验，俄罗斯国际奥

林匹克大学（RIOU）在奥运会结束后建立了奥运会档案馆。索契冬奥组委、RIOU、索契市管理局、俄罗斯奥委会和国际奥委会签署了关于建立 2014 年奥运会档案馆的合作协议，这标志着奥运会历史上首次在国际奥委会之外建立奥运会知识档案，奥运会档案馆为社会各界研究奥林匹克运动和体育运动提供一个全面的参考资料。为了创建冬奥会档案，索契冬奥组委在索契冬奥会结束后的一年内，把索契冬奥会赛事期间内的文件、官方出版物、音频、照片、视频记录等电子副本以及文物和纪念品移交给 RIOU，RIOU 对相关材料进行编目，并为学生、研究人员、奥林匹克相关组织，以及所有想了解奥林匹克文化的人提供相关参考资料。

5.2.3.3　组织文化奥林匹克竞赛，展示和传播俄罗斯文化

索契 2014 文化奥林匹克系列活动的使命是保护和增加俄罗斯独特的文化财富，并让每一个俄罗斯人都参与到盛大的庆祝活动中。文化奥林匹克竞赛在冬奥会举行的前 4 年启动，并在俄罗斯 83 个地区举办，展示了国家的文化生活、特性和民族色彩。此外，俄罗斯举办了奥运会历史上规模最大的接力赛，大约有1.3 亿居民参加接力赛。奥运火炬接力于 2013 年 10 月 7 日开始，在 123 天的时间里，奥运火炬传递了 2900 个城镇，从加里宁格勒到海参崴，覆盖了俄罗斯的所有地区。此外，14 000 名火炬手携带奥运圣火通过俄罗斯地图上最有趣的景点，接力的长度超过 65 000km。奥运圣火通过汽车、火车、飞机等方式传递，成功将奥运圣火传递到北极，潜入贝加尔湖的湖底，然后爬上厄尔布鲁士山的山顶。奥运火炬接力活动向俄罗斯人民和全世界重新介绍了俄罗斯具有里程碑意义的历史、文化和风景秀丽的地区。

5.2.4　环境遗产

5.2.4.1　建立垃圾回收综合体，助力资源循环利用

在索契高斯丁斯基（Khostinsky）区的旧垃圾焚烧厂，新的索契垃圾回收综合体（SWRC）建成并投入使用，该综合体每年能够处理 20 万 t 垃圾。2013 年初，索契市政府颁布了一项新的索契总清洁计划。该计划包括废物收集、分类、压块和在 SWRC 对残余物进行包装，并提取塑料、玻璃、纸板和可二次使用金属

等有用材料。

5.2.4.2　开发保护区环境走廊，保护生物的多样性

由于毗邻高加索生物自然保护区（联合国教育、科学及文化组织认定的世界遗产），索契冬奥会室外雪上项目场馆建设，对环境保护问题尤为重视，并采取了相应措施。其中包括场馆建设前根据联邦法律编制《环境影响评价》和《环境保护》等相关文件，就避免或减少环境影响提出具体办法；根据索契市的相关法令，就评价奥运场馆建设对环境影响的相关技术条款进行听证和规划调整。同时在该地区开发了一条面积超过 67 万 km^2 的独特的环境走廊，作为俄罗斯最大的自然保护区，俄罗斯还计划实施了保护比金河谷（西伯利亚虎和雪豹的栖息地）森林的项目，以及保护海参崴地区森林的项目，以保护生物的多样性。

5.2.4.3　实施"自信未来"计划，实现碳足迹补偿

奥运会的碳足迹不是通过在碳市场上购买二氧化碳单位来补偿，而是通过实施"自信未来"计划[①]来补偿。作为该方案实施的一部分，俄罗斯经济的三个重要战略领域（基础设施、工业和农业）引入了温室气体排放量低、能效高的解决方案。

在基础设施建设方面，实施的项目之一是使用隔热泡沫提高俄罗斯住宅能效。该项目涉及全国 130 多家制造窗户产品的公司，旨在鼓励俄罗斯公民安装更节能的窗户。参与该项目的住宅业主不仅可以使房屋更加温暖舒适，还可以大大节省取暖费用。另一个重要的基础设施项目是在建筑行业实施和推广碳纤维复合材料。这种复合材料比钢材轻了许多，并有助于提高和延长基础设施的使用寿命。此外，替代高能耗材料（金属和混凝土）以及在施工过程中节约能源，有助于减少温室气体排放，最大限度地减少对气候的影响，并提供节能和具有社会意义的技术作为索契冬奥会的遗产。

在农业方面，深耕等传统耕作管理方法导致水土流失、大量燃料消耗和化肥过量使用。采用先进的可持续农业管理解决方案，包括浅耕和优化肥料利用率等

---

① Sochi 2014：Legacy Report：January 2014 = Soči 2014：Nasledie Otčet O Nasledii Soči 2014：Janvar' 2014/Organizing Committee of XXII Olympic Winter Games And XI Paralympic Winter Games 2014 in Sochi. The Olympic Studies Centre，https：//library. olympics. com/Default/doc/SYRACUSE/37836/sochi-2014-legacy-%20 report-january-2014-soci-2014-nasledie-otcet-o-nasledii-soci-2014-janvar-%202014-orga［2023-08-13］.

方式，可以显著减少温室气体的排放。为了引进这些先进的农业管理方法，俄罗斯四家主要农业企业制定了特别培训计划，并于 2013～2014 年实施。此外，根据每家农业企业的耕田情况，针对耕作优化方法以及肥料、水和种子的利用等提出了个性化建议。

在工业方面，相关部门引进气体净化技术，提高了石油和天然气精炼厂气体净化装置的性能。具体措施为对每套装置进行分析，建立详细的工艺模型，并提出有关气体净化工艺的建议。该技术的应用有助于大幅减少胺再生所需的蒸气用量，进而降低用于生产蒸汽的总能耗。该项技术可以为整个行业树立良好的榜样，让人们了解智能技术如何降低运营成本、延长设备使用寿命以及在工艺流程中实施节能措施。

5.2.5 城市遗产

5.2.5.1 完善"立体交通网络"布局，打造一体化"枢纽之城"

为了办好冬奥会，索契市从打通目的地"最后一公里"、升级交通枢纽、完善交通网络等方面提升了城市交通基础设施建设。由于地理条件所限，索契市是俄罗斯最为狭长的城市，交通拥堵一直是该市的"老大难"问题，在冬奥会开始前，索契市已建成了往返于索契市中心—索契阿德列尔区—奥林匹克公园—滑雪胜地红波利亚纳的城市电气铁路，以缓解交通压力[①]；在阿德勒尔建造的新火车站成为连接海、路、空三条线路的大型交通枢纽，于 2012 年开始投入运营的索契新国际机场则成为俄南部联邦区最大的航空枢纽[②]；翻修和新建公路 360 余千米、公路桥梁 102 座、铁路桥梁 54 座。

5.2.5.2 开发"无障碍索契"地图，建设国际化"无碍之城"

得益于冬奥会，索契成为俄罗斯最早成功实施无障碍环境计划的城市之一。无障碍环境的改造覆盖了城市环境的方方面面，包括街道和公园、酒店和交通、

---

① 索契：冬奥会总投资达 2140 亿卢布 [EB/OL]．中国经济网，http://intl.ce.cn/specials/zxgjzh/201401/27/t20140127_2214777.shtml[2023-08-13]．

② 看世界|索契冬奥会的"有形"和"无形"效益 [EB/OL]，经济参政报，http://www.jjckb.cn/2022-01/24/c_1310437634.htm[2023-08-13]．

国家机构和体育设施等。目前全市共建成或改造 1000 多处无障碍基础设施，包括路边盲道、轮椅坡道，残疾人卫生间，公交站电子信息牌，商业中心求助按钮及残疾人运动设施等。2012 年，索契市政府开发了自己的电子地图，名为"无障碍索契"，标明了基础设施，并根据无障碍程度对其进行了评级。通过该地图，残疾人可以轻松找到残奥项目训练馆及最近的无障碍设施。"无障碍地图"由索契市民参与制作，可随时更新，目前共标注了 14 700 多个无障碍设施。

5.3 2018 年平昌冬奥会

第 23 届冬季奥林匹克运动会及第 12 届冬季残疾人奥林匹克运动会（简称 2018 年平昌冬奥会或平昌冬奥会）在韩国平昌郡举行。该届冬奥会的开、闭幕式以及大部分的雪上运动在平昌郡进行，而所有的冰上运动在江陵市进行，高山滑雪滑降比赛则在旌善郡进行。第 23 届冬奥会于 2018 年 2 月 9~25 日举行，本次比赛应邀参赛的有来自 92 个国家和地区，项目总数为 15 个大项、102 个小项，新增设 6 个小项，分别是男女单板滑雪大跳台、男女速度滑冰集体出发、混合双人冰壶和高山滑雪团体赛。本届冬奥会设立的小项达到 102 个，在冬奥历史上金牌数首次过百。全世界超过四分之一的人口观看了 2018 年平昌冬奥会比赛。在开幕式上，东道国运动员与邻国朝鲜运动员在同一面旗帜下一起入场，体现了真正的奥林匹克主义精神。2018 年平昌冬奥会的两个集群（平昌和江陵）已成为该地区重要的冬季运动中心。

5.3.1 场馆遗产

5.3.1.1 "保留+改造"，实现空间重构与功能重生

平昌冬奥会的场馆分为平昌山脉场馆群和江陵海岸场馆群两个组团，总共有 15 个竞赛场馆和开幕、闭幕式场馆，见表 5-3。其中平昌山脉场馆群包括 7 个竞赛场馆，进行平昌冬奥会所有雪上项目和滑行项目。江陵海岸场馆群则有 5 个竞赛场馆，进行所有冰上项目的比赛。平昌冬奥会场馆高密集度是其冬奥竞选获胜的关键因素之一，尽管场馆并不是挨在一起，但每个场馆路程都在 30 分钟之内，其中 90% 以上场馆都是 15 分钟之内便可抵达。12 个场馆中 6 个为翻修场馆，6

个为新建场馆①。作为平昌冬奥会遗产的亮点，平昌冬奥组委早在冬奥会开始之前就确定了"保留+改造"的场馆利用方案：一类是保留其低温特性用作冬季体育运动设施，如阿尔卑西亚滑行中心将设计成亚洲首个室内冰上训练场，游客可以在这里尝试雪橇以及其他冬奥体验设施，而江陵速滑馆也将改造成一个多功能体育和会议场馆，并在未来作为亚洲冬季运动中心；另一类则改造为常温场馆，转交由高校或协会管理，如江陵冰球中心将改造成关东大学的多功能体育馆，用于举办体育赛事和文艺演出等，而江陵冰上运动场也将被改造成市民的体育设施，这些方案保证了冬奥会体育设施在赛后得到可持续利用[188]。

表 5-3　2018 年平昌冬奥会场馆赛后利用统计

集群	序号	场馆名称	利用类别	承办项目	赛后现状
平昌山脉场馆群	1	凤凰雪上公园	现有	单板滑雪、自由式滑雪	度假村
	2	龙坪高山滑雪中心	现有	高山滑雪（包括回转、大回转）	度假村
	3	阿尔卑西亚跳台滑雪中心	现有	跳台滑雪、单板滑雪、北欧两项	度假村（GDC 运营）
	4	阿尔卑西亚越野滑雪中心	现有	越野滑雪、北欧两项	度假村（GDC 运营）
	5	阿尔卑西亚冬季两项中心	现有	冬季两项	度假村（GDC 运营）
	6	旌善高山滑雪中心	新建	高山滑雪（包括滑降、超级大回转、全能）	恢复森林
	7	阿尔卑西亚滑行中心	新建	雪车、钢架雪车、雪橇	游客体验中心
	8	平昌奥运村	新建	运动员住宿	居民住宅
	9	平昌奥林匹克体育场	临时	开幕、闭幕式	拆除（临时建筑）
江陵海岸场馆群	10	江陵冰壶中心	现有	冰壶	举办赛事
	11	江陵速滑馆	新建	速度滑冰	多功能体育和会议场馆
	12	江陵冰上运动场	新建	花样滑冰、短道速滑	市民综合体育馆
	13	江陵冰球中心	新建	冰球	赛事与文艺表演
	14	关东冰球中心	新建	冰球	多功能体育馆（关东大学）
	15	江陵奥运村	新建	运动员住宿	居民住宅

---

① 平昌冬奥场馆：两大场馆群 12 竞赛馆＋1 开闭幕式［EB/OL］. https://www.sohu.com/a/221193153_114977［2023-08-13］.

专栏 5-3　2018 年平昌冬奥会场馆赛后利用补充说明

（一）改建再利用场馆

1. 阿尔卑西亚滑行中心：冬奥会后该场馆于 2019 年 10 月重新开放，是亚洲首个室内冰上训练场，游客可以在这里尝试雪橇以及其他冬奥体验设施。此外，它也是高水平运动员的训练基地，为来自澳大利亚、以色列、尼日利亚和美国等国家的运动员提供训练场地。

2. 凤凰雪上公园：该场馆于 2020 年 2 月举办了 FIS 单板滑雪世界杯。公园里还设有冬季运动学校，其目的是推动基层人民参与冬季运动，提高冬季运动的普及程度，并培养未来的奥运冠军。

3. 龙坪高山滑雪中心：该场馆建于 1998 年，在 2018 年冬季奥运会前举办了多项国际赛事，包括 1999 年江原道亚洲冬季运动会（简称 1999 年冬季亚运会）和国际泳联世界杯赛事。在 2020 年举办了 FIS 高山滑雪远东杯。

4. 阿尔卑西亚跳台滑雪中心：它是韩国国家跳台滑雪队的主要训练基地，举办了地方比赛和青少年运动营。同时，冬奥会后还作为度假村，由 GDC 运营。

5. 阿尔卑西亚越野滑雪中心：滑雪中心建于 1995 年，在 1999 年冬季亚运会上举办了越野滑雪比赛。冬奥会后为越野滑雪者提供训练场地，并举办青少年运动营。同时，冬奥会后还作为度假村，由 GDC 运营。

6. 阿尔卑西亚冬季两项中心：该中心建于 1995 年，曾在 1999 年冬季亚运会上举办冬季两项比赛，目前是韩国冬季两项运动员的训练场地。同时，冬奥会后还作为度假村，由 GDC 运营。

7. 江陵速滑馆：该场馆在赛后进行了翻新工程，并作为公共体育设施重新开放。场馆旁边修建了游泳池和奥林匹克博物馆，附属的训练设施被关东大学在展览和研讨会时使用。

8. 江陵冰球中心：该冬奥场馆进行了部分保留和部分改造，即保留部分场馆用于冰雪运动训练及竞赛，改造部分场馆为多功能体育馆以兼具举办赛事与文艺表演的功能。

9. 江陵冰壶中心：该场馆建于 1998 年，可容纳 3500 人，并举办过 2009 年世界女子冰壶锦标赛。冬奥会后于 2019 年举办了韩国冰壶锦标赛。

10. 关东冰球中心：赛后移交给关东大学，并作为体育和教育设施供师生使用。

11. 平昌奥运村和江陵奥运村：赛后两个奥运村被改造为居民生活区。

（二）关闭场馆

1. 江陵冰上运动场：赛后由于其管理和遗产问题而停用了一年多，在 2019 年又因新冠疫情的暴发再次停用。

2. 旌善高山滑雪中心：根据最初的计划，该场馆将被拆除，以恢复其原始状态，并在奥运会结束后保持关闭。

（三）临时场馆

平昌奥林匹克体育场：开、闭幕式场馆多为临时性场馆，赛后按计划拆除。五角形体育场只有一侧是永久性结构，如今仍在使用，目前用于平昌冬奥会博物馆以及平昌 2018 遗产基金会（PLF）的办公室。

资料来源：笔者基于资料整理

5.3.1.2 成立"遗产基金会"，建立公私治理体系

平昌 2018 遗产基金会（PLF）是在 2018 年冬奥会后成立的。它的创建是由中央政府机构文化部、文化体育观光部共同推动的，多个公共和私人利益相关者也参与到了该组织的建立工作中。2019 年，平昌冬奥组委根据国际奥委会要求的奥林匹克精神，同意将冬季运动发展的公共工程项目全面移交给 PLF 负责。平昌冬奥组委向 PLF 提供了 2018 年奥运会盈余的 60% 资金，国际奥委会提供了其盈余的 20% 资金。自 2019 年 3 月作为非营利组织成立以来，PLF 一直专注于建立与完善其内部结构和程序，与地方、国家和国际各级的公共和私营利益相关者开展了密切合作。PLF 相对于其他遗产组织更依赖于公共资金，因为其相对较少的遗留基金（截至 2021 年 4 月约为 3000 万美元），所赚取的利息不足以支付其管理成本和实施遗产计划。为了解决该问题，PLF 于 2021 年尝试组建地方政府投资附属机构，以获得江原道的额外资助，这也进一步加强了江原道政府与 PLF 之间的联系，并巩固其公私治理体系[①]。

---

① The Olympic Studies Centre. 1st Legacy Report：The Olympic Winter Games Pyeongchang 2018/The Pyeongchang Organizing Committee for the 2018 Olympic and Paralympic Winter Games ［R］. https：//library. olympics. com/Default/doc/SYRACUSE/208817/1st-legacy-report-the-olympic-winter-games-pyeongchang-2018-the-pyeongchang-organizing-committee-for? _lg＝en-GB ［2023-08-13］.

5.3.2 体育遗产

5.3.2.1 实施"梦想计划"项目，传播冰雪文化

平昌的申冬奥历程始于 2001 年。历经三次申冬奥，平昌终于获得了 2018 年第 23 届冬奥会的举办权。虽然 2003 年首次申冬奥失利，但平昌为 2010 年冬奥会所设计的奥林匹克价值传播项目"梦想计划"（Dream Program）却没有停止，该项目于 2004 年开始实施，一直延续至今。"梦想计划"的目的是为 11 ~ 15 岁的青少年提供滑雪及冰上运动训练的机会，特别是那些没有感受过冬季气候和没有机会接触冬季项目的年轻人，或者是那些有潜力在冬季运动中脱颖而出的人都是受邀对象。"梦想计划"通常于每年的 1 ~ 2 月举行，为期十天。从 2011 年开始，第二阶段梦想计划开始实施，被称作"新梦想计划"，邀请各国残障人士在平昌体验冬季项目。截至 2018 年，共有来自 80 多个国家近 2000 名年轻人参加了这项一年一度的活动。"梦想计划"的实施还通过文化交流促进了各国之间更密切的联系，并通过文化交流丰富参加者的阅历。国际奥委会、国际滑雪联合会（FIS）和国际滑冰联盟（ISU）、外国媒体和多个国家奥委会都称赞"梦想计划"为奥林匹克运动作出了贡献，促进了冬季运动的发展，促进了青年之间的友谊，为世界和平作出了贡献[189]。

5.3.2.2 实行"教育+体验"模式，普及冬季体育运动

平昌冬奥会的重要遗产之一是推广韩国冬季体育运动发展。冬奥会筹办期间，韩国冬季运动俱乐部的注册人数从 2014 年索契冬奥会的 1904 家增加到 2018 年平昌冬奥会的 4398 家，同比增长了 131%；注册的韩国冬季运动员人数从 2014 年索契冬奥会的 5221 人增加到 2018 年平昌冬奥会的 6073 人，同比增长了 16%。从平昌冬奥会的奥运普及来看，平昌采用了"教育+体验"的冬奥会奥运普及模式，自 2001 年第一次申办冬奥会开始，奥运专题就已经成为韩国中小学的正式课程，一些中小学校还在个别滑雪场设置了滑雪课，以增加年轻人对冬季体育运动的实践机会。2011 年获得举办权后，2012 ~ 2017 年，平昌奥组委和江原道教育厅合作，为中小学每个学期开设了 20 个学时的奥林匹克运动和冬季体育运动的正式课程。与此同时，自 2012 年起，江原道人力资源发展中心还与江

原道政府、平昌及其他冬奥承办城市的政府合作，把奥运知识专题列入了公务员培训的大纲，向公务员传授奥林匹克价值观，这些举措都大大加深了冬奥会在平昌乃至韩国的普及程度。正如国际奥委会前主席雅克·罗格所说的"平昌的2018年冬奥会申办有着其独特的景象，这座城市将利用这个绝佳的举办2018年冬奥会的机会，在新兴的、现代的亚洲年轻一代，即未来的冬季运动员们当中去推广冬季体育运动"。

5.3.3 经济遗产

5.3.3.1 发展四季体育休闲旅游，建设旅游观光枢纽

为了提高大型体育赛事的综合效益，韩国政府将平昌所在的江原道指定为奥运发展特区。该项目一方面吸引免税店、国际学校等的入驻，将平昌打造成休闲度假胜地；另一方面以"四季体育休闲旅游观光"开发理念为宗旨，对江原道大面积的东海岸、中部内陆与大关岭一带的旅游资源进行整合，打造不受季节制约的"全天候"体育文化旅游带，使文化、体育、旅游成为该地区的主要经济支柱产业，并最终成为亚洲旅游观光枢纽。在平昌冬奥会带动下，2018年韩国国内人均收入突破3万美元，平昌也借冬奥契机实现了快速发展。根据江原道政府统计，平昌的GDP增长在2018年、2019年连续两年均高于同类郡县，地方竞争力整体排名前三（仅次于江陵、春川），地区旅游发展指数进入全国前五[1]。据韩国文化观光研究院发布的数据，在平昌冬奥会举办期间，到访平昌、江陵以及旌善三地的游客数量达356.3万人，同比增长约77%。韩国观光公社的统计数据显示，2018年2月，前往韩国的外国游客人数同比增长20.7%[2]。

5.3.3.2 开展体育文化庆典活动，打造多元经济市场

国土面积狭小的韩国充分利用有限的旅游资源，以冬季为轴心带动平昌四季体育旅游的全面发展，并尽可能挖掘传统冬季文化，将旅游与本国传统民族文化

---

① 江原道发展特区［EB/OL］. https：//state. gwd. go. kr［2023-08-13］.

② 看世界｜韩国多元化发挥冬奥会余热［EB/OL］. 经济参政报. http：//www. jjckb. cn/2022-01/27/c_1310442585. htm［2023-08-13］.

结合，创造出众多高附加值的体育旅游文化产品，五花八门的庆典便是成功范例之一。贯穿于冰雪体育旅游的庆典活动是平昌冬奥会的一大旅游文化特色。2015年在江原道举办的"纪念平昌冬奥会申办成功暨全国第一届冰雪体育健身运动会"的参与人数达5000人，既推广了冬季传统文化，也提高了国民参与冰雪体育项目的热情。庆典内容丰富多彩，其中包括冰雪体育项目表演、全国冰雪体育健身运动会、文艺活动等形式。由此可见，韩国的冰雪体育旅游已经超越了单纯的体育运动，它将运动与文化亲身体验完美融合，创造出旅游、健身、娱乐、休闲等为一体的多元化经济市场，此举展现了体育与文化结合的魅力，在体育范畴与旅游文化中体现出巨大的经济价值[190]。当地节日游客人数从2015年的550万人增加到2017年的571万人，活动的经济增量从4504亿韩元增加到5647亿韩元，同比增长了25%。

5.3.4　社会遗产

5.3.4.1　完善主干交通路网

江原道政府在奥运会筹备期间修建了多条高速公路，并建成了平昌地区主干线交通路网，以便2018年平昌冬奥会的观赛者便捷快速地出行，满足赛事期间的客运需求[191]。在2017年底，高速列车（KTX）开通，铁路延伸到高速列车经过的主要城市，如横城郡、平昌等。自2010年KTX青年线开通以来，江原道的乘客数量急剧增加，铁路客运量从2 617 492人增加到6 505 972人，同比增长了149%。

5.3.4.2　表达奥运和平主题

2018年平昌冬奥会举办愿景表达了韩国对世界和平的期许，具体体现在2018年平昌冬奥会的标语——"激情平昌·和谐世界"与以"和平"为主题的开幕式上，朝韩体育代表团同时入场，并且朝韩两国的女子冰球队首次以联队形式参赛。此外，江陵与平昌的冬奥村中还建有蕴涵"奥林匹克休战原则"的"休战之墙"，2018年平昌冬奥会结束后，"休战之墙"成为平昌的旅游景点。2020年平昌和平论坛的举办已成为探讨和平与发展以及如何促进和平以实现可持续未来的全球平台①。

5.4 小 结

首先，从温哥华冬奥会、索契冬奥会和平昌冬奥会的场馆赛后管理做法可以看出：索契冬奥会场馆建设及赛后利用均要依靠城市系统以外的力量，主要是俄联邦政府的推动；场馆投资主体和客户群以及建设类型等都体现了政府主导、"举国体制"的特点，如由政府对相关产业的基础设施进行积极投资，并在其影响下逐步培育市场。与索契冬奥会不同，温哥华冬奥会和平昌冬奥会举办城市的场馆建设需求主要是由城市系统自身的经济和社会发展所推动的，城市系统内部驱动是主要的，并依靠城市系统内部力量解决场馆建设资金、技术等主要问题。此外，场馆赛后主要满足社区居民的需求，即城市系统内部的需求或城市系统业已形成的稳定的国内或国际需求。也就是说，温哥华冬奥会和平昌冬奥会举办城市场馆建设及赛后利用主要由市场机制决定。

其次，从温哥华冬奥会、索契冬奥会和平昌冬奥会的场馆赛后利用做法可以看出：第一，城市赛区场馆在赛后转换为夏季项目场馆后，主要成为举办职业联赛的球队主场和向民众开放的多功能体育场馆。应该意识到，职业联赛和名牌赛事能够为场馆带来消费流量，有效带动周边商业和配套服务升级，促进所在区域协同发展。第二，以服务社区为目的的场馆，更容易融入城市结构，有效扩大惠及区域，强化区域体育公共服务供给。以温哥华里士满奥林匹克馆为例，其在冬奥会结束后即刻转型为社区体育中心，集滑冰馆、篮球场、羽毛球馆、健身房等多种场地于一体，为居民提供公共体育服务。同时，还承办各类比赛、宴会和生日派对等活动，将赛事场馆融入社区居民日常生活。第三，对于保留原功能的赛事场地，浓厚的冰雪文化和环境更利于冬季项目场馆的长期发展，集合当地的冰雪资源，将场馆与城镇发展规划结合在一起，为周边地区提供公共体育服务支撑，扩大辐射范围，推动城市发展。

1924年1月25日至2月5日，来自16个国家代表队的258名运动员齐聚一堂，参加有舵雪橇、越野滑雪、冰壶、花样滑冰、冰球、北欧两项、跳台滑雪和

---

① IOC. Legacy of PyeongChang 2018 continues to grow ［EB/OL］. https：//olympics. com/ioc/news/ legacy-of-pyeongchang-2018-continues-to-grow ［2023-08-13］.

速度滑冰等 9 个分项的角逐。该赛事最初是 1924 年巴黎奥运会的组成部分，被称为"第八届奥林匹克冬季运动周"，1926 年它被追溯为第一届冬季奥林匹克运动会①。随着冬奥会继续现代化，更多的体育项目被添加到奥运比赛中。1992年，阿尔贝维尔首次举办了短道速滑、自由式滑雪和女子冬季两项比赛，并且首次在同一地区的冬奥会之后直接举办冬季残奥会。可持续性和环境一直是冬奥会历史上的一个重要因素，而 1994 年的利勒哈默尔冬奥会则引领了这一趋势，这是冬奥会首次在没有举办夏季奥运会的年份举行，也是第一届设定了可持续发展目标的"绿色"奥运会②。2024 年迎来冬季奥林匹克运动会的 100 周年。

随着《奥林匹克 2020 议程》的改革，国际奥委会对奥运会重新进行了设计，以适应我们生活的时代。其目标是确保奥运会可持续的未来，确保奥运会为东道主创造持久利益，减少环境足迹，并促进奥运会的可持续发展。随着气候变化影响的加大，国际奥委会正在通过研究、反思和创新引领潮流，塑造冬季运动的未来。2023 年 10 月 15 日国际奥委会第 141 届全会在印度孟买举行，通过了 2024年国际奥委会全会在条件具备的情况下，2030 年和 2034 年冬奥会双重分配的原则③。其目标是在 2024 年 7 月于巴黎举行的第 142 届全会上选出这两届冬奥会的主办国，在 2034 年之前为奥林匹克运动提供可靠的传统冬季运动和气候可靠的主办国保障，同时让国际奥委会有时间反思长期的冬奥会。冬奥会的长期未来，包括围绕经济和赛事交付模式的各种想法。一方面是出于可持续发展的原因，未来冬奥会主办方的目标应该是仅使用现有或临时场馆；另一方面要求拟议的雪上比赛场地至少在 21 世纪中叶之前应该是气候稳定的。未来大型冬季赛事组织也必须面对气候变化、保护生物多样性和可持续资源管理等多方面的机遇与挑战。

---

① IOC. 100 years of Olympic Winter Games：Legacies of the past，reflections about the future ［EB/OL］. https：//olympics. com/ioc/news/100-years-of-olympic-winter-games-legacies-of-the-past-reflections-about-the-future ［2024-01-16］.

② IOC. Chamonix 1924：Milestones in the 100-year evolution of the Olympic Winter Games ［EB/OL］. https：//olympics. com/en/news/chamonix-1924-milestones-100-year-evolution-olympic-winter-games ［2024-01-16］.

③ IOC. IOC Session approves principle of 2030-2034 double allocation for Olympic Winter Games ［EB/OL］. https：//olympics. com/ioc/news/ioc-session-approves-principle-of-2030-2034-double-allocation-for-olympic-winter-games ［2023-10-15］.

| 第 6 章 |　　青奥会遗产可持续利用
与创新发展

6.1　夏季青奥会可持续利用与创新发展

6.1.1　2010 年新加坡青奥会

青年奥林匹克运动会（简称青奥会）是一项面向世界各地 15～18 岁青少年的精英体育赛事。

体育项目以奥运会项目为主。此外，它还包括令人兴奋的新兴运动、项目和赛制，如霹雳舞、运动攀岩、3×3 篮球、3×3 冰球以及混合性别等项目。在赛场之外，每届奥运会都设有文化与教育计划（Culture & Education Programme，CEP），利用各种有趣的互动活动、研讨会和团队建设练习，让参赛运动员有机会了解奥林匹克价值观、探索其他文化、培养技能并改进训练方法和表现。青奥会从 2010 年新加坡、2012 年因斯布鲁克、2014 年南京、2016 年利勒哈默尔、2018 年布宜诺斯艾利斯、2020 年洛桑到 2022 年达喀尔已举办多届，最新一届冬季青奥会将于 2024 年在韩国江原道举行。本章主要介绍具有代表性的 2010 年新加坡青奥会和 2018 年布宜诺斯艾利斯青奥会。

首届夏季青奥会于 2010 年 8 月 14～26 日在新加坡举行，一共有 3528 名运动员、800 名裁判员及教练员参加此次盛会。2001 年，国际奥委会主席雅克·罗格提出了举办青奥会的设想。国际奥委会在 2007 年 7 月 5 日于危地马拉城举行的第 119 届全会上一致同意创办青年奥林匹克运动会，新加坡是亚洲首个取得青奥会主办权的国家城市。青奥会的参赛运动员年龄在 15～18 岁，国际奥委会规定了各项目只能选择一个年龄组的比赛的原则。新加坡青奥会设 26 个大项、201 个小项的奥运项目，其中 15 ~ 16 岁（27 个小项）、16 ~ 17 岁（111 个小项）、17 ~ 18 岁（63 个小项），除了传统的比赛项目，还包括 3×3 篮球、皮划艇一对一竞赛等颇具游戏色彩的特别项目；在乒乓球、柔道、击剑等比赛中也打破常规，采用了跨国（地区）组队参赛模式。

2009 年 1 月 10 日，2010 年首届青奥会会徽在新加坡公布，该会徽的名字为"青春之星"。"青春之星"会徽主要由三大部分组成，处于最顶端的是"热情的火焰"，强烈燃烧的红色火焰代表了求知的热情，以及积极正面思考的力量。首届青奥会的吉祥物是利奥（Lyo）和梅利（Merly）。利奥是"青奥之狮"（Lion of the Youth Olympics）的缩写，象征着青年人的无限活力，以及青年人希望生活丰富多彩，充满热情，不断追求卓越的决心。梅利的名字取自"mer"（表示海）和"ly"，作为环保主义的象征，梅利认为每个人都应贡献出自己的力量，共同为营造可持续发展的未来而努力，同时她还倡导青年人积极参与社区活动，彼此间相互尊重。

6.1.1.1 场馆遗产：高标准延长场馆寿命，全民共享青奥遗产

2010 年新加坡青奥会共使用 16 个场馆，其中 1 个是新建场馆（表 6-1）。组织者对旧场馆进行改造、扩建，部分场馆利用公园、水库、海滩等公共设施，部分场馆需要临时搭建相关设施，46% 的比赛项目所用的是临时场馆设施，70% 的比赛项目的赛场看台为临时改建，赛场的绝大部分功能区也是临时搭建，赛后大部分场馆对外开放[①]，赛后利用率达到 100%。赛后拆除搭建的临时设施，各个场馆大都将对当地社区居民免费开放，重新回到以往的利用状态，不会影响当地居民的生活。此外，组织者对已有的场馆进行改造、扩建达到奥运会的国际标准，不仅延长了场馆的使用寿命，也为运动员和体育爱好者提供了一个有利于提高全国体育参与度的环境。借助这些世界级的设备和设施，新加坡将有更多机会举办国际比赛。

---

① 新加坡青奥会场馆启示录：小场馆蕴含大智慧 [EB/OL]. https://sports.qq.com/a/20100822/000377.htm [2023-08-13].

表 6-1　2010 年新加坡青奥会场馆赛后利用统计

序号	场馆名称	利用类别	承办项目	赛后现状
1	碧山体育场	现有	田径	新加坡职业足球联赛内政联足球俱乐部的主场
2	东海岸公园	现有	铁人三项	东海岸公园
3	新加坡室内体育场	现有	羽毛球、乒乓球	举办体育比赛、演唱会、音乐剧和戏剧等的多功能场馆
4	加冷运动场	现有	射箭	属于加冷体育中心一部分
5	加冷网球中心	现有	网球	国家队和国家青年队的训练基地
6	新加坡体育学校	现有	游泳、射击、现代五项	体育类大学
7	国家帆船中心	现有	帆船	新加坡国家队训练中心
8	辛康曲棍球场	现有	曲棍球	辛康运动和娱乐中心
9	滨海湾蓄水池	现有	赛艇、皮划艇	新加坡滨海花园
10	大巴窑游泳馆	现有	跳水	举办体育赛事
11	新加坡赛马俱乐部马术中心	新建	马术	赛马俱乐部
12	淡滨尼自行车公园	现有	小轮车、自行车计时赛和自行车越野赛	淡滨尼自行车公园
13	碧山体育馆	现有	体操	新加坡国家体操队的训练基地
14	惹兰勿刹球场	现有	足球	新加坡国家足球队主场
15	国际会议中心	现有	拳击、击剑、手球、柔道、跆拳道、摔跤	多功能场馆
16	大巴窑体育馆	现有	排球、举重	举办体育赛事的多功能场馆

资料来源：笔者基于资料整理

6.1.1.2　体育遗产：制定多项体育计划，促进青少年体育参与

1）制定体育启蒙计划，提升新加坡青少年体育参与热情

新加坡青奥组委制定了一项体育启蒙计划，旨在提高人们对青奥会的认识，并增加新加坡居民对体育的参与度。体育启蒙计划有四个主要组成部分：①学会玩，向 5~75 岁的所有年龄组进行宣传，目的是介绍 11 项在新加坡不太受欢迎或不太新兴的体育项目（如摔跤）；②学习竞争，让市民认识七项选定的体育项

目及比赛，并提供相关资讯；③儿童运动挑战赛，通过娱乐和游戏，让儿童产生对选定运动项目的兴趣；④移动路演，通过移动的体育站向当地社区进行宣传，提高人们的认识、兴趣和参与度，促使报名参加体育活动①。通过制定明确的计划，从普及相关知识到参与具有挑战性的活动，提高青少年参与体育项目的兴趣，进而提升新加坡大众体育参与的热情。

2）升级"奥运计划"，鼓励新加坡青少年参与体育运动

新加坡体育理事会已由传统的体育设施管理者发展成为新加坡体育运动的推广者和发展者，改变了新加坡人看待和参与体育运动的方式。新加坡体育理事会与教育部门合作，在青奥会期间，在全国范围内开展对青少年"卓越、友谊"等方面的人文教育，对当地青少年进行了一次文化教育洗礼。通过与私营部门或其他部门合作进行精准营销，针对不同的目标群体，提供了从入门到竞技的不同体育推广方案，鼓励新加坡青少年参与体育运动。各体育总会通过资助计划，推行系统的青少年发展计划，培育青年运动员。2010 年青奥会报告对 4124 名不同年龄组、种族、性别和职业的人进行了调查，结果显示，743 人（占受访者的18%）和 48% 的青少年，受到青奥会的影响，开始从事新的体育运动。

6.1.1.3 社会遗产：增加社会凝聚力，提升国家知名度

1）团结互助筹办青奥赛，增加新加坡社会凝聚力

新加坡青奥会是新加坡历史上最大型的运动会之一，为新加坡提供了向世界展示其价值观、热情和承诺的机会。通过 2010 年新加坡青奥会，新加坡人展示了新加坡精神：尊重人才、共同忠诚、彼此分担责任、为共同完成的工作感到自豪、共同的梦想和抱负。新加坡志愿者在申办、筹备和举办青奥会期间，通过相互支持、共同努力，展示了新加坡精神；新加坡人在青年奥运圣火传递过程中体现了新加坡人的民族自豪感将整个国家联系在一起。教育部委托的一项调查显示，从小学、中学和大学预科学生收集的结果表明，体育对社会凝聚力有积极影响，促进了种族间和宗教间的和谐。新加坡体育理事会一项调查显示，85% 的新加坡人表示，他们为新加坡举办首届青奥会感到自豪。

---

① The Olympic Studies Centre Games Impact Study：Singapore 2010 Youth Olympic Games/Deloitte［EB/OL］. https：//library. olympics. com/Default/doc/SYRACUSE/210350/games-impact-study-singapore-2010-youth-olympic-games-deloitte?_lg=en-GB［2023-08-13］.

2）扩大青奥会宣传，提升新加坡国际知名度

新加坡青奥会是提高新加坡体育形象、促进体育作为新加坡生活方式组成部分的重要里程碑。新加坡青奥组委利用各种广播渠道和媒体，包括电视、广播、户外和平面广告等传统媒体以及网站、在线新闻和广播、社交媒体等新数字媒体，提升青少年参与体育运动的积极性，而这些媒体对青奥会的主要目标受众——即 12～24 岁的青少年，产生了较为广泛的影响力。此外，通过国外官方媒体最大限度地宣传青奥会，扩大了新加坡的知名度和媒体的关注度，为世界呈现一个和平、多元、高效和充满活力的城市，也可促进不同文化和体育项目的交流与学习。这种宣传提高了新加坡的影响力和竞争力，给潜在投资者和大型活动的组织者留下了积极的印象，促使他们可能会将新加坡作为其即将开展项目的首选地点。

6.1.1.4　环境遗产：制定环境方案，提高环保意识

新加坡青奥组委在环境方面明确了两大目标：一是以环境友好、经济可行和对社会负责的方式组织青奥会；二是以青奥会为平台，提高新加坡人和青奥会参与者的环保意识。为了实现这些目标，制定了八项方案，以提高不同参与者群体的环保意识，并将环保纳入奥运会的规划和执行中。提高对环境问题的认识和改变对环境问题的态度是环境教育的关键，因此通过向公众和青奥会参与者分发宣传良好环保习惯的出版物，开展讲座、研讨会和培训等，以及倡议赞助商、政府机构、非政府组织、社区团体及学生团体参与环保组织活动等，来推广环境保护。此外，新加坡还开展了城市绿地建设、滨海堤坝情景下的水资源科普、运动员植树仪式等一系列环保活动举措。

6.1.2　2018 年布宜诺斯艾利斯青奥会

2018 年布宜诺斯艾利斯青奥会是第三届青奥会，该届运动会于 2018 年 10 月 6～18 日在阿根廷首都布宜诺斯艾利斯市及周边地区举行。2018 年布宜诺斯艾利斯青奥会是南美洲的又一个重大奥运赛事，是南美洲首次举办的青奥会，也是南美洲继 2016 年里约奥运会后第二次举办的奥运赛事。奥林匹克运动会历史上第一次实现男女运动员人数相同（2000 名女运动员和 2000 名男运动员）。2018 年布宜诺斯艾利斯青奥会的项目有 31 个大项、238 个小项，青奥会也延续了以往青

奥会的传统，引入了新运动和竞赛项目，霹雳舞、速度轮滑、运动攀岩、空手道首次出现在奥运会赛场上，自由式小轮车、风筝冲浪、沙滩手球、五人制足球和技巧项目同样首次亮相。此外，2018年布宜诺斯艾利斯青奥会还增加了三个全新的表演项目——卡丁车、马球和壁球，它们未来也将有可能被纳入到青奥会的正式项目中。作为首个实现完全性别平等的奥运会赛事，2018年布宜诺斯艾利斯青奥会为女性在体育领域的进步奠定了重要的里程碑，同时也为主办城市多个领域的社会发展做出了贡献。

6.1.2.1　场馆遗产：高性能体育基础设施建设，助力赛后可持续

布宜诺斯艾利斯青奥会的比赛场馆全为新建场馆，赛后场馆全部用于社区居民锻炼或运动员训练，赛后利用率较高（表6-2）。青年奥林匹克公园是布宜诺斯艾利斯的公共体育中心之一，新建了六个场馆，可在奥运会期间举办50%的室内比赛，还新建了一个运动员训练中心、一个现代五项跑道、三个曲棍球场和一个多项运动训练区，用于室外比赛。所有这些建筑都是按照国际体育联合会（Internatioal Federations）的最高标准建造，且严格遵循可持续建筑标准（如能源效率、材料和资源的合理使用）。青奥会结束后，青年奥林匹克公园于2018年12月至2019年12月进行了为期一年的改造，已建设成为新的高性能体育中心，供精英运动员和社区使用①。附近的Mary Terán de Weiss体育场（青奥会期间设有广播中心）安装了滑动屋顶，现已成为阿根廷最大的室内体育场，可容纳超过15 000名观众。该场馆以前仅用于网球比赛，但现在可以举办许多其他运动项目，包括篮球和排球以及文化活动。青奥会期间使用的大部分设备（包括785个室内足球、400个曲棍球和600个沙滩排球）均已捐赠给当地体育联合会②。青奥会还提供了培训新一代技术官员的机会，432名官员通过国际单项体育联合会的举措接受了培训，为国家层面的体育管理技能创造了积极的遗产。

---

① The Olympic Studies Centre. Management Report：Sport, Social And Urban Legacy/Youth Olympic Games Buenos Aires 2018 Organizing Committee ［EB/OL］. https://library. olympics. com/Default/doc/SYRACUSE/186079/management-report-sport-social-and-urban-legacy-youth-olympic-games-buenos-aires-2018-organizing-com ［2023-08-13］.

② IOC. BA2018 Revisited：Host city reaping long-term benefits of YOG ［EB/OL］. https://olympics. com/ioc/news/ba2018-revisited-host-city-reaping-long-term-benefits-of-yog［2020-12-09］.

表 6-2　2018 年布宜诺斯艾利斯青奥会场馆赛后利用统计

序号	场馆名称	利用类别	承办项目	赛后现状
1	方尖碑	现有	开幕式	标志性建筑
2	特克诺波利斯公园	新建	羽毛球、室内五人制足球、乒乓球、射击、手球、射箭	社区居民休闲、运动场地
3	城市公园	新建	三人篮球赛、霹雳舞、攀岩、赛艇、划艇	社区居民休闲、运动场地
4	海岸长廊	新建	自行车、速度轮滑	多功能休闲中心
5	青年奥林匹克公园	新建	击剑、体操、举重、曲棍球、柔道、游泳、跆拳道、田径、现代五项、摔跤、跳水、拳击、空手道	社区居民休闲、运动场地
6	绿色公园	新建	网球、铁人三项、沙滩排球、马术	社区居民休闲、运动场地
7	圣伊西德罗赛艇俱乐部	新建	帆船	训练中心
8	胡灵厄姆俱乐部	新建	高尔夫	训练中心
9	圣伊西德罗体育俱乐部	新建	橄榄球	训练中心

资料来源：笔者基于资料整理

6.1.2.2　体育遗产：启用体育"上学计划"，转变青少年生活方式

布宜诺斯艾利斯青奥会体育遗产的规划主要基于促进体育运动和健康生活方式的倡议，培育优秀的运动员、教练员、技术官员和裁判员。2015～2018 年，体育启蒙计划与国家和城市体育联合会密切合作，有效落实了 637 项举措，惠及 127 766 名青少年，主要包括学校奥林匹克运动、与运动员对话、大型活动、体育教师培训、2018 年布宜诺斯艾利斯杯以及参观与游览 6 个项目。这些项目为青少年参与体育活动提供了一个良好的环境，极大地促进了当地儿童与青少年的体育参与率，通过体育锻炼来改善青少年的肥胖和久坐不动的生活方式，将布宜诺斯艾利斯变成一座活跃的城市。

例如，布宜诺斯艾利斯 2018 年颁布的"学校去看奥运会"计划，旨在通过推广不同的体育学科来传播卓越、友谊和尊重的奥林匹克价值观，该计划包括马赛克墙、奥林匹克会旗之旅、戏剧表演、体育与性别讨论会四项行动。一方面，该计划通过寓教于乐的方式，使青少年更易于接受青奥会的价值观和了解青奥会

相关体育赛事；另一方面，通过学术性探讨引发关于体育的思考，推动体育学术的发展，培养青少年体育学术思维。根据布宜诺斯艾利斯市教育局提供的信息，这四个项目自 2015 年以来在布宜诺斯艾利斯城市学校中开展，并编写了教育手册，对当地学校的青少年体育教育产生了极为重要的影响，覆盖全域 606 所公立教育设施（初等和中等教育）和 460 所私立教育设施（初等和中等教育）[①]。

6.1.2.3　社会遗产：创新赛事传播渠道，搭建数字化传播体系

青奥会的数字化报道和数字化体验比以往更加全面。一方面是媒体直播技术更新，奥林匹克频道（www. olympicchannel. com）首次在青奥会上亮相，提供了青奥会的直播，以及点播视频内容。该频道直播了布宜诺斯艾利斯青奥会 550 个小时的比赛以及每天来自青奥村的现场表演。来自 234 个国家和地区的用户访问了奥林匹克频道平台[①]，也代表了赛事传播渠道数字化的变革。另一方面是社交媒体互动的创新，青奥会引入了"Game Changers"（游戏变革者）计划，鼓励运动员通过社交媒体平台分享他们在布宜诺斯艾利斯的经历。通过与来自奥林匹克频道和奥林匹克转播服务公司的数字化专家的研讨，以及与有网络影响力人物的互动，运动员们学习了如何创建动态的、引人入胜的内容，以便更好地发挥他们的榜样效应[②]。2018 年布宜诺斯艾利斯青奥会官方应用程序也为青奥会爱好者提供了多种创新功能，使用户能够个性化参与奥运体验。例如，设置一系列互动问答游戏赢得奥运纪念品，让体育迷可以轻松了解奥林匹克运动的历史。这些都为阿根廷赛事数字化提供良好的借鉴模板。2018 年布宜诺斯艾利斯的报道使第三届夏季青奥会成为该赛事八年历史上数字化消费最多的一届；buenosaires2018. com、olympic. org 和 olympicchannel. com 等数字平台吸引了 600 万用户，产生了 5800 万次页面浏览量；奥林匹克频道、YouTube 和社交媒体平台上的视频观看量约为 1.88 亿次，数字观看量是 2014 年南京青奥会的 94 倍。

---

① IOC. "Game-changing" content makes Buenos Aires 2018 the most digitally consumed Youth Olympic Games ever ［EB/OL］. https://olympics. com/ioc/news/-game-changing-content-makes-buenos-aires-2018-the-most-digitally-consumed-youth-olympic-games-ever［2023-08-13］.

② 中国奥委会. 布宜诺斯艾利斯青奥会上的美丽新世界 ［EB/OL］. http://www. olympic. cn/e-magzine/1905/2019/0612/242754. html［2023-08-13］.

6.1.2.4 城市遗产：赛事惠民，增加基本公共产品和服务

城市遗产包括举办青奥会带来的城市景观、功能和形态的转变。布宜诺斯艾利斯青奥会场馆所在的街区是第八区的一个历史性城市化项目，包括建设青年奥林匹克村、青年奥林匹克中心以及医院、餐厅、超市等其他基础设施，该项目首先是为了在大型活动结束后满足居民的住房需求，其次是为了容纳 2018 年布宜诺斯艾利斯青奥会的参赛者，这不仅解决了赛后青奥村的再利用问题，还保障了当地居民的基本生活需求。城市绿地的建设在改善生态环境、提供赛事场地的同时，也扩大了当地居民休闲锻炼的场地。所有设施的建设离不开大量的劳动力，这为当地增加了就业机会。总的来说，布宜诺斯艾利斯青奥会的举办改变了城市建设风貌，提高了城市安全性，也为城市发展带来了新的经济增长点。青奥会也是布宜诺斯艾利斯向公民提供体育活动项目、改善体育设施并普遍促进健康和积极的生活方式的决定性因素。布宜诺斯艾利斯"全球活跃城市"倡议，旨在建立一个有助于提高社区生活质量和福利的城市。

6.2 冬季青奥会可持续利用与创新发展

6.2.1 2012 年因斯布鲁克冬季青奥会

第一届冬季青年奥林匹克运动会于 2012 年 1 月 13~22 日在奥地利蒂罗尔州的因斯布鲁克举行。2007 年 7 月 5 日，在危地马拉城举行的国际奥委会第 119 次全会第二日的议程上，国际奥委会决定开办一个新的综合运动会。冬季青奥会是继夏季奥运会、冬季奥运会、夏季残奥会、冬季残奥会以及夏季青奥会后的第六个综合运动会。主办城市是第一个在三个不同时刻（1964 年冬奥会、1976 年冬奥会和 2012 年青奥会）举办奥运会的城市，冬季青奥会的加入，为其奥林匹克遗产赋予了新的意义。2012 年因斯布鲁克冬季青奥会的主要目标是鼓励世界各地的年轻人培养对体育的热情，同时了解卓越、尊重和友谊的奥林匹克价值观[①]。首

---

① IOC. Innsbruck 2012 [EB/OL]. https://olympics.com/en/olympic-games/innsbruck-2012 [2023-08-13].

届冬季青奥会共有 1022 名 15~18 岁的运动员在 7 个大项、15 个分项的 63 枚奖牌比赛中展现了高水平的体育表现。除了奥运会项目外，2012 年因斯布鲁克还首次推出了多种新的比赛形式，如女子跳台滑雪、单板滑雪坡面障碍技巧、自由式滑雪 U 型池、速度滑冰集体出发和冰球技能挑战赛等。新的混合性别赛制包括冬季两项团体接力赛、冰壶团体赛、高山滑雪平行团体赛以及跳台滑雪和越野滑雪结合的团体赛等项目。该届冬季青奥会会徽取名"因斯布鲁克 2012"，作为这个会徽的关键元素——青奥会视觉标识——"YOG-DNA"，也第一次被放入会徽整体之中，其年轻健康的特征激发了青少年对第一届冬季青奥会与卓越、尊重和友谊的奥林匹克价值观的热情。这座奥地利城市曾于 1964 年和 1976 年举办过冬季奥运会，因此已经拥有悠久的奥林匹克历史，而 2012 年冬季青奥会帮助因斯布鲁克重振了其作为世界级体育和赛事目的地的地位①。

6.2.1.1　场馆遗产：举办高密度冬季赛事，打响品牌影响力

2012 年因斯布鲁克冬季青奥会极致利用了该市所有现有的、广泛使用的场馆设施，赛费尔德滑雪跳台以及库泰自由式滑雪中心的建设均使当地的社区体育受益，为年轻运动员提供了高质量的训练设施②（表 6-3）。自 2012 年主办冬季青奥会以来，因斯布鲁克充分利用运动场地优势，借鉴冬季青奥会重大赛事经验，持续高密度举办了 2016 年国际儿童冬季运动会、2018 年 UCI 公路自行车世界锦标赛和一年一度的 Crankworx 山地自行车节等大型体育赛事。2020 年因斯布鲁克主办了冬季世界大师赛（WWMG），这是世界上 30 岁及以上运动员的最大的冬季运动节。WWMG 汇聚了来自 58 个国家的 3200 多名大师级运动员，参加 12 个项目的比赛。除了使用许多与冬季青奥会相同的场地外，WWMG 吉祥物汉尼和乔还被宣传为 2012 年因斯布鲁克吉祥物约格尔的父母。2012 年冬季青奥会的体育场馆的出色利用，让因斯布鲁克在赛事管理和组织领域享有盛誉。

---

① IOC. Innsbruck continues to build on YOG legacy ［EB/OL］. https://olympics. com/ioc/news/innsbruck-continues-to-build-on-yog-legacy［2023-08-13］.

② The Olympic Studies Centre. Be part of it!：Official report of the innsbruck 2012 Winter Youth Olympic Games ［EB/OL］. https://library. olympics. com/Default/doc/SYRACUSE/77715/be-part-of-it-official-report-of-the-innsbruck-2012-winter-youth-olympic-games-innsbruck-2012？_lg=en-GB［2023-08-13］.

表 6-3 2012 年因斯布鲁克冬季青奥会场馆赛后利用统计

序号	场馆名称	利用类别	承办项目	赛后现状
1	伯吉塞尔查兹	现有	开幕式	赛事举办地
2	因斯布鲁克奥林匹克滑冰中心	现有	钢架雪橇	赛事举办地
3	赛费尔德滑雪跳台	现有	冬季两项、越野滑雪、北欧两项、跳台滑雪	比赛和训练中心
4	埃施内劳夫缆车	现有	速度滑冰	速滑中心
5	库泰自由式滑雪中心	现有	自由式滑雪、单板滑雪	赛事举办地
6	蒂罗尔冰场	临时	冰球	比赛和训练中心
7	奥林匹亚大厅	现有	花样滑冰、短道速滑	音乐厅、比赛场所
8	帕切尔科费尔	现有	高山滑雪	旅游景点
9	因斯布鲁克展览中心	现有	冰壶	会展展馆
10	玛丽亚特蕾莎街	现有	奖牌广场、闭幕式	购物步行街

6.2.1.2 体育遗产: 搭建志愿者服务平台, 注重青年人才培养

青年体育人才培养主要表现在因斯布鲁克文化与教育计划实施和志愿者平台应用两个方面。首先, 2012 年因斯布鲁克文化与教育计划建立在奥林匹克精神和奥林匹克价值观的基础上, 旨在激励、融合国际运动员和当地青少年。在该计划中, 世界各地的青少年能够通过实践活动和研讨会共同学习、建立友谊。在体育比赛的同时, 文化与教育计划为国际运动员和当地青少年提供了一个让他们一起学习、分享经验和庆祝奥林匹克精神与价值观的独特机会[①]。其次, 在志愿者的实践方面, 该届冬季青奥会也表现出色。因斯布鲁克-蒂罗尔体育 (ITS) 是一家非营利公司, 于 2012 年因斯布鲁克冬季青奥会后成立, 旨在帮助继承奥运会遗产。除了举办国际儿童冬季运动会重大活动, 搭建志愿者平台也是 ITS 的重要任务之一, 在冬季青奥会中将志愿者平台作为特色奥运遗产继承下来。ITS 在 2012 年因斯布鲁克创建的志愿服务遗产的基础上, 开发了一个名为 Team Tirol 的永久志愿者平台, 将赛事组织经验进行积累和传播, 并让更多志愿者在更多大型

---

① The Olympic Studies Centre. Be part of it！: Official report of the innsbruck 2012 Winter Youth Olympic Games［EB/OL］. https://library. olympics. com/Default/doc/SYRACUSE/77715/be-part-of-it-official-report-of-the-innsbruck-2012-winter-youth-olympic-games-innsbruck-2012?_lg=en-GB［2023-08-13］.

体育赛事中得到实践和提升，让青年与组织共同成长。2020 年，该平台已有超过 3500 人有兴趣支持蒂罗尔地区的重大活动服务①。

6.2.1.3 社会遗产：服务失业群体，提供多种就业岗位

2012 年因斯布鲁克冬季青奥会从住房保障、就业培训等方面照顾低收入和失业群体。2012 年因斯布鲁克冬季青奥会结束后，青奥村为低收入家庭提供了400 多套经济适用房，由于建筑物的能耗极低，租户和业主可减少一定的生活成本。青奥村的 1600 套高质量家具由当地一家家具制造商负责生产，该制造商专注于帮助长期失业的人重新进入就业市场，从原材料采购到生产，带动了大量的就业岗位；青奥村公寓的窗帘是由另一家当地公司生产的，该公司也为失业妇女提供大量工作机会。

6.2.1.4 环境遗产：赛事用品重新回收，减轻大量资源浪费

环境保护和可持续是赛事管理中越来越重要的要素，回收利用尤其发挥着关键作用。作为第一届冬季青奥会的一部分，蒂罗尔州政府、当地就业服务机构和一个地区慈善机构发起了该地区第一个提供可回收陶器和餐具的倡议，该倡议可以将大型活动通常产生的废物量减少 90%。2012 年因斯布鲁克冬季青奥会团队使用了超过 13 000m² 的羊毛材料和 6500m² 的 PVC 横幅来服务冬季青奥会相关设施，赛后通过多个非营利组织充分利用这些材料，邀请长期失业的群体参与学习和制作，将这些材料制作为包、手机壳、铅笔盒、钱包、钥匙圈等独特的青奥纪念品②，帮助他们重新进入就业市场。这些项目在冬季青奥会期间取得有效成果后，将扩展到蒂罗尔州的其他城市，提供给该地区未来活动的组织者。

6.2.2　2016 年利勒哈默尔冬季青奥会

第二届冬季青年奥林匹克运动会于 2016 年 2 月 12～21 日在挪威中部奥普兰

---

① IOC. Innsbruck continues to build on YOG legacy [EB/OL]. https://olympics. com/ioc/news/innsbruck-continues-to-build-on-yog-legacy[2023-08-13].

② The Olympic Studies Centre. Be Part of It！: Official report of the innsbruck 2012 Winter Youth Olympic Games [EB/OL]. https://library. olympics. com/Default/doc/SYRACUSE/77715/be-part-of-it-official-report-of-the-innsbruck-2012-winter-youth-olympic-games-innsbruck-2012?_lg=en-GB[2023-08-13].

郡的首府利勒哈默尔举行。2016 年利勒哈默尔冬季青年奥林匹克运动会共有来自 71 个国家和地区的选手，参赛选手总数达到 1067 人，进行了共 15 个大项、63 个小项的比赛。吉祥物 Sjogg 是一只运动范儿十足的猞猁，身着带有冬季青奥会徽标的服装，Sjogg 在利勒哈默尔所处的古德布兰斯达尔地区意为"雪"。2016 年利勒哈默尔冬季青奥会重复利用了 1994 年冬奥会的场馆，这使得利勒哈默尔成为第一个同时举办常规奥运会和冬季青奥会的城市。2016 年利勒哈默尔青奥会也成功沿袭了 1994 年冬奥会的可持续发展方针，并将其提升到了一个新的水平。2016 年利勒哈默尔冬季青奥会是挪威首个获得可持续赛事 ISO 20121 认证的赛事[①]。

6.2.2.1 场馆遗产：搭建奥林匹克遗产体育中心，提供冬季运动机会

1994 年利勒哈默尔组委会发起了 20 多个可持续发展项目，被广泛认为是第一届"绿色奥运会"，而 2016 年利勒哈默尔青奥会是在 1994 年冬奥会的基础上举办的。利勒哈默尔冬季青奥会共有 10 个竞赛场馆（比尔凯贝内伦冬季两项体育场、约维克奥林匹克洞穴大厅等）。此次冬季青奥会大部分场馆是为 1994 年利勒哈默尔冬奥会建造的，对克里斯汀大厅进行了升级和重大扩建，包括新建的 10 个冰壶馆和 1 个开展冰球比赛的青年厅（表6-4）。2016 年利勒哈默尔冬季青奥会也成功沿袭了 1994 年冬奥会的可持续发展方针，并将其提升到了一个新的水平。2016 年利勒哈默尔冬季青奥会是挪威首个获得可持续赛事 ISO 20121 认证的赛事。为 1994 年冬奥会专门建造的所有 10 个场馆至今仍在积极使用，从开放到 2018 年夏季，它们已举办了 32 场世界和欧洲锦标赛或国际锦标赛、129 场世界杯赛事和 161 场国家杯赛[①]。

表6-4　2016 年利勒哈默尔冬季青奥会场馆赛后利用统计

编号	场馆	场馆分类	赛时使用	赛后现状
1	比尔凯贝内伦冬季两项体育场	现有	冬季两项	专业训练
2	利勒哈默尔奥林匹克滑冰中心	现有	雪橇、速度滑冰、无舵雪橇	训练体育场
3	利勒哈默尔冰壶馆	新建	冰壶	俱乐部

---

① IOC. Lillehammer's enduring Olympic legacy［EB/OL］. https://olympics.com/ioc/news/lillehammer-s-enduring-olympic-legacy［2023-08-13］.

编号	场馆	场馆分类	赛时使用	赛后现状
4	哈马尔奥林匹克竞技场	现有	花样滑冰	训练体育场
5	哈弗耶尔奥林匹克坡道	现有	高山滑雪	专业训练
6	哈弗耶尔自由式公园	现有	单板滑雪、越野滑雪	对外开放
7	青年厅	新建	冰球	专业训练
8	伯克贝内伦越野体育场	现有	北欧两项	专业训练
9	利斯加兹巴肯跳台滑雪竞技场	现有	跳台滑雪	训练体育场
10	约维克奥林匹克洞穴大厅	现有	短道速滑	训练体育场

资料来源：笔者根据资料整理

6.2.2.2 社会遗产：激励青年参与体育运动，践行奥林匹克价值观

利勒哈默尔市前市长埃斯彭·格兰伯格·约翰森认为2016年冬季青奥会是一项触及利勒哈默尔各年龄段生活的盛会，它能够在体育舞台之外激发年轻人的生活发生积极变化。利勒哈默尔冬季青奥会的目标是将所有青年团结在一起，跨越年龄、性别和学校，参加体育活动。例如，"火炬之旅"展示青年如何利用体育的力量和奥林匹克的价值观超越和创造社区的明天；"试一试体育"为高中生提供学习竞技场，在每个比赛场地，年轻人都有机会尝试运动，并由该地区体育高中的学生进行指导；大量教育资金被投入到奥普兰郡中学的体育活动倡议中，目标是让年轻人每天进行30分钟的体育活动。此外，组委会赋予年轻人关键岗位和责任，为该地区和未来的体育运动积累经验和知识。利勒哈默尔大学设立了一个新的体育管理学士学位，为期3年的课程将理论知识与多项运动赛事的实践经验结合，在体育赛事中培养和发现未来的专业人员。通过与教育机构合作，百名青少年可能会获得参加并学习青奥会的机会，这有助于提高青少年体育活动创新能力，培养青少年参与体育文化的思维。

在对年轻运动员的教育和学习方面，2017年12月开业的利勒哈默尔奥林匹克遗产体育中心（LOLSC）[①]是体育遗产的代表，该中心由挪威文化部和国际奥委会资助，重点关注挪威年轻运动员和教练以及来自冬季运动经验和机会较少国

---

① IOC. Lillehammer's enduring Olympic legacy［EB/OL］. https://olympics. com/ioc/news/lillehammer-s-enduring-olympic-legacy［2023-08-13］.

家的运动员和教练员的教育。此外，利勒哈默尔将国际奥委会与德科合作实施的国际奥委会运动员职业项目纳入 2016 年冬季青奥会的学习与分享计划，并于 2015 年 6 月首次试验，通过帮助他们学习专业技能和规划未来等方式，为年轻运动员竞技运动之后的生活铺路。

6.3 小　　结

与夏奥会和冬奥会不同的是，青奥会的教育价值更加突出。根据国际奥委会的指导方针，只有 15～18 岁的青少年才能参加 2012 年冬季青奥会。与奥运会不同的是，参加青奥会的青少年运动员将在整个青奥会期间留在主办城市，参加文化与教育计划。国际奥委会致力于帮助 15～18 岁的精英年轻运动员，包括参加世界各地青少年体育赛事的下一代奥运选手，成为赛场上的冠军，同时也成为赛场外生活的冠军。

2010 年新加坡青奥会制定多项体育计划，促进青少年参与体育；2018 年布宜诺斯艾利斯青奥会创新赛事传播渠道，搭建数字化传播体系；2012 年因斯布鲁克冬季青奥会持续积累赛事经验，举办高密度冬季赛事，提升了品牌影响力；2016 年利勒哈默尔冬季青奥会继承 1994 年冬奥会价值，搭建奥林匹克遗产体育中心，持续激励青年参与体育运动。

举办青奥会可以更可能多地影响青少年群体，激发青少年体育参与的兴趣和热情，这是尤为重要的，特别是在体育计划制定上。在赛事场馆的利用上，需要凭借自身优势，依托现有资源，减少场馆建设成本，做到取之于民，用之于民，不仅可以举办相关赛事，而且可以惠及广大群众，特别是青少年群体，实现对场地的生态保护与可持续利用。

第三篇　奥运遗产可持续利用与创新发展的评估分析

| 第7章 | 奥运遗产可持续利用与创新发展研究理论、视角及方法

7.1 理论研究进展

奥运遗产的可持续利用是奥运会举办城市在赛后如何有效管理和利用奥运场馆、基础设施和资源，以推动城市发展和持续改善的重要问题，需要基于扎实的理论研究来指导实践。自奥运诞生以来，学者们对奥运会进行了广泛的研究，形成了多种理论和观点，这些理论及观点对于我们理解和评估奥运遗产的可持续性具有重要意义。目前，对奥运遗产的可持续利用的相关研究仍十分有限，奥运遗产的可持续利用研究涉及经济学、营销学、社会学、人类学、环境学、地理学等多个学科，以及战略管理、社区参与等多个理论。其理论发展与传统的奥运研究之间仍存在较大的差距。本小节以可持续发展理论框架为基础，主要从经济、社会以及环境3个方面梳理了奥运遗产可持续利用相关理论的研究进展。

近几十年来，诸如奥运会的全球性事件为了超越纯粹的经济目标，增添价值并创造公共利益的要求日益增强，这对衡量其各种影响产生了更大的需求，投资全球性事件的合作伙伴更加希望实现的不仅仅是经济目标。虽然早期的影响研究主要集中在经济影响上，但近年来对事件进行综合评估的关注逐渐增加，特别是关注社会和环境方面的影响。正如国际奥委会2017年、2019年以及2020年关于奥运会和残奥会遗产的指导所显示的那样，全球性事件所带来的预期长期效益是广泛的，可以包括健康和福祉、社会发展、人力技能、网络和创新、文化和创意发展、城市发展、环境改善、经济价值和品牌资产[①]。

---

① OECD. How to measure the impact of culture, sports and business events: A guide, Part Ⅰ [EB/OL]. https://doi. org/10. 1787/c7249496-en[2023-08-13].

首先，可持续发展理论是研究奥运遗产利用的重要基础。可持续发展强调经济、社会和环境三个方面的平衡。根据该理论，奥运遗产应当在继承和传承历史文化的基础上，实现经济增长，促进社会公正与包容，并保护环境可持续性。在奥运遗产的利用中，我们需要关注在满足经济发展需求的同时如何保护环境，促进社会进步。这就需要考虑遗产项目的长期影响和可持续性，最大限度地提高其社会经济效益，同时减少对环境的负面影响。从广义上来说，影响可分为以下三个领域：经济、社会和环境，通常称之为"三重底线"①，所有的事件都会在这三个领域产生影响。经济影响包括对东道国区域或参与者造成的直接、间接的额外经济净收益/损失。社会影响包括人们的态度、看法或行为的变化，以及文化影响，如人们创造和分享文化以及自由表达自己的能力的变化。它还包括影响人们日常生活的活动或政策变化。一个事件所产生的废物和排放以及材料和土地的使用都可能产生环境影响。然而，环境影响也可以通过改变对环境和可持续性问题的态度和行为而产生。

7.1.1　经济层面的相关理论

一般均衡理论（General Equilibrium Theory）：一般均衡理论是经济学中的重要框架，用于描述市场经济体中各经济部门之间的相互作用和依存关系，其核心思想是通过分析供求关系以及资源配置来理解经济的运行机制。通过构建模型，考虑奥运设施、基础设施和相关资源的使用与投资效应，以及与其他经济部门的相互依存关系，预测奥运遗产对就业、相关产业发展等经济变量的长期影响[192]。奥运会往往会吸引数万游客前往参观，并为主办城市带来数亿美元的支出。旅游方面资金的大量涌入只是举办奥运会整体影响的一部分。同时，为了接待游客和按标准举办比赛，城市必须在机场、场馆和高速公路等基础设施上进行大量建设。从投入-产出角度来看，奥运会促进经济增长来获得回报的结论存在争议[193]。大部分研究对于奥运遗产经济层面的可持续利用集中关注以下两方面来提高经济效益。一是旅游业发展，奥运遗产作为独特的旅游资源，可吸引国内外游客，促进旅游业的发展。可以探讨如何开发旅游线路、推广旅游产品、提供优

---

① OECD. Impact indicators for culture, sports and business events: A guide-Part Ⅱ [EB/OL]. https://doi. org/10. 1787/e2062a5b-en[2023-08-13].

质旅游服务等，以最大限度地利用奥运遗产的吸引力。Dansero 和 Puttilli[159]认为奥运会结束后会带来更新的酒店和住宿设施、更好的基础设施以及更好的旅游业人力资源，还有举办地国际知名度的提高，应该制定旅游政策来长期维持奥运遗产的积极影响。Brown 等[127]通过基于运动参与、地点评估之间的假设关系模型验证奥运会的独特活动体验不会直接影响旅游者对主办城市的重游意愿。Boukas等[160]探讨了奥运会对雅典文化旅游的影响，并提出利用奥运会后奥林匹克旅游的战略规划框架，以便在主办城市的旅游发展中最大限度地发挥奥林匹克遗产的效益。二是基础设施再利用，即将奥运基础设施转变为商业和公共设施，如转型为会议中心、体育场馆、教育机构等，以提供长期的经济收益和社会服务。Pereira[194]分析了里约热内卢（巴西）为准备 2014 年世界杯和 2016 年奥运会而进行的交通系统的转型，扩建基础设施就可以增加进入奥林匹克体育场馆的人数，进而实现奥运场馆赛后的高效利用。Searle[106]关注到后奥运会时期，悉尼奥运会的两个主要体育场馆都遭遇了严重的收入短缺，为帮助奥林匹克体育场馆，提出并制定了奥林匹克公园主要城市发展的总体规划。

战略规划理论（Strategic Planning Theory）：战略规划理论的起源可以追溯到20 世纪 50 年代，美国政府和企业界开始采用系统化的方法来处理复杂的问题，其中包括了战略规划。哈佛大学教授 Alfred Chandler 是战略管理领域的奠基者之一。他在 1962 年出版的《战略与结构》一书中提出了企业需要制定长期战略规划，以适应不断变化的市场环境。而全面的奥运遗产战略规划，需要明确可持续利用奥运遗产的愿景、目标和具体措施。这包括确定主要发展方向、优先领域和时间计划，以及建立指标和评估体系来监测进展与成果。Boukas 等[160]探讨了雅典奥运会对该市文化旅游的影响以及利用奥林匹克遗产与其他丰富遗产协同发展旅游产品的潜力，并呼吁制定利用奥运会后奥林匹克旅游的战略规划框架，以最大限度地发挥奥运遗产在主办城市旅游发展中的作用。对于 2012 年伦敦奥运会，Bell 和 Gallimore[114]发现多机构伙伴关系在面临外部环境困难时遇到了挑战，但战略规划方法有效地维持了协作和协商的能力。这意味着采用多机构合作的战略规划方法可以帮助提高大型活动的效益。Girginov[110]则强调了设计治理制度的重要性，需要建立一个良好的战略框架和机制，通过国家、市场和社会各方的合作来管理和开发奥运遗产。

城市营销理论（Urban Marketing Theory）：城市营销的实践最初起源于 19 世纪 50 年代的美国西部大开发时期，它是在对城市发展的思考和市场营销理论的借鉴下逐步形成的。这一理论框架为城市的形象塑造、品牌推广和吸引投资等提供了指导，对于城市的可持续发展具有重要意义。奥运会举办城市往往期望通过与奥运会产生深入链接进而形成品牌效应，通过将奥运遗产与城市的内在文化、历史和美食等元素结合，打造独特的城市品牌形象。同时，借助多种媒体渠道和推广活动，将城市的旅游资源和奥运遗产宣传给全球观众，提高城市知名度和美誉度。Li 和 Kaplanidou[195]研究了 2008 年北京奥运会对美国休闲旅行者在目的地形象和个性方面对中国目的地品牌认知的影响，并阐述了在长途客源市场上如何提高目的地品牌的认知度，包括针对不同游客类型制定营销策略、建立合作伙伴关系、持续监测和评估等方面。Zhang 和 Zhao[196]通过研究发现，城市品牌与游客和居民所经历的现实存在差异，以及奥运遗产对城市品牌的影响十分有限。

7.1.2　社会层面的相关理论

社区参与理论（Community Engagement Theory）：社区参与理论强调社区居民在社区事务中的积极参与，以增强社区自治。它强调社区居民作为决策者在社区规划、管理和服务提供方面的重要性。社区参与理论对可持续社区发展、促进社区凝聚力和社区公共健康方面意义重大[197]。在奥运遗产的可持续利用中，社区居民需要与政府、非政府组织、商业机构等各方合作，共同制定并实施相关项目。社区参与理论强调社区居民积极参与决策和规划过程的重要性，以确保他们的声音被听取，并且能够从奥运遗产中受益。社区参与理论促进了信息共享和沟通，强调了社区居民的合作和共同努力。通过社区居民的参与，可以更好地了解他们的需求和关切，并确保奥运遗产的利用符合社区的整体利益。Karadakis 和 Kaplanidou[126]运用社会交换理论，研究了东道主和非东道主居民对奥运会的传统看法，并评估了 2010 年温哥华冬季奥运会前六个月、赛事期间和后六个月居民生活质量的重要性和遗产情况，还强调了不同遗产类别之间的动态关系和对居民生活质量的影响。Potwarka 和 Leatherdale[198]利用加拿大社区健康调查的数据，探讨了 2010 年温哥华冬季奥运会对加拿大青年休闲时间体育活动率的影响，得出大型活动对整个人群的影响可能并不显著，但在特定社区或特定人群中可能存在明显变化的结论。Weed 等[111]因为缺乏关于 2012 年伦敦奥运会内在影响的证据而推断奥运会无法产生体育活动或体育遗产的潜力，认为社区居民的积极参与对于实现奥运会体育活动遗产的政治目标至关重要。Shipway[199]探讨了 2012 年伦敦奥运会和残奥会的潜力，并提出了克服挑战和实现真正变化的建议，作者还强调了社会、教育、文化和健康方面的遗产，并强调通过社区体育机会的支持来推动体育发展。

利益相关者理论（Stakeholder Theory）：作为管理学领域的重要理论，它认为企业的目标不仅是为了股东利益的最大化，还应考虑到所有与企业相关的利益相关者的权益。他将利益相关者定义为对企业决策和行动有利害关系的个人、组织或群体，包括但不限于股东、员工、客户、供应商、政府、社会组织等[200]。该理论鼓励在制定和实施奥运遗产规划时进行利益平衡和权衡。这意味着需要考虑不同利益相关者之间的权益和需求，以找到共同的最佳解决方案。May[201]以1992 年阿尔贝维尔冬季奥运会为例，探讨并评估了旅游业发展对环境的潜在影响，并指出对环境的惠益和成本来自地方经济及其管理中各个层面的利益集团之间的权衡取舍。Reis 等[202]通过对在里约热内卢居住的 24 名体育教育专业人士进行半结构化访谈，发现他们对奥运体育参与遗产了解有限，并且对能为当地社区带来潜在利益的计划和信息披露缺乏认识。Darcy[203]关注到特殊人群，围绕 2000 年悉尼奥运会和残奥会的残疾和无障碍问题展开讨论。

7.1.3　环境层面的相关理论

碳足迹理论（Carbon Footprint Theory）：碳足迹指的是一个活动、产品或组织在其生命周期内所产生的温室气体排放总量。通过应用该理论，可以对奥运遗产的可持续利用进行碳足迹评估，包括奥运场馆后续运营维护、举办各类活动、其他能源消耗等。Cai 和 Xie[204]基于综合城市空气质量建模系统，评估了短期奇偶日交通限制计划对 2008 年北京奥运会会前、期间和会后的交通相关空气污染的影响。Shao 等[205]采用了化学质量平衡模型和环境测量方法，通过计算光化学初始浓度，得出 2008 年北京奥运会期间实施了严格的空气质量控制措施的结论，为评估减少排放源碳氢化合物（HCs）反应性的措施的有效性提供了机会。

城市生态学理论（Urban Ecology Theory）：城市生态学理论强调以生态系统为基础的规划和设计原则，使得奥运遗产的开发和可持续利用与城市周围环境相协调。这包括合理规划场馆、基础设施和公共空间，以最大限度地保留和恢复自然生态系统，并提供良好的生态功能。Long 等[206]讨论了 2008 年北京奥运会对中国城市环境效率的影响。通过使用超边界定向距离函数（DDF）来评估环境效率，从静态和动态两个角度比较了不同地区的环境效率，并分析了奥运会举办前、期间和举办后不同群体的待遇。Collins 等[134]利用生态足迹分析和环境投入–产出建模这两种定量评估方法，并通过实际应用示例来说明它们在奥运会和世界杯等大型体育赛事活动中的应用。

也有一些学者和机构综合性地提出涵盖经济、社会和环境三方面多项指标的评估框架来衡量奥运遗产利用的可持续性，Chappelet[207]于 2019 年提出了一个评估奥运会表现的新框架"奥林匹克钻石"，主要评估奥运会的执行和遗产两个核心方面，该框架基于管理绩效和公共政策评估的经典概念而建立，并由管理学家和政治科学家对公共行动进行测量的验证。

这些研究从经济、社会和环境三个方面，通过不同的理论和研究方法，对奥运遗产可持续利用与创新发展进行了探讨。研究结果涵盖了奥运会对主办城市可持续发展议程的影响、可持续性问题的原因分析、利益相关者的角色和视角、环境评估、治理机制、可持续性可视化等多个方面。这些研究为奥运遗产的利用和可持续发展提供了重要的参考和指导。

此外，方法论的选择也对研究奥运遗产可持续利用起着重要作用。学者使用了多种方法来研究这个主题，包括定性研究、定量分析等（表 7-1）。定性研究方法可以通过深入访谈、焦点小组讨论等方式收集利益相关者（观众、举办地居民、运动员、教练员、裁判员以及赛事组委会工作人员）的相关观点和意见，从而得出有益于奥运遗产利用的建议。定量分析方法可以通过统计数据和问卷调查等手段，对遗产项目的经济和社会效益进行评估。

表 7-1　2013～2022 年奥运遗产可持续利用相关研究部分使用方法

研究人员	年份	理论基础	使用方法	研究方法性质
Gold 等[27]	2013	可持续发展理论	案例分析法	定性研究
Müller[208]	2015	政策流动和可持续性理论	半结构化访谈	定性研究
Parent 等[209]	2015	利益相关者理论	案例分析法、访谈	定性研究
Leader 等[210]	2017	可持续发展理论	环境评估方法	定性研究+定量分析
Kromidha 等[211]	2019	福柯治理理论	访谈	定性研究
Lauermann[212]	2020	城市可持续性和视觉分析理论	视觉分析技术	定性研究
He 等[213]	2020	可持续发展理论	问卷、访谈	定性研究

研究人员	年份	理论基础	使用方法	研究方法性质
Baroghi 等[214]	2021	可持续发展理论	专家指标评估	定性研究
van Wynsberghe 等[215]	2021	合法化策略框架	文献分析	定性研究
Kim 等[216]	2021	可持续发展理论	案例研究、半结构化访谈	定性研究+定量分析
Zhu 等[217]	2022	可持续发展理论	指标评估	定量分析

综上所述，奥运遗产可持续利用与创新发展研究的理论、视角和方法涵盖了可持续发展理论、利益相关者理论以及定性研究、定量分析和案例研究等方法。通过更加深入的研究和探索，可以更好地理解和应用奥运遗产，为社会经济的可持续发展作出贡献。

7.2 评估视角研究进展

7.2.1 总体评估

当前对于奥运会等大型活动的可持续性进行评估的独立研究很少，并且往往仅限于一场比赛，同时使用的是无法互相比较的模型，无法进行纵向对比研究。但依然有学者将目标放在了如何评估连续多届奥运会的可持续影响问题上。Müller 等[218] 在 2021 年发表在 *Nature Sustainability* 的研究中，开发并应用了一个包含九个指标的模型来分析从 1992 年阿尔贝维尔到 2020 年东京共计 16 届夏季和冬季奥运会，区别于传统可持续性研究的经济、社会以及环境划分，该模型中九个指标具体包括：新建建筑、游客足迹、事件规模、公共认同、社会安全、法律规则、预算平衡、财务披露以及长期经营，分别属于生态、社会和经济三个方面（图 7-1）。

该研究的模型表明，奥运会的整体可持续性是中等水平的，且随着时间的推移而下降。2002 年盐湖城冬奥会是这一时期最具可持续性的奥运会，而 2014 年索契冬奥会和 2016 年里约热内卢奥运会则是最不可持续性的奥运会。然而，没有奥运会在顶级类别中得分。有三项行动应该可以使奥运会举办更可持续：第

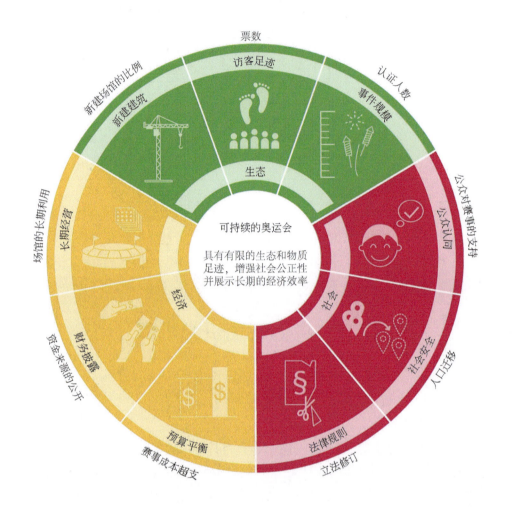

图 7-1 Müller 奥运会可持续性的定义和概念模型

一，大大减小项目规模；第二，重复利用奥运会相关遗产；第三，执行独立的可持续发展标准。

总体而言，有关奥运会可持续性的总体评估主要存在以下限制。

一是研究的客观性，当前对于大型活动可持续性的定义和评估仍没有公认的标准，因此评估过程中可能存在研究人员的主观判断，不同的研究也会采用不同的评价指标和方法，进而导致研究结果的差异。

二是数据的可靠性，评估奥运会可持续性所需的数据可能难以获取或缺乏可靠性，尤其是与环境、社会和经济相关的复杂数据，缺乏可比较的数据集及长期追踪数据也会影响评估的准确性和可信度。

三是归因问题，因为奥运会举办地区可能同时受到其他因素的影响，如政策变化、经济发展等，所以确定奥运会所导致的可持续性具体影响往往十分困难，将奥运会的效应与其他因素相区分和归因可能存在挑战。

四是奥运会的长期效应，奥运会的可持续性评估通常侧重于活动本身，而对长期效应的评估较少。例如，奥运会是否能够持续地激发人们参与体育运动以及增强环境意识或促进社会和谐稳定与文化交流等，这些长期效应的评估相对困难。

这些限制意味着我们无法全面准确地评估奥运会的可持续性影响，为了更好地理解奥运会的可持续性，未来的研究需要在数据收集和评估方法层面进一步改进，并探索更多的创新解决方案。

评估主办奥运会等大型多项体育赛事的影响一直是学界以及全球各组织机构研究的重点，其难点往往在于各项数据指标的选择与获取。全球活动（包括文化、体育和商业活动）可以对当地的发展产生重大影响，经济合作与发展组织（OECD）在 2023 年制定了全球事件对当地发展影响指标框架，该框架在经济、社会、环境三方面给出了 9 个核心指标和 9 个附加指标，旨在帮助主办者了解活动的经济、社会和环境影响，并根据评估结果制定相关的策略和改进措施①（表 7-2）。

表 7-2　经济合作与发展组织的全球事件对当地发展影响指标框架

领域	核心指标/附加指标	指标
经济	核心	总净经济影响（包括直接和间接的对东道主经济的影响）
		创造/支持的总工作岗位数量
		支付给当地供应商、中小企业和社会企业的合同价值比例
	附加	赛事后游客增加的比例
		通过赛事相关项目新技能培训的人数
		为赛事相关活动重新利用的未使用空间面积

① OECD. Impact indicators for culture, sports and business events: A guide-Part Ⅱ [EB/OL]. https://doi. org/10. 1787/e2062a5b-en[2023-08-13].

续表

领域	核心指标/附加指标	指标
社会	核心	报告参与频率增加的目标群体比例（在文化、体育、商业等方面）： 1. 体育：体育参与率；体力活动增加 2. 文化：积极参与；被动参与 3. 商业：B2B 会议；新合作伙伴 报告健康和福祉变化的目标群体比例 来自弱势群体的赛事参与者比例
	附加	报告社区居民自豪感变化的比例 报告对弱势群体正面看法变化的公众比例 志愿者参与意愿增加的比例
环境	核心	总碳足迹（不包括碳补偿） 从垃圾填埋场转移的废物比例 报告向更可持续行为转变的目标群体比例
	附加	符合可持续性标准的合同价值比例 水足迹 与赛事相关的空气污染水平变化的比例

7.2.2　经济视角

从经济视角对奥运遗产的评估总体分为直接经济影响（以评估奥运举办地区净经济变化的指标为主）和间接经济影响（包括由旅游业传导的企业附加值和由收入增加传导的家庭额外支出）。

直接经济影响和间接经济影响是经济影响评估中常用的两个概念，它们描述了特定活动或事件对经济产生的效应。直接经济影响是指与特定活动或事件直接相关的经济效应。这些效应通常可以直接量化或测算，是由该活动或事件直接引起的经济变化。间接经济影响则指与特定活动或事件间接相关的经济效应。这些效应不是直接由该活动或事件引起的，而是通过产业链或经济连锁反应间接发生的经济变化。间接经济影响可能涉及供应商、分销商、相关产业和消费者等各个环节。

直接经济影响的评估需要注意的是在财务和经济数据处理时，需要以净增价值为衡量标准，而间接经济影响的评估需要考虑更多方面，包括企业贸易、就业与教育、基础设施建设、创业创新等更为深远的影响。用以衡量经济影响的指标总体上可以分为三大类：地区经济统计指标、地区财务统计指标和地区其他统计指标。

地区经济统计指标以总增加值（GVA）和国内生产总值（GDP）的净增加值为主，通过比较奥运举办前后地区生产总值数据可以从总体上进行评估，在考虑深远间接影响时需要对事后地区生产总值作更长远的评估[15,219]。除此之外，经济指标还包括消费指标与投资指标，消费指标反映了奥运导致的居民消费行为变化，包括零售销售额、消费者信心指数、旅游行业相关指标等；投资指标则反映了对举办地区投资意愿及投资环境的改变，包括固定资产投资、外商直接投资等指标。

地区财务统计指标聚焦于地方财政收入与支出，包括税收收入和财政预算的整体变化，地区财务统计指标往往包含了直接的经济增长与间接影响的综合变化。

其他统计指标则通过衡量就业情况、教育研究和基础设施建设等以评估其对经济方面的作用[11]。就业情况通过奥运创造的直接和间接就业机会、失业率、志愿者人数等指标反映就业带来的经济效益；教育研究通过教育技术应用、科研项目增长、教育经费开支等指标反映教育与科研成果对经济增长的贡献；基础设施建设通过衡量基础设施覆盖率、基础设施承载能力、运输和通信效率等指标反映基础设施建设对经济增长的贡献。

奥运会的成本和收入作为衡量奥运会经济影响的重要维度往往最先被各主办国优先考虑，成本包括为奥运会的场馆建设、人力、交通疏导、安保等方面所支付的费用，而收入则包括来自门票、广告、赞助等方面的收入。如果成本超出了收入，就意味着该地区或国家需要为奥运会承担额外的财政压力，可能需要从其他领域的经费中转移资金来支付这些费用。

7.2.3　社会视角

从社会视角对奥运遗产的评估往往涵盖各方面的因素，从这一视角进行的评估具有两个特征：一是因为难以测量的无形因素较多，一般采用定性方法进行衡量与评估；二是测量和评估结果往往具有较强的主观感知因素，衡量指标间接反映评价主体的主观感受。而奥运遗产的评估主体包括奥运活动参与者、奥运举办地居民以及赛事观众。总体来看，社会视角的评估指标包括主体幸福感、观念态度转变、社区建设及文化传承。从社会视角进行测量时，往往采用以下几种方式进行数据收集：问卷调查、采访与访谈、舆情监测，三者都具有较强的主观性。问卷调查适用于快速获取大量数据，但需要注意方式方法的选择和问卷数据的处理。采访与访谈的优点在深入了解主体的观点体验，但受限于样本数量，结果代表性较差。以社交媒体数据为代表的舆情监测能迅速获得大量公众反馈并分析影响趋势，但仍受限于互联网群体且存在较大的分析测量难度[124]。

主要的衡量指标包括：反映主体幸福感的生活满意度、快乐指数及情绪健康程度，反映观念态度转变的偏见认知改变程度、文化包容性、性别和种族平等观念，反映社区建设的社区凝聚力、社区参与度、社区设施利用率与满意度，反映文化传承的体育文化活动参与度、体育教育普及率、本地文化遗产保护程度等。

7.2.4　环境视角

从环境视角对奥运遗产的评估总体上包括环境可持续发展与资源可持续利用两方面。具体的评估项目主要包括碳排放、能源消耗、水资源利用、垃圾和废弃物管理、生态保护和绿色空间、环境保护意识提升等方面。基本的评估标准基于联合国可持续发展目标（SDGs），参考各国的环境保护与可持续发展标准，目前指定的环境影响评估框架往往不够全面，衡量时间周期较短，仍存在一些不足。

碳排放是衡量奥运会环境影响最主要的指标之一，包括奥运活动期间所有温室气体排放量，包括运输、能源使用等阶段。除此之外，能源消耗也是评估奥运会环境影响的重要标准之一，包括奥运场馆和活动设施使用的电力、燃料等能源。水资源利用则从水消耗量和水资源保护计划、节水措施等几个指标进行衡量。垃圾和废弃物管理需要对奥运活动期间产生的废物、垃圾总量进行测算，并且评估垃圾分类、运输、回收、处理的方式及效果。通过评估测算奥运场地周围自然保护区受影响程度和保护措施、评估奥运场地内外绿色空间体积，可以评估生态保护方面的价值。环境保护意识提升则可以通过教育和宣传活动数量、质量及公众参与程度进行测量。

在选择不同视角对奥运遗产进行评估时，需要明确不同方法的缺陷与不足，通过比较和选择，综合各视角，才能得到更为全面客观的评估结果。为了得到准确的评估结果，需要根据具体情况选择和权衡不同视角及不同指标，进行定性和定量分析。经济视角的主要缺陷在于难以将奥运遗产对经济增长的贡献完全剥离，尤其难以分析其深远的经济影响和贡献，在评估时需要注意把握时间跨度和经济指标的选择。而在社会视角下对奥运遗产的评估依赖于主体的主观意识和个体差异的影响，缺乏客观指标，并且具有较大的操作难度，在评估时需要投入大量时间和精力进行数据收集与分析。环境视角下对奥运遗产的影响进行测量和评估则存在复杂性、不确定性和模型假设不完善、时间尺度选取不合理等不足，在进行评估时需要充分考虑这些局限性，并采用合适的方法、数据和模型，结合专业知识和实地观察，以获取更全面和准确的结果。

第 8 章   奥运遗产可持续利用与创新发展综合评估

8.1　研究目的

《奥林匹克宪章》阐明国际奥委会的重要作用是，促进奥运会对主办城市和主办国的积极影响。遗产和可持续性相互关联、相辅相成，但又截然不同。遗产是指将奥林匹克运动的愿景付诸实践所带来的长期利益或成果，而可持续性是指在决策过程中采用的战略和流程，以最大限度地发挥社会、经济和环境领域的积极影响并最大限度地减少负面影响。大型体育赛事是当今世界重要的文化和经济活动，不仅可以提升城市形象和国家影响力，也能促进经济发展和社会进步。然而，这类赛事的举办过程中存在着一些潜在的环境和社会问题，如能源消耗、废弃物处理、社会治安、文化冲突等。因此，研究大型体育赛事的可持续性影响，对于推动可持续发展和绿色生活方式至关重要。

举办奥运会被认为是世界上最重要的事件之一，吸引了数以百万计的人、大量的投资和经济活动。然而，成功的体育赛事与超越比赛本身的挑战相关联。奥运会主办国必须对设施和场馆的长期可持续性进行规划，重点是平衡社会、经济和环境目标的可持续管理政策。本研究旨在探讨奥运主办国与可持续发展相关的政策及成效。

衡量举办奥运会对主办国带来了多大的可持续发展增长效应/衰减效应，有助于全面理解奥运会举办与可持续发展之间的逻辑关系，为持续释放奥运会体育治理效应提供经验证据。本研究创新点是从宏观赛事评估视角，对奥运会这一大型体育赛事的可持续发展水平效应展开评估，并计算了主办国具体的赛事效应值，丰富了有关大型体育赛事影响的研究，为后续举办大型体育赛事提供经验与证据；在方法使用上，采用回归控制法，有效规避了双重差分等方法难以寻找到合适控制组的缺陷，解决了模型内生性问题，使评估结果更为可靠[220]；本研究从理论上构建了奥运会与可持续发展之间的逻辑关联，并从侧面论证了大型体育赛事的举办对主办国可持续发展的重要作用，同时也在实践层面为奥运会举办国可持续发展的相关决策提供参考和借鉴。

8.2 研 究 方 法

8.2.1 方法模型：回归控制法

要想识别奥运会对举办国可持续发展的影响效应，最直接的办法是纵向对比主办国可持续发展水平增长率/下降率在举办奥运会前后的变化情况。然而，这会受到同时期出现的其他变化或外部干扰的影响，进而影响评估的准确性。比上述方法更加科学的是双重差分法，其使用的前提是实验组和控制组除了在该政策上不同外，其他情况完全相同，但是符合条件的控制组往往求而不得。Hsiao 等[221]提出了回归控制法（Regression Control Method），其基本思想是：利用截面个体之间的相关性，以未受政策干预的控制组来估计实验组在受到政策干预之后不可观测的反事实结果[222]。

假设y_{it}为国家i在时间t的结果变量，T_{0+1}为赛事举办冲击时间点，y_{it}^0和y_{it}^1分别为主办国个体接受赛事干预前后结果，则赛事效应为$\Delta_{it} = y_{it}^1 - y_{it}^0$。使用回归控制法构造合理的控制组，并利用控制组模拟实验组，估计如果没有举办奥运会的反事实可持续发展效应。

8.2.2 变量选取和数据来源

本研究选择回归控制法，将该主办国奥运会举办年份时间节点视为准自然实验，并依据20个国家之间的相关性构造实验组的"反事实预测"，深入分析和评估奥运会对主办国可持续发展的影响效应。

8.2.2.1 实验组和控制组选取

实验组为中国，即2008年北京奥运会主办国。控制组主要从与举办国经济体量的相似性和同时期申请奥运会举办的国家方面考量，同时考虑举办国发展的时间阶段性。除去 1990～2021 年的奥运会主办国，选定德国、南非、瑞典、阿根廷、法国、西班牙、保加利亚、瑞士、波兰、卢森堡、新加坡、爱尔兰、阿拉伯联合酋长国、丹麦、荷兰、比利时、沙特阿拉伯、芬兰、法国、新西兰这 20 个国家为控制组。

8.2.2.2 被解释变量的测算

以可持续发展水平指标为被解释变量来衡量主办国可持续发展水平的增长/下降情况。可持续发展水平指标从经济、社会、环境三个维度进行测算（表 8-1），经济维度以人均 GDP 为主要衡量指标，社会维度以人类发展指数（HDI）为主要衡量指标，环境维度以人均物质足迹为主要衡量指标，运用熵值法测算权重，最终获得该国的可持续发展水平指标。

表 8-1　可持续发展水平指标测度

一级指标	二级指标	三级指标	数据来源
经济	人均 GDP	人均 GDP＝GDP 总量÷年平均人口	世界银行
社会	人类发展指数（HDI）	预期寿命	人类发展指数数据库
		教育水平	
		生活质量	
环境	人均物质足迹	人均物质足迹：为满足最终消费需求而提取的原材料总量除以人口	联合国开发计划署相关网站和可持续发展数据库等

8.2.2.3 实施基期

以每届奥运会举办年份即实施基期 T_0 为时间节点，前处理期（Pre-treatment Period）为 1990～2008 年，后效应期（Post-treatment Period）选择实施基期 2008～2021 年，即举办到赛后跨度 13 年。

8.2.2.4 数据来源

采用包括主办国在内的 21 个国家 1990～2021 年国际面板数据。数据来源包括世界银行、人类发展指数数据库、联合国开发计划署相关网站和可持续发展数据库等。指标体系构建原则需满足奥运会可持续发展三方面要求，时间尺度和区域尺度一致，以及数据可测度和易获取。

8.3 实证结果分析

8.3.1 回归控制分析结果

本研究使用颜冠鹏和陈强[223]开发的 RCM 程序包来执行模型的具体估计。基于 Lasso-OLS 回归的运算，结果见图 8-1。

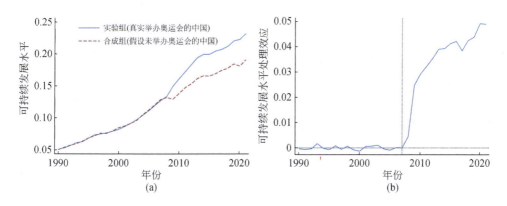

图 8-1 2008 年北京奥运会的可持续发展水平及处理效应

以中国 2008 年北京奥运会为例进行说明。运用控制组 20 个国家 2000～2021 年的各变量数据拟合反事实的中国可持续发展水平变化趋势，采用 Lasso-OLS 方法共选择了 5 个变量进行拟合，模型回归的拟合优度高达 0.998 75，说明在举办 2008 年北京奥运会前，合成组（假设未举办奥运会的中国）的可持续发展水平与真实值的相似度很高。计算合成组（假设未举办奥运会的中国）的可持续发展水平及事实结果，并与真实值进行比较，生成拟合图。从图 8-1 可知，在 2008 年北京奥运会之前，实验组（真实举办奥运会的中国）与合成组（假设未举办奥运会的中国）的可持续发展水平曲线贴合度很高，处理效应在 0 值上下浮动；而在举办 2008 年北京奥运会之后，两者可持续发展水平变化趋势出现背离，实验组（真实举办奥运会的中国）的可持续发展水平大于合成组（假设未举办奥运会的中国），且处理效应呈现逐年递增趋势。上述结果表明，2008 年北京奥运会举办显著提高了可持续发展水平，平均处理效应为 0.0364。

8.3.2 稳健性检验

回归控制法也存在一定的缺陷，如可能存在其他遗漏变量或者其他政策的干扰，对预测产生影响。为验证分析结果的可靠性，本研究进行如下稳健性检验。

8.3.2.1 时间安慰剂检验

设定虚假的事件实施时点，对各试验省份可持续发展水平重新进行估计，将设立的举办奥运会时间提前至 2000 年，检验结果如图 8-2 所示。在反事实的事件时点之前，真实曲线与合成曲线拟合得很好；在反事实的事件时点与真实的事件时点之间，合成的反事实可持续发展水平变化曲线和真实的可持续发展水平变化曲线拟合度依旧较高，变化趋势也极为相似，没有明显的事件效应；政策效应的拐点没有出现在反事实事件时点处，而是依旧出现在真实的事件时点处。上述结果表明，试验国家可持续发展水平的提升主要来源于举办奥运会的外生冲击，而不是其他因素的干扰，因此，前文的分析结论具有稳定性。

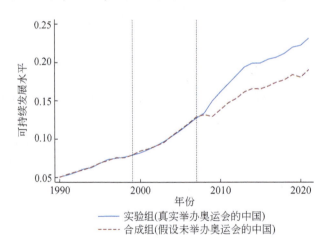

图 8-2 时间安慰剂检验结果

8.3.2.2 排序检验

通过随机选取控制组中任一国家，假设该国家也接受了奥运会事件冲击，利用回归控制法模拟出可持续发展水平增长的反事实预测值，估计在该情况下出现的事件效应。如果实际的事件效果与假定的事件效果之间的差异足够大，即相互区别的能力强，则统计上是可信的[224]。本研究对 8 个控制组国家均进行了类似的排序检验，图 8-3 展示了中国和控制组国家的差异分布情况。由图 8-3 可见，在 2008 年之前中国可持续发展水平增长率真实值与预测值差距和其他国家可持续发展水平增长率真实值与预测值差距之间的区别并不明显，但在 2008 年之后，中国的事件处理效应显著地分布于控制组国家的外部，二者的区别显著。这表明举办奥运会对中国可持续发展水平具有显著的促进作用，结论稳健。

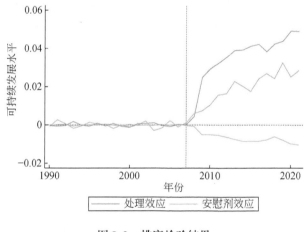

图 8-3　排序检验结果

8.4　研究结论与展望

数据显示，奥运会对中国的可持续发展水平具有显著的促进作用。奥运会的举办对中国可持续发展产生了积极的影响。这可能是由于奥运会带来的经济投资、基础设施建设和环境保护等因素的综合效应。通过奥运会，中国提高了环境保护、资源管理和社会发展等方面的能力，推动了可持续发展目标的实现。

这就需要在大型赛事的筹备和举办过程中，充分考虑可持续发展的原则和目标，如资源有效利用、碳排放减少、社会公平与包容等，这样才能实现大型体育赛事与可持续水平效应的双丰收。经济方面，奥运会的举办应促进经济发展，但要避免过度依赖大型体育赛事的短期经济效应。重点应放在长期可持续发展和结构转型上，鼓励科技创新和产业升级，推动高新技术和绿色产业的发展，实现经济增长与环境保护的双赢；社会方面，大型体育赛事需要提供公平的就业机会和培训计划，特别是关注社会弱势群体的需求，加强社会福利和社会保障体系，保障劳动者权益，提高生活质量和幸福指数；环境方面，应致力于减少环境污染和资源消耗。通过推广清洁能源和可持续发展技术，减少碳排放和能源浪费。

但是，本研究仅为综合的赛事效应测算提供方法和思路，存在一定局限性。时间尺度上，未来可以采用更长时间尺度进行预测；可持续发展水平的测算上，未来可以丰富指标体系和优化权重，使得大型赛事可持续发展水平效应的评估更为精准；实验组选择上，本研究仅选择中国 2008 年北京奥运会作为研究对象，未来更多奥运会事件效应有待评估，需要针对不同国家类型和背景进行差异化比较。大型体育赛事赛后研究具有重要的现实意义，可以为未来类似赛事的策划和举办提供宝贵的经验和参考，同时也有助于了解赛事对经济、社会、环境等方面的影响，推动可持续发展和赛事遗产的有效管理。

第9章 奥运遗产环境影响之热岛效应实证分析

9.1 研究设计

奥运会作为世界最大的体育盛事之一，为主办城市带来了许多机会和挑战。随着奥运会的举办，城市往往需要进行大规模的基础设施建设、场馆建造和城市改造，以及吸引大量的游客和参与者。这些变化不仅对当地经济和社会产生重要影响，也对城市环境和可持续发展提出了新的要求。城市热岛效应是指城市相对于周围乡村或开阔地区温度更高的现象。它是城市化过程中自然和人为因素相互作用的结果，主要由城市表面的建筑物、道路、工业设施、车辆排放和能源消耗等引起。城市热岛效应不仅会导致城市内部温度升高，还会对气候、空气质量和城市生态系统产生深远影响。奥运遗产的建设与城市热岛效应密切相关。首先，奥运会通常需要投入大量资源建设新的场馆、交通网络和城市基础设施，这些新建筑物和设施的热特性可能会进一步加剧城市热岛效应。其次，奥运遗产的使用与管理也会对热岛效应产生重要影响。例如，场馆的能源使用、城市绿化和规划决策都会影响城市热岛效应的强度和空间分布。因此，研究奥运遗产与城市热岛效应之间的关系具有重要意义。深入了解奥运遗产对热岛效应的影响可以提供指导城市规划与管理的科学依据，促进可持续城市发展和改善城市居民的生活质量。此外，通过对奥运遗产的热岛效应进行评估和监测，可以为未来的奥运会和其他大型体育盛事的举办提供经验教训，以更好地利用和管理奥运遗产，最大限度地减轻对城市环境的不利影响。

传统的城市热岛效应研究通常使用气象站点数据进行分析，然而这种方法受限于采样点有限和空间覆盖范围窄的问题。近年来，随着遥感技术的快速发展，特别是多光谱卫星遥感影像的广泛应用，利用遥感影像对城市热岛进行评估和监测已成为一种重要的方法。遥感影像技术可以提供大范围、高分辨率的地表温度数据，为评估城市热岛效应提供了强有力的工具。通过分析遥感影像中的地表温度分布，可以揭示城市热岛的形成机制、空间格局以及城市热岛与城市化进程、土地利用和建筑特征的关系。此外，遥感影像还可以提供其他相关信息，如植被覆盖、土地利用类型等，有助于深入理解城市热岛效应背后的生态环境因素。基于此，本研究以北京市为例，基于回归控制法评估奥运赛事的举办对城市热岛效应的影响，主要包括数据预处理、温度提取、统计分析和奥运效应分析四部分。

9.2　研究区概况与数据来源

9.2.1　研究区概况

本研究选择北京市作为研究区域。北京市位于中国华北平原，地势东北高、西南低，气候属于温带大陆性季风气候，四季分明，夏季炎热多雨，冬季寒冷干燥。北京市包含耕地、森林、草地、水体、湿地和人造地表等多种复杂的地表覆盖类型，其中植被类型以温带落叶阔叶林为主，城市内也存在大量人工绿化和公园景观。作为全国的政治中心、文化中心、国际交往中心和科技创新中心，北京市成功举办过2008年夏季奥运会和2022年冬季奥运会，拥有丰富的奥运遗产。这些奥运遗产的开发、建设和利用对北京市的发展和城市环境产生了重要影响。研究奥运遗产对北京市热岛效应的影响，对于揭示奥运遗产在城市热岛形成机制中的作用、理解城市气候与环境交互作用、推动城市可持续发展具有重要意义。

9.2.2　数据来源

本研究基于 MODIS 遥感数据进行地表温度提取。MODIS 具有 36 个中等分辨率水平（$0.25 \sim 1\mu m$）的光谱波段，每 $1 \sim 2$ 天对地球表面观测一次，获取陆地和海洋温度、初级生产率、陆地表面覆盖、云、气溶胶、水汽以及火情等目标的图像，波谱范围覆盖 $0.4 \sim 14\mu m$，热红外波段有 8 个（波长范围为 $8.4 \sim 14.385\mu m$），包括 B_{29}、B_{30}、B_{31}、B_{32}、B_{33}、B_{34}、B_{35}、B_{36}，MODIS 第 1 和第 2 波段分辨率为 250m，第 $3 \sim 7$ 波段分辨率为 500m，其他波段分辨率为 1000m，其中第 31 和第 32 波段与 AVHRR 的第 4 和第 5 波段的波谱范围十分接近。因此，其空间分辨率和时间分辨率都非常适用于地表温度反演研究。虽然遥感观测为瞬时观测，但闵文彬等将 MODIS 卫星反演的瞬时地表温度与月平均温度和年平均温度进行对比分析，发现其相关系数都在 0.85 以上，相关性较好，因此可用卫星反演温度来合成月平均温度。本研究所用的 MODIS 数据产品为 MODIS B1 产品，时间跨度为 2000～2022 年逐日数据。同时，本研究基于气象站温度观测数据进行地表温度提取的精度验证。

本研究所用 MODIS 数据的预处理主要包括几何校正和影像去云。本研究基于 MODIS HDF 包含的经纬度数据集进行几何校正，即通过 GCP 控制点的投影转换对遥感影像进行几何校正。为了提高 MODIS 影像的质量，需要对几何校正后的影像进行去云处理。去云处理主要采用参考影像校正待去云影像的方法，对待去云影像应用形态学扩张的双阈值云识别算法检测影像中的云。

9.3 研究方法

9.3.1 劈窗算法

本研究基于白天的地表温度来表征城市热岛效应，并利用劈窗算法进行地表温度提取。该算法以大气辐射传输方程为基础，通过选取 MODIS 数据两个相邻的热红外波段第 31 和第 32 波段来反演地表温度，算法需要估算比辐射率、大气水汽含量、大气透过率以及 MODIS 第 31 和第 32 波段的亮度温度等，该算法地表温度 T_s 用以下公式表示：

$$T_s = A_0 + A_1 T_{31} - A_2 T_{32}$$

式中，T_s 为地表温度；T_{31}、T_{32} 分别为 B_{31}、B_{32} 的亮度温度；A_0、A_1、A_2 均为参数，具体计算如下：

$$A_0 = \frac{a_{31} D_{32}(1 - C_{31} - D_{31})}{D_{32} C_{31} - D_{31} C_{32}} - \frac{a_{32} D_{31}(1 - C_{32} - D_{32})}{D_{32} C_{31} - D_{31} C_{32}}$$

$$A_1 = 1 + \frac{D_{31}}{D_{32} C_{31} - D_{31} C_{32}} + \frac{b_{31} D_{32}(1 - C_{31} - D_{31})}{D_{32} C_{31} - D_{31} C_{32}}$$

$$A_2 = \frac{D_{31}}{D_{32} C_{31} - D_{31} C_{32}} + \frac{b_{32} D_{31}(1 - D_{32})}{D_{32} C_{31} - D_{31} C_{32}}$$

式中，$a_{31} = -64.603\ 63$；$b_{31} = 0.440\ 817$；$a_{32} = -68.725\ 75$；$b_{32} = 0.473\ 45$；C_i、D_i 均为参数，计算如下：

$$C_i = \varepsilon_i \omega_i$$
$$D_i = (1 - \omega_i)\left[1 + (1 - \varepsilon_i \omega_i)\right]$$

式中，ε_i 为地表比辐射率；ω_i 为 i 热通道大气透过率。

亮度温度的计算公式如下：

$$T_{31} = \frac{K_{31,2}}{\ln\left(1 + \dfrac{K_{31,1}}{\mathrm{Rad}_{31}}\right)}$$

$$T_{32} = \frac{K_{32,2}}{\ln\left(1 + \dfrac{K_{32,1}}{\mathrm{Rad}_{32}}\right)}$$

式中，T_i 为亮温；$K_{31,1} = 729.541\ 636$；$K_{31,2} = 1304.413\ 871$；$K_{32,1} = 474.684\ 780$；$K_{32,2} = 1196.978\ 785$；Rad_i 为 i 通道的辐射亮度。

本研究基于 GEE 平台，拼接处理生成每 8 天白天的平均地表温度，并在此基础上计算平均值获得 1 ~ 12 月的平均地表温度（LST），然后在 12 个月数据基础上计算平均值获得 2000 ~ 2022 年平均地表温度（LST）。

9.3.2　景观分析

景观格局指数不仅能够反映景观的时空分布特征和结构特征，还能量化地反映景观格局的变化，因此采用蔓延度指数（CONTAG）、均匀度指数（SHEI）和多样性指数（SHDI）分析热岛效应的动态变化。CONTAG 描述景观中不同类型景观成分的团聚程度或延展趋势，数值越大，某优势斑块连接性越好，反之，要素格局散布，碎化程度高。SHEI 描述景观中各类斑块分配的均匀程度，值越大，分配越均匀，值越小，景观受到一种或少数几种优势拼块类型所支配。SHDI 综合反映景观格局的丰富程度和复杂度，值越大，斑块类型越多或各斑块类型分布越均衡。具体计算公式为

$$\mathrm{CONTAG} = \left\{1 + \frac{\displaystyle\sum_{i=1}^{m}\sum_{k=1}^{m}\left[p_i\left(\frac{g_{ik}}{\displaystyle\sum_{k=1}^{m} g_{ik}}\right)\right] \times \left[\ln p_i\left(\frac{g_{ik}}{\displaystyle\sum_{k=1}^{m} g_{ik}}\right)\right]}{2\ln m}\right\} \times 100$$

式中，p_i 为景观中斑块类型 i 的面积比例；g_{ik} 为斑块类型 i 和斑块类型 k 之间节点数；m 为斑块类型总数。

$$\text{SHEI} = \frac{-\sum_{i=1}^{m}(p_i \times \ln p_i)}{\ln m}$$

式中，p_i 为景观中斑块类型 i 的面积比例；m 为斑块类型总数。

$$\text{SHDI} = 1 - \sum_{i=1}^{m} p_i^2$$

式中，p_i 为景观中斑块类型 i 的面积比例；m 为斑块类型总数。

9.3.3　回归控制法

本研究基于回归控制法量化奥运会等赛事的举办对城市热岛效应的影响，以实现奥运效应评估。回归控制法由 Hsiao 等[221] 提出，其基本原理是：地表温度会受到一些无法量化的因素影响，但是可以通过分析各横截面之间的相关性，基于未受奥运干预的控制组样本，来预测实验组的未举办奥运会的反事实结果，并以此来评估奥运会的举办对实验组的热岛效应的影响。具体计算公式为

$$\hat{\Delta}_{it} = y_{1t}^1 - \hat{y}_{1t}^0 \quad (t = T_{0+1}, \cdots, T)$$

式中，$\hat{\Delta}_{it}$ 为奥运效应评估值；y_{it} 为地区 i 在时间 t 的结果变量；T_{0+1} 为奥运效应的冲击时间点；$\hat{y}_{1t}^0$ 和 y_{1t}^1 分别为奥运效应干预前后的结果。

9.4　结果与分析

9.4.1　热岛效应分析

基于对北京市 2000～2022 年地表温度的测算结果，可以观察到明显的年际变化趋势（图9-1）。2000 年，北京地表温度较高，达到21.36℃。随后的2001～2009 年，地表温度在相对较窄的范围内波动，维持在 17.49～18.77℃，这种稳定的温度变化可能受到区域气候系统的调节。2010 年和 2021 年呈现出较低的地

表温度，分别为 16.62℃和 15.74℃。2011 年和 2012 年继续保持较低水平，分别为 17.55℃和 16.95℃。2013～2020 年，北京地表温度整体抬升，范围在17.93～19.07℃。2021 年的地表温度突然下降，并维持在较低水平，而在随后的 2022 年，地表温度又迅速回升，达到 18.92℃。

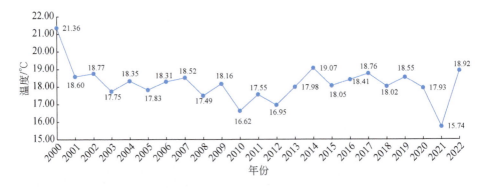

图 9-1　北京市年均地表温度变化

从整体趋势来看，大部分地区的地表温度在 2000～2022 年呈现出波动上升的趋势。2000～2022 年，不同地区的地表温度都呈现出逐年增加的趋势。区域之间存在差异，东城区、西城区、朝阳区、海淀区等城市中心地区的地表温度相对较高，且波动较小，可能受城市热岛效应影响，这些地区的发展和人口密度较高。而怀柔区、密云区、延庆区等相对较远离市中心的郊区地区的地表温度相对较低，波动相对较大，受城市影响较小。年际变化也存在一定的规律，2000～2022 年，各地区的地表温度普遍升高，其中怀柔区和延庆区的升温幅度相对较小。2003 年前后是多个地区地表温度升幅较大的时间点。2000～2005 年，地表温度波动较小，随后开始出现逐年增加的波动，尤其是 2010 年以后。郊区（如怀柔区、密云区、延庆区）的地表温度波动较大，可能与地理、气候等因素有关。

从不同地区来看，东城区从 2000 年开始地表温度逐渐上升，但在 2009 年前后出现一个小幅度的下降，之后继续上升，整体呈现升高的趋势。特别是在 2020～2021 年，地表温度明显上升。西城区地表温度在 2000～2003 年保持相对稳定，之后呈现出逐渐上升的趋势，特别是在 2011 年后增速较快。在 2021 年，西城区的地表温度达到峰值。朝阳区 2000～2003 年地表温度有轻微下降，之后逐渐上升，呈现出较为平稳的上升趋势。2021 年，朝阳区的地表温度达到峰值。丰台区地表温度在 2000~2003 年较为稳定，之后逐渐上升，尤其在 2010 年后增速较大。2020 年和 2021 年，丰台区的地表温度明显上升。石景山区地表温度在 2000~2022 年变化较小，呈现出相对稳定的趋势，尤其是近年来变化幅度较小。海淀区地表温度在 2000~2022 年整体呈现缓慢上升的趋势，尤其在 2010 年前后增速略有减缓。门头沟区 2000~2022 年地表温度整体呈上升趋势，但变化幅度较小，波动相对稳定。房山区 2000~2022 年地表温度逐渐上升，尤其在 2010 年后增速较快。通州区 2000~2022 年地表温度逐渐上升，尤其在 2010 年后增速较快。顺义区 2000~2022 年地表温度整体呈上升趋势，但增速较为平缓。昌平区 2000~2022 年地表温度逐渐上升，但增速相对稳定。大兴区 2000~2022 年地表温度逐渐上升，尤其在 2010 年后增速较快。怀柔区 2000~2022 年地表温度逐渐上升，增速相对稳定。平谷区 2000~2022 年地表温度逐渐上升，尤其在 2010 年后增速较快。密云区 2000~2022 年地表温度逐渐上升，增速相对稳定。延庆区 2000~2022 年地表温度逐渐上升，尤其在 2010 年后增速较快。

从不同时间来看，2000 年，东城区、西城区、朝阳区、丰台区等地的地表温度较高。门头沟区、房山区、通州区、顺义区等地的地表温度稍低。怀柔区、密云区、延庆区的地表温度最低。2001 年，各地的地表温度相较 2000 年略有上升，变化不大。2002 年，各地的地表温度基本保持在与 2001 年相近的水平。2003 年，各地的地表温度普遍下降，特别是大部分城区和郊区。2004 年，各地的地表温度开始出现反弹上升，但幅度较小，相较于 2003 年稍有回升。2005 年，各地的地表温度再次上升，回到了相对较高的水平，各地之间的差异继续存在。2006~2008 年，各地的地表温度波动较小，整体呈现稳定状态。2009 年，大部分地区的地表温度略有下降。2010 年，各地的地表温度开始明显上升，尤其是大兴区、房山区、通州区等地。2011 年，地表温度继续上升，东城区、西城区、朝阳区、丰台区等地温度较高。2012~2014 年，各地的地表温度波动较小，整体呈现相对稳定状态。2015 年，地表温度再次出现上升，大兴区、房山区、通州区等地温度上升较快。2016~2017 年，各地的地表温度变化不大，整体趋势较为平稳。2018~2019 年，各地的地表温度变化波动较小，趋于平稳。2020 年，各地的地表温度再次上升，尤其是东城区、西城区、朝阳区、丰台区等地。2021~2022 年，各地的地表温度持续上升，大兴区、平谷区、延庆区等地的变化较为显著。

9.4.2 统计分析

2000 年，CONTAG 指数为 38.9866，显示了地表温度景观的初始连通性。2000~2022 年，CONTAG 指数略微波动，但整体趋势相对平稳，波动范围为 38.4438~41.6761。CONTAG 指数在 2002 年达到一个相对高峰值，为 41.6761。在接下来的年份中，CONTAG 指数保持在相对稳定的水平，略微波动，但没有出现显著的变化趋势。2000 年，SHDI 指数为 2.2638，表示地表温度景观的初始分维度。2000~2022 年，SHDI 指数呈现出轻微的波动，但整体上变化不大。尽管存在一些年际变化，但 SHDI 指数维持在相对稳定的范围内，反映了地表温度景观的整体复杂性保持相对稳定。2000 年，SHEI 指数为 0.8165，表示地表温度景观的初始生态多样性。除 2001 年和 2002 年 SHEI 值较小外，其余年份 SHEI 指数维持在一个相对稳定的范围（0.8164~0.8545），显示出地表温度景观的生态多样性变化相对较小（图 9-2）。

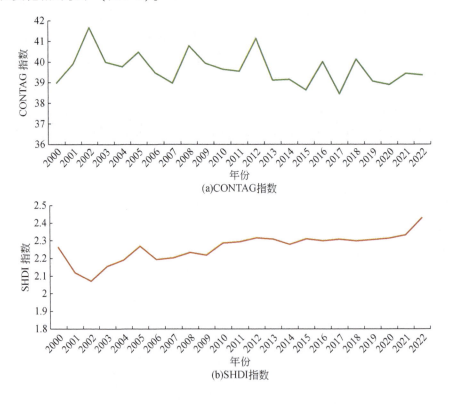

(a)CONTAG指数

(b)SHDI指数

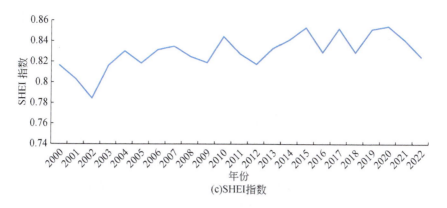

(c)SHEI指数

图 9-2　景观指数计算

9.4.3　奥运效应评估

本研究基于合成控制法评估 2022 年北京冬奥会的举办对城市热岛效应的影响，由于北京于 2015 年 7 月 31 日获得了 2022 年冬奥会的举办权，故将 2016 年作为奥运效应的时间节点。基于 9.3.1 节提出的方法，提取了长江三角洲地区、珠江三角洲地区、京津冀地区（去除北京）65 个城市 2000～2022 年的年均地表温度作为对照组，并基于这 65 个城市的长时间序列地表温度变化数据拟合反事实的北京地表温度变化。采用 Lasso-OLS 方法进行回归运算，选用上海、保定、承德、江门、秦皇岛、阜阳 6 个城市的数据变量进行拟合，拟合 R^2 为 0.983 38。

如图 9-3 所示，实线为年均地表温度的真实变化曲线，虚线为反事实拟合后的年均地表温度变化曲线，可以发现，2000～2016 年，真实曲线和拟合曲线几乎重合，说明本研究构造的反事实拟合效果较好。而 2016 年之后，可以发现真实曲线的变化总体位于拟合曲线的下方，说明 2022 年北京冬奥会的举办对缓解城市热岛效应具有一定的作用。如图 9-4 所示，对温度的干预效应曲线可以更清晰地反映北京冬奥会对城市热岛效应的影响。进一步对北京冬奥会对城市热岛效应的影响进行稳健性检验，如图 9-5 所示。黑色折线代表北京的处理效应，虚线代表除北京之外城市的安慰剂效应，可以看到整体上北京的处理效应较为显著，认为结果是稳健的。

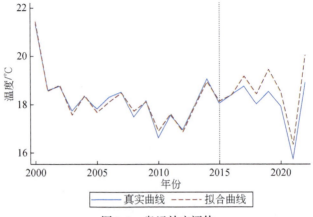

图 9-3　奥运效应评估

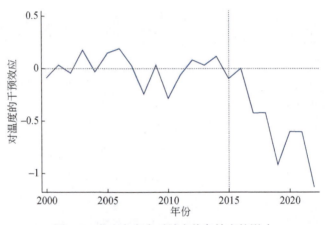

图 9-4　北京冬奥会对城市热岛效应的影响

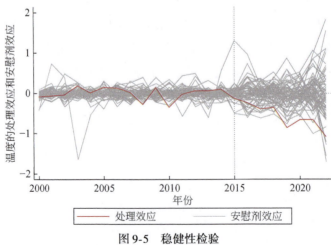

图 9-5　稳健性检验

9.5　研究结论与展望

本章以北京作为研究区，首先利用劈窗算法提取地表温度，并基于 GEE 平台统计计算获得北京 2000～2022 年平均地表温度，以表征城市热岛效应；其次采用蔓延度指数（CONTAG）、均匀度指数（SHEI）和多样性指数（SHDI）分析热岛效应的动态变化，分析城市热岛效应变化特征；最后利用回归控制法评估北京冬奥会的举办对城市热岛效应的影响，并发现北京冬奥会对城市热岛效应具有一定的缓解作用。

本研究利用遥感影像实现了奥运遗产的量化评估，丰富了奥运遗产评估的理论支撑和数据实践，实现了奥运遗产对于城市热岛效应的精细化评估；同时，验证了回归控制法应用于奥运遗产评估的可行性，为奥运会等大型赛事的遗产评估工作提供了方法借鉴。

| 第 10 章 | 奥运遗产社会影响之国家认同实证分析

10.1 基于志愿行为态度中介变量的志愿行为与国家认同研究——以 2022 年北京冬奥会和冬残奥会志愿者为例

10.1.1 研究目的

当前，体育赛事是构建国家认同的重要途径，志愿者是体育赛事服务的重要主体，2022 年北京冬奥会和冬残奥会是研究志愿者国家认同的重要平台。志愿者群体在这一特殊的体育场景中，通过文化参与的方式代表了中国的国家形象，也表达了自己的国家情感。随着志愿服务过程中行为的不断深入，志愿者群体的行为态度也发生着变化，其内在与国家认同的路径关系，也成为本研究的关注点。借由国际性体育赛事平台，志愿者国家认同的提升无论对志愿行为还是国家认同命题来说，都具有独一无二的研究价值。本研究基于蒋依依教授指导的 2023 届北京体育大学硕士研究生严宁宁的论文整理汇编而成[225]，由于篇幅原因，本节仅简要阐述相关研究思路与设计。

2022 年北京冬奥会和冬残奥会，作为一场特殊时期"简约、安全、精彩"的世界冬季体育盛会，除了刷新两项世界纪录和 17 项冬奥会纪录以外，更是留下了包含办赛经验、场馆利用、大众参与、环境保护、区域协同、志愿服务等在内的一系列丰厚的奥运遗产。2022 年北京冬奥会和冬残奥会的成功举办，让志愿者有机会再一次为世界递上中国名片，也为国家认同课题的研究提供了重要的环境基础。志愿者在文化的碰撞中感受到国家之间的边界与差异，进而影响国家认同感。对志愿者志愿行为与国家认同路径的探索，补充了志愿行为后续效应研究的不足，也从志愿者的角度，重新关注国家认同之于不同群体的意义。

体育领域的国家认同研究中，国内外学者大多从理论层面或历史分析视角对国家认同问题进行探讨，主要有通过大型体育赛事相关的媒体叙事构建国家认同[226]，通过有代表性的项目唤起集体记忆构建国家认同[227]，通过突出个体运动员的特质构建国家认同[228]，等等。国内外学者大多采用定性研究的方法，从理论层面或历史分析视角对国家认同问题进行探讨，分析媒体在构建国家认同中的作用，将志愿者作为研究对象的研究较少。志愿者与国家认同的相关研究中，更多关注角色认同[229]，Karkatsoulis 等[230]利用定性研究的方法认为国家认同是志愿者的主要激励因素。Mark 等[231]在此基础上，结合国家认同和动机功能量表，通过实证研究得到国家认同与志愿动机正相关，并且动机在国家认同和志愿意愿中起到中介作用。而国内缺少国家认同和志愿者相关因素的研究。

本研究的主要研究目的是了解志愿者群体志愿行为、志愿行为态度和国家认同的整体水平，解析志愿行为对国家认同的影响，分析志愿行为与国家认同水平之间的影响关系，探讨志愿行为对国家认同的理论构建；同时，分析志愿行为对于志愿行为态度改变的作用机制，探讨志愿行为对情感性态度和工具性态度的影响关系与路径系数，并分析志愿行为态度对志愿者的国家认同水平的影响，检验情感性态度和工具性态度在志愿服务行为和国家认同中的中介作用。

10.1.2 研究设计

本研究聚焦于 2022 年北京冬奥会和冬残奥会志愿者群体，探究其志愿行为对志愿者国家认同的影响，并分析情感性态度和工具性态度在两者关系中的并行中介作用，依据过往已有的研究经验和本研究面临的现实问题，针对"志愿行为与志愿行为态度"、"志愿行为态度与国家认同"和"志愿行为与国家认同"三个方面提出如表 10-1 所示的 7 个条理论假设，并构建了如图 10-1 所示的研究假设模型图。

表 10-1   本研究提出的研究假设

假设	内容
H1a	志愿行为正向影响志愿者的情感性态度
H1b	志愿行为正向影响志愿者的工具性态度
H2a	情感性态度正向影响志愿者的国家认同
H2b	工具性态度正向影响志愿者的国家认同
H2c	情感性态度在志愿行为与国家认同之间起到中介作用
H2d	工具性态度在志愿行为与国家认同之间起到中介作用
H3	志愿行为正向影响志愿者的国家认同

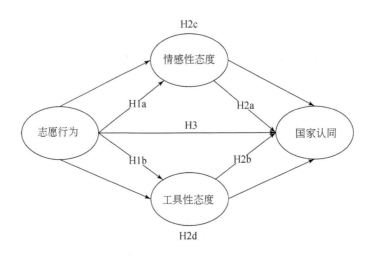

图 10-1   研究假设模型图

本研究使用的主要研究方法是文献资料法、问卷调查法、数理统计法和访谈法。在使用文献资料法时，针对所要研究的问题，通过国内外资源库检索并整合相关文献；在使用问卷调查法时，根据研究对象引用志愿行为、志愿行为态度、国家认同的调查问卷，以验证变量之间的相关关系与中介效应；在使用数理统计法时，考虑到本研究主要运用的实证研究方法是结构方程模型，因此问卷数据采用 SPSS 21.0 软件和 AMOS 24.0 软件进行分析；在使用访谈法时，选取调查对象中的典型案例，结合非结构化访谈的方式了解志愿服务的经历和办赛过程中的细节，选取各赛区及场馆志愿团队的主管、服务过双奥的志愿者、高校志愿者等进行深度访谈，了解其行为参与背后的深层逻辑与思考。

10.1.3 研究结论及建议

在具体的研究过程中，本研究首先进行了预调研问卷的设计与发放，并针对预调研进行了信度和效度检验，在预调研信度和效度检验通过后，开始正式调研。正式调研于 2022 年 7 月利用随机抽样的方式进行问卷发放，共收回 216 份问卷。本研究对正式调研结果进行了正态分布与信度和效度检验，随后依据相关调研结果和数据构建了志愿行为、志愿行为态度和国家认同的关系模型，并针对该模型的拟合度、直接效应和中介效应依次进行了检验工作，最终得出本实证研究的结论。在对变量之间的相关关系进行结构方程模型的构建、对变量之间的直接效应以及情感性态度与工具性态度的中介效应进行计算，以及对研究假设进行逐一检验后，得出假设检定结果，如表 10-2 所示，变量之间的路径系数模型如图 10-2 所示。

表 10-2 假设检定结果

	研究假设	实证结果
H1a	志愿行为正向影响志愿者的情感性态度	成立
H1b	志愿行为正向影响志愿者的工具性态度	成立
H2a	情感性态度正向影响志愿者的国家认同	成立
H2b	工具性态度正向影响志愿者的国家认同	成立
H2c	情感性态度在志愿行为与国家认同之间起到中介作用	不成立
H2d	工具性态度在志愿行为与国家认同之间起到中介作用	成立
H3	志愿行为正向影响志愿者的国家认同	成立

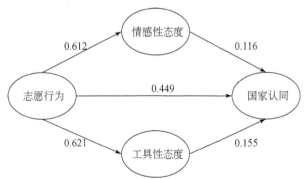

图 10-2 变量之间的路径系数模型图

通过对 2022 年北京冬奥会和冬残奥会志愿者群体进行线上问卷调研，发现志愿行为平均得分 3.41 分、志愿行为态度平均得分 3.34 分、国家认同平均得分 3.49 分（均以 5 分为满分）。这表明志愿者群体的志愿行为整体较为积极，态度良好，国家认同水平较高。参与单会（冬奥会）和双会（冬奥会和冬残奥会）赛事服务的志愿者的国家认同水平差异并不显著。

具体的结果分析主要是：①志愿行为正向影响志愿者的情感性态度，受多重原因影响；②志愿行为对工具性态度的提升主要在于两个方面，分别是赛事的举办会拓宽志愿者的认知和冬奥会、冬残奥会志愿者的经历难能可贵；③志愿行为态度是影响志愿者国家认同的重要因素；④志愿行为对志愿者的国家认同存在显著的正向影响；⑤在志愿行为影响国家认同的路径当中，工具性态度较情感性态度而言更多地参与路径影响。

本研究通过文献资料法、问卷调查法、数理统计法和访谈法，对志愿行为、情感性态度、工具性态度和国家认同变量之间进行结构方程模型的假设与构建，并通过实证定量研究分析，对结构方程模型以及情感性态度与工具性态度在志愿行为与国家认同影响关系中的中介效应进行检验，得出以下结论。

（1）志愿者群体整体志愿行为较为积极，志愿行为态度良好，国家认同水平较高。

（2）参与单会（冬奥会）和双会（冬奥会和冬残奥会）赛事服务的志愿者的国家认同水平差异并不显著。

（3）志愿行为、情感性态度和工具性态度、国家认同的整体理论模型的拟合度较好。

（4）志愿行为对情感性态度存在显著的正向影响，路径系数为 0.612，$p<0.01$；志愿行为对工具性态度存在显著的正向影响，路径系数为 0.621，$p<0.01$。

（5）情感性态度对国家认同存在显著的正向影响，路径系数为 0.116，$p<0.05$；工具性态度对国家认同存在显著的正向影响，路径系数为 0.155，$p<0.01$。

（6）志愿行为显著正向影响志愿者的国家认同。路径系数为 0.449，$p<0.01$。

（7）在 [0.014, 0.193] 的置信区间内，工具性态度在志愿行为与国家认同中间起到部分中介的作用，中介效应占总效应的比值为 15.6%。在 [-0.020，

0.167〕的置信区间内，情感性态度在其中的中介效应不显著。志愿服务不仅仅直接影响志愿者的国家认同，而且还会通过工具性态度间接影响国家认同。

综上，本研究根据结论提出以下建议：首先志愿服务的组织者应当引导志愿者主动参与志愿服务，志愿者群体应当积极投身志愿服务，尤其是在国际文化交流中，能够提升自身的国家认同水平；其次，应当重视工具性态度在志愿行为与国家认同之间的中介作用，通过适当岗位轮换机制、人文关怀激励方式等促进志愿者认知的开拓和自我价值的实现；最后，加强体育赛事对于国家认同的构建作用，对比 2008 年北京奥运会"志愿北京"，挖掘新时代奥运志愿遗产的丰富价值，总结中国的志愿服务解决方案，不断深入挖掘奥运志愿遗产的后续效应。本研究基于冬奥会和冬残奥会这一特殊的体育背景探讨了志愿者群体和国家认同之间关系的命题。其他国际交流类体育赛事和文化活动中是否存在相似的结构路径，则是未来深入研究的切入点。

10.2　奥运遗产旅游情境下集体记忆对游客国家认同的影响研究——基于集体自豪的中介效应分析

10.2.1　研究目的

当前，后奥运时代遗产旅游在北京蓬勃发展，奥运遗产旅游在游客国家认同的建构中发挥重要作用，集体记忆对促进游客国家认同有重要影响。本研究是在奥运遗产旅游情境下，针对集体记忆对游客国家认同的影响进行研究。本研究以奥运遗产旅游为研究情境，可以丰富情绪体验在遗产旅游领域的实证研究；同时，以集体记忆为出发点，可以丰富和深化国家认同的构建机制研究。在实践层面，本研究为促进奥运遗产旅游活动参与、有效建构游客国家认同提供理论依据，并为完善景区功能供给、促进奥运遗产旅游可持续发展提供理论指导。本研究基于蒋依依教授指导的 2022 届北京体育大学硕士研究生林云晓的论文[232]整理汇编而成，由于篇幅原因，本节仅简要阐述相关研究思路和设计。

遗产的文化价值一直是国际遗产界公认的和极为重视的，且旅游是当代社会传播遗产价值的主要途径[233]。遗产被视为"国家身份"[234]，面对国际环境对中国崛起的复杂挑战，中国遗产旅游应具有更高的使命感。遗产旅游与国家认同的研究，在于探讨遗产地对集体记忆的唤醒，以及遗产旅游如何建构国家认同[235]。城市化进程加快了富有象征意义的标志性建筑的记忆淡忘速度。具有生物属性的人们的建筑记忆可能产生淡忘和衰变，甚至导致集体失忆。集体记忆传承与重塑是一个动态的、持续的过程，因此现代国家需要以有效的内容和方式不断建构全体国民共有的集体记忆。遗产旅游有助于记忆的形成[236]，遗产地物质现实与往日事件回忆有利于重构游客对文化的看法与评价，促使人类加深对共同历史命运、共有价值观、一致权益关切的认识，形成荣辱与共的精神情感，进而激发中华民族身份标识与加深国家归属感。

以往研究表明，旅游中的地点、景观、仪式、体验活动等外化形式有助于唤醒其集体记忆，国家认同随着集体记忆的形成而建构[237]。然而遗产旅游情境下，游客在参观体验过程中可能因为建筑景观等物质要素感知或可参观性的体验而产生相关情绪与情感。旅游者的旅游体验是目前遗产旅游研究的核心问题之一，其中包括遗产旅游与游客的情感、情绪、认同、记忆、怀旧等体验关系[238]。记忆符号系统理论表明，吸引物的标志（符号）、景象（被符号化意义）、游客（解读者）构成等有利于促进游客回忆往事形成集体记忆[239]，情绪评价理论认为个体产生行为意愿需要循环经历"环境事件—认知评价—情绪体验—意愿行为"这一信息处理过程[240]，尽管已有研究指出积极情绪在目的地形象和游客行为意愿之间起中介作用[241]，然而情绪激发情境与类型多集中于红色旅游情境下的个体敬畏情绪[242]，在群际层面上，关于集体自豪等其他情绪类型的作用机制的实证研究仍有待拓展。

本研究的主要目的是立足于情绪体验视角，探索奥运遗产旅游情境下集体记忆对游客国家认同的影响，通过建构"集体记忆—集体自豪（自我参照自豪与外界参照自豪）—国家认同"研究模型，探索奥运集体记忆对游客国家认同（文化认同与功能认同）的影响路径与重要意义，以期在理论上丰富和深化国家认同的构建机制，在实践上为增进奥运遗产旅游开发提供理论指导。

10.2.2　研究设计

本研究的研究框架以情绪评价理论为支持主线，以记忆符号系统理论与积极情绪的扩展和建构理论为指导，遵循"环境事件—认知评价—情绪体验—情感意愿"发生路径,实证探索游客集体记忆对国家认同的作用机制 (图 10-3)。其中,奥运记忆符号有助于唤起游客奥运集体记忆,由此激发游客对奥运场馆遗产外部环境感知的外评价和对自我感知与奥运事件回忆的内评价。基于认知产生的集体自豪为情绪体验成分,国家认同为情感意愿成分。本研究选择国家体育场("鸟巢")作为案例地,作为"双奥场馆"的"鸟巢",其对国民文化特性与政治主张的认同感有着重要的作用。

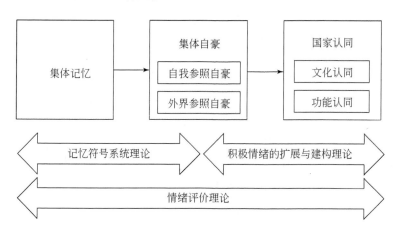

图 10-3　本研究的研究框架图

本研究聚焦于"鸟巢"游客的国家认同。依据过往已有研究的经验和本研究面临的现实问题,针对"集体记忆与国家认同之间的关系研究",提出"假设 H1:游客集体记忆正向影响游客文化认同"和"假设 H2:游客集体记忆正向影响游客功能认同";针对"集体记忆与集体自豪之间的关系研究",提出"假设 H3:游客集体记忆正向影响游客自我参照自豪"和"假设 H4:游客集体记忆正向影响游客外界参照自豪";针对"集体自豪与国家认同之间的关系研究",提出"假设 H5:自我参照自豪正向影响游客文化认同"、"假设 H6:外界参照自豪正向影响游客文化认同"、"假设 H7:自我参照自豪正向影响游客功能认同"和"假设 H8:外界参照自豪正向影响游客功能认同";针对"集体自豪的中介效应研究",提出"假设 Ha1:自我参照自豪在游客集体记忆与游客文化认同的关系中具有中介作用"、"假设 Ha2:外界参照自豪在游客集体记忆与游客文化认同的关系中具有中介作用"、"假设 Hb1:自我参照自豪在游客集体记忆与游客功能认同的关系中具有中介作用"和"假设 Hb2:外界参照自豪在游客集体记忆与游客功能认同的关系中具有中介作用"。依据上述假设，构建了研究假设模型图（图10-4）。

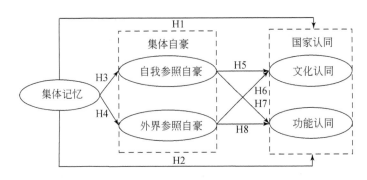

图 10-4　研究假设模型图

本研究使用的主要研究方法是文献资料法、探索性访谈法、焦点小组讨论法、问卷调查法和数理统计法。在具体实施过程中，本研究首先进行了预调研问卷的设计与发放，并针对预调研进行了信度和效度检验，在预调研信度和效度检验通过后，正式调研开始。正式调研时间为2021年10月23日至11月13日，为各周的周六及周日，调研过程共历时7天。调研组成员在"鸟巢"外围区域采取随机抽样方法对游客共发放问卷500份，剔除漏选、多选、随心填答等导致的无效问卷84份，回收有效问卷416份。通过 SPSS 21.0 和 AMOS 24.0 软件，本研究对正式调研结果进行了信度和效度检验，随后依据相关调研结果和数据对结构模型和中介效应进行了检验和讨论，最终得出本实证研究的结论。

10.2.3　研究结论及建议

本研究根据实证结果分析，得出以下主要结论。

第一，奥运遗产旅游情境具备唤醒和重塑游客集体记忆的条件。奥运遗产旅游情境下符号机制的构建过程有助于游客对场馆建筑、景观等物质现实及奥运精神、理念等符号象征进行价值解读评价，进而激发游客回忆奥运往事重塑集体记忆。

第二，集体记忆在游客国家认同建构中发挥重要作用。集体记忆正向影响游客文化认同，"鸟巢"空间及其承载的往日事件提供了游客文化凝视体验并重塑了游客的奥运记忆。尽管集体记忆对功能认同的直接影响不显著，但忽视功能认同的提升将可能弱化游客国家认同。

第三，集体自豪在集体记忆对游客国家认同的影响过程中起中介作用。文化认同方面，自我参照自豪和外界参照自豪在集体记忆—集体自豪—文化认同路径中起部分平行中介作用。功能认同方面，外界参照自豪在集体记忆与功能认同之间发挥单因子完全中介作用。

第四，自我参照自豪路径显著度低，功能认同的内涵表达有待加强。奥运遗产旅游情境下，游客文化认同与功能认同主要通过外界参照自豪实现。奥运遗产旅游情境下集体记忆对游客文化认同的影响大于对功能认同的影响。

根据上述结论，提出以下建议。

第一，深化文旅融合，加强遗产旅游地记忆氛围构造与文化内涵塑造。以奥运文化精神理念为主题，以展会、表演、节庆、夜游等为形式，加强沉浸式场景建构，加强游客文化记忆情境体验。

第二，加强开放合作，发挥集体自豪双维度作用。通过国外专业赛事引进、国内赛事 IP 培育等赛事旅游活动进一步盘活奥运场馆遗产。完善旅游互动体验功能，通过 DIY 奥运周边产品、设置奥运圣火传递体验和奥运项目体验等活动加强游客情绪体验。

第三，关注人民福祉创造，加强道路自信建设。利用奥运场馆空地开展大众健身科普学习角等公益活动，设置 VR、5G+8K 智慧应用服务实现奥运成果共享。在中国游客较为稳固的文化自信的基础上，进一步加强本国的道路自信、理论自信、制度自信、文化自信。

第四，加强话语构建，拓展媒体记忆传播渠道。以互联网为平台，加大中国奥运遗产内容创作与推广力度，结合体育明星效应，实现"线上+线下"联动宣传奥运带来的良好社会治理效果。将网络社群作为线上情感引流的主要传播场域，更大范围地激发我国游客旅游意愿与情绪体验。

第11章 奥运遗产经济影响之小微企业案例分析

11.1 研究目的

举办奥运会赛事能够为其承办地及周边区域产业提供发展机遇，然而小微企业往往面临着诸多产业进入门槛，无法分享奥运红利。小微企业在参与重大赛事举办过程中，可以提供大型企业无法顾及的软性服务，对促进本地就业和提高居民收入等方面起着重要作用。然而，在以往大型体育赛事举办期间，小微企业利益被边缘化等现象较为普遍[243]。通常赛事举办地为了实行安全规划和空间管制，将游客服务转向官方指定地点，导致商业机会远离当地企业，形成"挤出"效应[244]。官方的关注重点通常集中于区域、国家和国际层面更广泛的影响，容易忽略本土企业和社区利益[245]。为解决该历史性难题，2022年北京冬奥会力图通过一系列杠杆化策略促进小微企业分享奥运红利。

大型体育赛事杠杆作用论述始于20世纪90年代，主要集中在对当地经济影响、体育赛事营销赞助[246]等领域。Chalip于2004年开始探索体育赛事杠杆作用并构建了基础理论模型[247]，后续学者提出了战略杠杆、资产/资源杠杆、营销赞助杠杆等概念[248]，丰富了分析大型赛事杠杆作用的理论框架，并在2000年悉尼奥运会、2012年伦敦奥运会、2016年里约奥运会、2020年东京奥运会等案例研究中得到检验。以上理论成果主要以西方国家赛事为研究情景，亟待更多世界案例补充完善理论模型，中国大型体育赛事具有政府主驱力强、投资主体单一[249]等独特情景特征，2022年北京冬奥会（以下简称北京冬奥会）成为理想案例。

北京冬奥会在筹办期间，为克服过去小微企业参与不足等问题，通过颁布系列政策和措施，将小微企业作为赛事举办利益相关者纳入发展规划中。然而，鲜有研究针对政府如何通过制定杠杆化策略有效促进小微企业分享奥运红利，并将其进行理论抽象以指导未来大型体育赛事对小微企业的带动。本研究通过回顾国内外奥运杠杆理论前沿研究成果，以北京冬奥会为案例，基于 Kirby 等[250] 提出的"大型体育赛事—小微企业"杠杆作用模型理论视角，通过收集访谈数据和整理系列政策文件与媒体内容，揭示有效促进小微企业分享奥运红利的杠杆化策略。本研究基于蒋依依教授指导的 2024 届北京体育大学硕士研究生金山的论文整理汇编而成，并已于《北京体育大学学报》发表[251]，由于篇幅原因，本章仅简要阐述相关研究思路和设计。

11.2　研究设计

本研究采用混合研究方法，包括对小微企业管理人员的半结构化访谈和对政策文本及媒体内容的量化分析。第一阶段，在北京冬奥会举办前期，自 2020 年 1 月 20 日至 3 月 22 日，集中对小微企业管理人员进行半结构化访谈，梳理小微企业参与北京冬奥会有哪些机遇与挑战；第二阶段，在北京冬奥会前期和中期，收集整理相关政策文本与媒体内容，明晰政府的杠杆化策略；第三阶段，在北京冬奥会后期，以一手数据与二手数据（小微企业参与数据等）相结合的方式评估政策实施效果。本研究通过收集北京冬奥会前、中、后期的相关数据，进一步分析小微企业面临的困境与政策部署之间存在的偏差，以此提出若干对策建议。采访主要采用座谈与电话访谈相结合的方式，与研究对象——小微企业的管理人员展开半结构化访谈，并形成备忘，共获得了 26 份访谈样本。二手数据主要为基于访问中国中共中央以及地方的政府网站、"北大法宝数据库"、"iPolicy 政策分析系统"获得的资料以及网络媒体的相关报道等资料，整理出的 20 份有效文本。

11.3　研究结论及建议

本研究采用 MAXQDA 软件，将政策与规划、监管与贸易环境、网络与伙伴关系作为主类目，通过"逐行分析"的方法对访谈资料和政策文本及媒体内容进行逐一分析与编码，基于 Kirby 等提出的"大型体育赛事—小微企业"杠杆作用模型理论视角，得出中国制度情景下的"北京冬奥会—小微企业"杠杆作用模型，采用 Chalip[248] 提出的树状直线型杠杆作用模型的框架进行展现（图 11-1）。

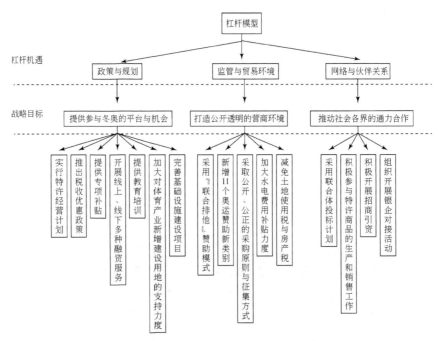

图 11-1　"北京冬奥会—小微企业"杠杆作用模型

在政策与规划层面，针对北京冬奥会期间小微企业面临的资金不足、利益分配问题、信息不对称等困境，政府提出了金融优惠、特许经营计划和政策补贴等策略。从政策实施效果来看，国家出台的一系列金融支持政策，成为支持冬奥筹办的硬核力量，降低了企业运营成本，为小微企业提供参与平台，精细服务保障政策贯彻落实。在税费减免方面，2021 年河北税务部门累计为 172 户涉奥企业减免退税 22.53 亿元；截至 2021 年底，北京冬奥会市场开发共征集特许生产企业 29 家，其中集中安置残疾人就业企业 2 家；共征集特许零售企业 58 家，先后开发了 16 个类别 5000 余款特许产品①。在监管与贸易环境层面，针对竞争激烈、信息匮乏和用工成本提高的困境，提出了"联合排他"、搭建信息平台和支持教育培训等相关策略。从政策实施效果分析来看，增加了企业参与冬奥的机会，降低了企业用工成本。在网络与伙伴关系层面，针对企业与企业间、企业与政府间、企业与社会资本间缺乏合作的困境，提出了联合体投标、政企合作和招商引

① 北京冬奥会带来哪些"冬奥经济效应"？［EB/OL］.https://finance.sina.com.cn/tech/2022-02-07/doc-ikyamrmz9404535.shtml［2023-01-10］.

资等策略。从政策实施效果来看，北京冬奥会加强了企业与外界的联系，提高了企业的知名度，推动小微企业与社会各界广泛合作、促进社会价值共创。例如，杭州臻元休闲用品有限公司为冬奥中国代表团提供了 30 寸和 20 寸两种规格共1200 件专用行李箱；嘉兴极展科技有限公司历经两年研发了冬奥会国家队的发热雪地运动鞋，为运动健儿传递温暖①；2015～2022 年，"冰雪项目"领域累计共完成 38 起投资与实现多笔融资。例如，滑雪装备研发企业北京雪鸮科技有限公司、单板滑雪品牌奥雪文化传播（北京）有限公司在 2021 年均获得了两轮融资②。

综上，政府在政策与规划、监管与贸易环境和网络与伙伴关系三个层面提出了有效的激励措施，为小微企业参与和支持北京冬奥会搭建了平台；小微企业主要是以间接参与方式，充分享受了北京冬奥会的溢出效应，通过为冬季运动市场提供产品和服务转变了发展方式、获得了企业收益。大型体育赛事杠杆作用的有效发挥需要全周期、全方位、全社会的部署与规划，单一机制设计无法为小微企业提供长期价值。京津冀的冬季运动产业在冬奥会大型体育赛事的带动下实现了中短期增长，在后冬奥时代想要推动小微企业等相关利益者获得长期利益，各地政府应进一步出台冬奥遗产活化的系列政策，将一次性冬季运动参与培育为具有中国特色的冬奥运动文化，向世界展示具有中国品格的冬奥品牌形象。进一步地，在针对未来大型体育赛事的区域产业规划中，各级政府要围绕经济、社会、文化、城市发展等层面全方位地制定战略规划，对覆盖赛前、赛中以及赛后的利益相关者精准施策，提高全民参与力度，最大限度从赛事中获得长期利益。在未来政策供给方面，应重视小微企业参与分配赛事收益的政策框架设计，并为其提供透明与有效的信息渠道。

---

① 美丽浙江：浙江智造，闪耀冬奥 ［EB/OL］．https://new.qq.com/rain/a/20220211A01XG700 ［2023-01-10］．

② 3 亿人参与，撬动万亿级市场！［EB/OL］．https://www.163.com/dy/article/H0ARG3JD0516QNC0. html［2023-01-10］．

第四篇　奥运遗产可持续利用与创新发展的中国方案

第12章 2008 年北京奥运会遗产可持续利用与创新发展

2008 年,第 29 届夏季奥林匹克运动会及第 13 届残疾人奥林匹克运动会来到中国首都北京,在参赛人数、媒体报道、赛事组织、场馆建设等多个方面,2008 年北京奥运会都可以说是一届"真正的无与伦比"的奥运会。2008 年北京奥运会赛场上,来自 204 个国家和地区的运动员奋力拼搏、书写传奇,实现各自的光荣与梦想。中国体育代表团共派出运动员 639 人,参加了全部 28 个大项的比赛,创下中国历届奥运参赛人数之最。中国体育健儿不断突破自我,挑战拼搏,各项目百花齐放,最终获得 48 枚金牌 21 枚银牌 28 枚铜牌共 97 枚奖牌的优异成绩①,首次位列奥运会金牌榜第一名,创造了奥运历史最好成绩,中国体育发展迈上新台阶。秉持"绿色奥运、科技奥运、人文奥运"主办理念,"有特色、高水平"的北京奥运会、残奥会取得圆满成功,实现了中华民族的百年期盼,成为奥运史上无与伦比的精彩盛会,极大地激发了中华儿女的爱国热情和民族自豪感。中国体育代表团取得了运动成绩和精神文明双丰收,为中国和世界留下了宝贵的体育文化遗产和精神财富。

12.1 体育遗产

中国体育健儿在 2008 年北京奥运会勇创佳绩、为国争光的表现,不仅激发了广大人民群众的民族自豪感,同时也提升了大众参与体育活动的积极性,全国范围内掀起健身锻炼热潮。我国政府着力从政策制定、资金投入等诸多方面支持群众体育的开展,以增强国民身体素质[252,253]。国务院批准从 2009 年起每年 8 月

---

① 中国历届奥运会金牌榜 [EB/OL]. https://baike.baidu.com/item/% E4% B8% AD% E5% 9B% BD% E5% 8E% 86% E5% B1% 8A% E% A5% A5% E8% BF% 90% E4% BC% 9A% E9% 87% 91% E7% 89% 8C% E6% A6% 9C/15683978? fr=aladdin[2021-10-30].

8 日被定为"全民健身日",倡导各地加强全民健身宣传,积极组织全民健身活动,广泛开展免费健身指导服务,向公众免费开放公共体育设施等,不断激发群众参与体育活动热情。"全民健身日"的设定既是纪念北京成功举办 2008 年奥运会的重要方式,也是向大众传达健康体育精神、推广健康生活理念的重要举措。每年"全民健身日"前后,国家体育总局会在全国范围内组织开展"全民健身日"主题活动,活动主题不同且丰富多彩,"全民健身日"逐渐成为人们热烈期待的年度体育盛事。继"全民健身日"的设立之后,2009 年 8 月,在北京奥运会举办一周年之际,国务院又颁布了《全民健身条例》,这是中华人民共和国成立以来第一部专门针对大众体育、全民健身进行的全国性立法。该条例旨在促进全民健身活动的开展,保障公民在全民健身活动中的合法权益,提高公民的身体素质。

案例　北京奥运遗产工作的机构:北京奥运城市发展促进会

遗产不会自己产生,它们不是奥运会的自动衍生品。北京 2008 年奥运会和残奥会的成功举办,为北京留下了丰富的奥运精神和物质遗产,成为北京作为奥运会举办城市拥有的宝贵财富。为广泛动员社会力量,进一步弘扬奥运精神,巩固和扩展奥运成果,推进"绿色北京、科技北京、人文北京"建设,在北京市人民政府和中国奥委会积极推动和倡导下,北京奥运城市发展促进会于 2009 年 8 月北京奥运会成功举办一周年之际成立,这一行动明确了北京将奥运精神传承下去的愿望。

北京奥运城市发展促进会是在北京市民政局登记注册的公益性社团法人组织。时任中共中央政治局委员、北京市委书记刘淇担任会长,时任北京市市长郭金龙担任名誉会长。北京奥运城市发展促进会实行会员大会制度,首批会员 63 个,由单位会员和个人会员组成。单位会员包括北京市有关机构,致力于推动奥林匹克运动发展的大专院校、研究机构,北京奥运会和残奥会赞助企业及北京地区大型企业等;个人会员包括在北京 2008 年奥运会和残奥会中做出过突出贡献、在相关领域具有一定影响力的人士。

业务范围主要包括:

一、动员和组织社会力量,传承奥林匹克精神和北京奥运精神,促进奥林匹克事业在城市的发展;

二、支持奥林匹克文化、教育、体育、青少年、残疾人、志愿服务等社会公益事业的发展，推动北京现代化发达城市和国际体育文化中心城市的建设；

三、开展与国际奥林匹克城市联盟等相关国际组织的交流与合作；

四、围绕北京奥运城市发展课题，组织调查研究，积极提出建议，服务城市发展与政府决策；

五、促进奥林匹克事业和残奥体育事业的可持续发展，鼓励和支持会员单位开展推动奥林匹克事业发展的相关公益活动，为其创造发展空间，搭建活动平台。

资料来源：北京奥运城市发展促进会官网，https://www.beijing2008.cn/[2023-10-28]

12.2 场馆遗产

12.2.1 大型场馆因时因类利用，树立赛后利用新标杆

2008年北京奥运会共建设使用39个体育比赛场馆，其中18个是新建场馆，12个是改造现有场馆，9个为临时搭建场馆。当前30个场馆仍在使用，用于体育、文化和娱乐活动，9个临时场馆中有7个已按计划拆除，1个仍在使用，1个未按计划拆除但未投入使用。在为2008年北京奥运会新建设的18个体育场馆设施中，目前有17个体育场馆设施在赛后仍用于举办系列体育赛事和文化娱乐活动，整体赛后利用率较高（表12-1）。

表12-1 北京奥运会奥运场馆赛前赛后利用情况

序号	场馆名称	场馆建设类别	赛时用途	当前使用状态	赛后用途
1	丰台垒球场	现有	垒球	使用中	继续用于国内和国际比赛
2	英东游泳馆	现有	水球、现代五项（游泳）	使用中	供大众游泳康体健身使用

序号	场馆名称	场馆建设类别	赛时用途	当前使用状态	赛后用途
3	北京理工大学体育馆	现有	排球	使用中	供学生使用的校内体育场所
4	北京航空航天大学体育馆	现有	举重	使用中	供学生使用的校内体育场所
5	北京工人体育馆	现有	拳击	使用中	体育比赛馆和演艺活动场地
6	北京工人体育场	现有	足球	使用中	北京国安足球俱乐部主场使用,举办相关赛事和演唱会
7	首都体育馆	现有	排球	使用中	集比赛、训练、科研于一体的冰上运动园区;2022年北京冬奥会冰上项目场馆
8	老山自行车馆	现有	山地自行车	使用中	供大众游憩的休闲公园
9	奥林匹克体育中心体育馆	现有	手球	使用中	举办大型赛事、文艺演出和展览等活动
10	奥林匹克体育中心体育场	现有	现代五项(跑步、马术)	使用中	举办大型赛事、文艺演出和展览等活动
11	北京工业大学体育馆	新建	艺术体操、羽毛球	使用中	供学生使用的校内体育场所
12	国家体育馆	新建	艺术体操、蹦床体操、手球	使用中	向公众和游客开放的多用途场馆,可举办体育和文化活动;2022年北京冬奥会冰球比赛场地
13	国家体育场("鸟巢")	新建	田径、足球、开闭幕式	使用中	供游客游览;继续用于国内和国际比赛(承办2022年北京冬奥会的开闭幕式)
14	北京奥林匹克水上公园–划艇和独木舟短跑赛程	新建	赛艇、独木舟短跑、游泳	使用中	开展帆船、滑水等体育赛事及水上娱乐活动;举办区域水上运动赛事及国际赛事
15	国家游泳中心("水立方")	新建	游泳、跳水、艺术游泳、水球	使用中	供游客游览;水上运动训练场地;举办国家及国际赛事(2022年北京冬奥会冰壶比赛场地)
16	北京奥林匹克公园网球中心	新建	网球	使用中	ATP 500中国网球公开赛举办地;提供场馆租赁服务

续表

序号	场馆名称	场馆建设类别	赛时用途	当前使用状态	赛后用途
17	老山赛车场	新建	自行车(轨道)	使用中	主要用于自行车训练;举办过少数地方和国家自行车比赛
18	五棵松体育中心	新建	篮球	使用中	开展各类体育和文化活动;举办国家及国际赛事(2022 年北京冬奥会冰球比赛场地)
19	北京科技大学体育馆	新建	柔道、跆拳道	使用中	供学生使用的校内体育场所
20	北京射击场 CTF	新建	射击	使用中	比赛训练场所
21	北京射击场	新建	射击	使用中	部分临时设施改造,国家队训练场所
22	中国农业大学体育馆	新建	摔跤	使用中	供学生使用的校内体育场所
23	北京大学体育馆	新建	乒乓球	使用中	供学生使用的校内体育场所
24	北京奥林匹克水上公园-皮划艇激流赛程	新建	皮划艇激流回旋	未使用	
25	奥林匹克森林公园曲棍球场	临时	冰球	已拆除	因建设 2022 年北京冬奥会场馆(国家速滑馆),现已被拆除
26	国家会议中心击剑馆	临时	击剑、现代五项(击剑)	已拆除	
27	天安门广场国家体育场马拉松赛道	临时	田径	已拆除	
28	奥林匹克森林公园射箭场	临时	射箭	已拆除	因建设 2022 年北京冬奥馆(国家速滑馆),现已被拆除
29	城区公路自行车赛程	临时	自行车(公路)	已拆除	
30	铁人三项赛场	临时	三项全能	已拆除	为奥运会建造的设施和看台已被拆除
31	五棵松棒球场	临时	棒球	已拆除	
32	朝阳公园沙滩排球场	临时	沙滩排球	未拆除、未使用	场馆看台尚未拆除,设施破旧不堪。但其周围的场地用于各种文化活动
33	老山小轮车赛场	临时	自行车(BMX)	使用中	成为训练基地和全民健身场所
34	香港奥运赛马场(双鱼河)	现有	三项赛、盛装舞步、障碍赛	使用中	2010 年广州亚运会马术比赛场地;举办盛装舞步、障碍赛和越野赛等各种级别的比赛;建有一所马术学校,为香港赛马会会员和其他获准使用者提供服务

序号	场馆名称	场馆建设类别	赛时用途	当前使用状态	赛后用途
35	上海体育场	现有	足球	使用中	现已被改造为全国建设标准最高的体育场之一,是集体育比赛、文体表演、健身娱乐、住宿、商务办公和购物展览于一体的大型综合体育设施
36	青岛奥林匹克帆船中心	新建	帆船	使用中	继续用于国内和国际帆船赛事举办,并进行旅游开发
37	秦皇岛奥林匹克体育中心体育场	新建	足球	使用中	原河北华夏幸福足球俱乐部主场使用,举办各类赛事
38	天津奥林匹克中心体育场	新建	足球	使用中	举办大型文艺演出、展览等活动;天津津门虎足球俱乐部主场使用
39	沈阳奥林匹克体育中心体育场	新建	足球	使用中	举办大型赛事、文艺演出、集会和展览等活动

资料来源:Full-report-venues-post-games-use[EB/OL]. https://stillmed.olymes-use. https://stillmed.olympics.com/meom/media/Documents/Olympic-Games/Olympic-legacy/Full[2023-08-13]

在奥运场馆遗产的赛后利用过程中,不同类型场馆的赛后利用率差异较大。标志性大型场馆,如国家体育场("鸟巢")、国家水上运动中心("水立方")等新建场馆已成为城市标志性建筑,并在赛后得到了综合利用,是体育赛事举办、群众体育健身和游客观光游览的重要场所,产生了良好的经济和社会效益。自开放运营至2020年底,"鸟巢""水立方"共举办各类赛事、演出、展览以及全民健身活动等3500余场次,接待国内外游客及观众超过6200万人次①。单项运动场馆,如北京奥林匹克水上公园在奥运会结束后,皮划艇激流回旋赛道不再用于比赛,公园内的其他水上运动设施被广泛用于开展竞技和休闲水上活动,目前是北京东北地区最大的公园,持续服务大众健身休闲娱乐需要。临时场馆中,供2008年北京奥运会使用的9个临时场馆已有7个被拆除,其中奥林匹克森林公园曲棍球场、射箭场在赛后面向公众开放,成为集体育、文化、艺术、休闲、观光于一体的多功能公共活动区域,直至2017年才因建设国家速滑馆而被拆除,

---

① "鸟巢"冬残奥赛后将低碳智慧运营 [EB/OL]. https://www.chinanews.com.cn/ty/2022/03-17/9704737.shtml[2022-03-17].

目前仅有老山小轮车赛场仍在使用中。目前，一些场馆运营仍面临来自现代化体育场馆的竞争，以及系统维护等挑战，部分场馆仅能维持基本生存，也在逐步探索更有效的商业运营模式。

为深入践行可持续性发展要求，技术创新也在不断助力"双奥"场馆"华丽转身"。作为世界上第一个"双奥之城"，充分利用北京夏季奥运会遗产、善于"借用"城市公共服务设施是北京节俭办奥的亮点。2022 年北京冬奥会，北京赛区的 13 个竞赛和非竞赛场馆利用了 2008 年夏季奥运会的 11 个场馆遗产，但对这些场馆的利用，不是纯粹的"拿来主义"，而是采用中国技术、中国材料，通过技术创新，根据冬奥会和赛后可持续发展的需求，让场馆实现"华丽转身"。2021 年 10 月 28 日，"鸟巢"的改造工程正式完工，承担 2022 年北京冬奥会、冬残奥会开闭幕式任务，成为世界上唯一一座承办夏季奥运会和冬季奥运会开闭幕式的主场馆。改造后，"鸟巢"的无障碍设施系统、景观照明系统、场馆扩声系统、观众服务设施系统、空调和热力系统等 37 个分项实现了"升级换代"。"水立方"在不破坏原有泳池的基础上，打造可拆卸、可移动的冰场，成为世界首座实现"水冰转换"的场馆，从"水立方"变身"冰立方"。五棵松体育中心成为女子冰球主要比赛场馆，为兼顾赛后利用，其能够在 6 个小时内实现冰球、篮球两种赛场的转换。国家体育馆完成了"硬件"和"软件"的优化与升级，化身"冰之帆"，成为北京冬奥会、冬残奥会男子冰球的主比赛场。作为北京冬奥会唯一新建冰上竞赛场馆，国家速滑馆（"冰丝带"）利用了北京奥运会临时场馆曲棍球场和射箭场用地①。

12.2.2　奥林匹克公园串点成面，建构体育文化旅游新空间

2002 年 3 月，北京申办奥运会成功后，场馆建设的第一个重大工作便是征集奥林匹克公园的规划设计方案。这项工作无论是制定目标、程序、方法，还是最终的成果，都对北京城市建设和赛后场馆的利用发挥着关键的决策作用[254]。2008 年奥运会结束后，北京奥林匹克公园区域集"鸟巢"、"水立方"、国家体育馆、国际会议中心、奥林匹克森林公园、观光酒店以及大型地下商业街等于一

---

① 北京 2022 年冬奥会和冬残奥会体育遗产报告（2022）[EB/OL].http://ent.people.com.cn/n1/2022/0119/c1012-32334928.html(2022-01-19)[2023-08-13].

体，形成多场馆、多形态的文化体育设施集中区，成为北京国际体育文化交流和旅游休闲娱乐的重要区域，不断促进国际体育文化交流和城市居民体育休闲参与。除场馆区域外，北京奥林匹克森林公园也是北京奥林匹克公园的有机组成部分，其长期目标是营造可持续发展的环境，打造一个多功能的城市公共公园，它将中国传统古典园林艺术与生态技术相结合，现已成为北京的"绿肺"和市民的休憩天堂，实现了由城市环境向自然生态系统的转换[255]。为加强北京奥林匹克公园的管理运营，2009 年 3 月，北京市人民政府批复成立了北京奥林匹克管理委员会，推动后奥运时期园区产业经济的可持续发展。2013 年 3 月，北京奥林匹克公园被国家旅游局正式授予"国家 5A 级旅游景区"的称号；2021 年 11 月 25 日，被国家体育总局、文化和旅游部认定为国家体育旅游示范基地。

12.3 经 济 遗 产

12.3.1 发展体育赛事经济，促进社会经济动能

北京奥运会经济遗产是指在申办、筹备和举办北京奥运会期间以及在奥运会结束之后的很长一段时期内，为利用北京奥运会创造的商机发展我国经济、加快北京乃至全国发展而进行的各种经济实践所产生的积极影响以及相关经验等。在 2008 年北京奥运会举办之前，众多学者就已经意识到北京奥运会对中国经济的发展既是一个契机又是一个挑战。奥运会的成功举办使得北京和中国迅速提升了国际影响力，机遇良好，随着国际投资的大量涌入，北京经济实现了迅猛发展。北京市政府集中投入 2800 亿元用于城市环境、交通以及电子通信等方面基础设施的改善，使北京的城市环境、交通运输、电子通信等基础设施得到了极大改变，城市化建设和人文氛围迈上一个新台阶，成为国内、国外极具吸引力的旅游、居住、投资城市，对于北京的经济发展具有巨大的推动作用。通过举办北京奥运会，我国在奥运会市场化运作过程中积累了大量经验，同时许多国内优秀企业在参与奥运会投资以及广泛与国外知名企业的合作和交流过程中积累了十分有用的经验，使得自己在经营理念、市场运作以及国内外的合作等方面越来越成熟。这些有关市场运作、国际交流与合作等方面的有益经验在促进北京经济发展的同时，也会辐射到周边地区，最后成功推广至全国各地，从而推动我国社会经

济的整体发展[256]。

12.3.2 推动体育旅游融合，助推北京旅游产业结构升级

2008 年北京奥运会是否获得了直接盈利并不是衡量这届奥运会成功与否的标准，因为北京奥运会成功举办相当于给北京、给中国向世界做了一个巨大无比的广告和宣传，带来的是无法用数字衡量的、具有深远影响的间接效益，这些间接效益在奥运会结束之后很长一段时间内如何逐渐转化为有效的生产力，成为一个重要的课题。中国通过举办北京奥运会，用实际行动和现实向世人展示了一个开放的、民主的、经济快速发展的、正在和平崛起的良好国家形象。2008 年奥运会的举办也有助于将北京旅游产业从以观光为主升级为观光度假、商务会展、体育旅游等综合发展。北京为举办奥运会兴建的大量体育场馆及接待设施，也大大促进了当地商务、会展旅游的发展，使得北京有条件既充分发挥历史、民俗与现代文化等方面的传统优势，发展文化观光与休闲旅游，又借助奥运会促进当地体育与文化、旅游等产业的深度融合，推进举办地旅游产业升级[257]。

12.4 社 会 遗 产

12.4.1 续用智能交通设施系统，切实提升城市交通水平

"科技奥运"理念的提出和实践对北京城市交通的发展产生重要影响，大幅改善了北京公共交通系统。2008 年北京奥运会期间，众多智能交通系统被开发并投入使用，如现代化的交通指挥调度系统、交通事件自动检测报警系统、单双号自动识别交通监控系统、奥运中心区数字高清综合监控系统、闭环管理的数字交通执法系统、智能区域交通信号系统、灵活控制的高速公路交通控制系统、公交先行交通信号控制系统、连续引导大型路边可变信息板和实时交通状况预测系统等①。后奥运时期，北京传承利用并优化升级赛时智能交通管理系统，并吸收

---

① Ren Z T. The Impact of the 2008 Beijing Olympic Games on Beijing's Economic Growth [C]. Zhuhai the 2022 7th International Conference on Financial Innovation and Economic Development (ICFIED), 2022: 698-701.

城市道路交通管理经验，有力促进北京城市交通管理水平显著提高，交通环境持续改善。据北京市交通运输部门发布的《北京市 2009 年 1—4 月交通运行报告》，2009 年 1~4 月，北京道路拥堵指数比 2008 年同期大幅下降，公共交通客运量持续提升，出行比例超过 37%，增幅高出小汽车 0.2 个百分点①。

此外，改善的城市交通基础设施是北京奥运会最宝贵的遗产之一。例如，为奥运会而开通的四条地铁线路——5 号线、8 号线、10 号线和机场专线，在奥运会后的公共交通中继续发挥着轨道交通的骨干作用，公共交通运力的增长提高了客运量，使得城市交通便捷度持续提升。安装或翻新的众多无障碍设施，包括无障碍过马路、轮椅座椅、触觉面指示道路、盲文道路指示板等，大幅提升了城市无障碍化水平。

12.4.2　总结奥运志愿服务成果，推动发展志愿服务事业

2008 年北京奥运会和残奥会期间，形成了庞大的志愿者服务网络，包括 10 万赛会志愿者、40 万城市志愿者、100 万社会志愿者和 20 万啦啦队志愿者，他们在各自的服务岗位上为参与奥运会的不同人群提供了累计超过 2 亿小时的高质量志愿服务，确保奥运会各项赛事和城市生活的正常运行[258]。广大志愿者真诚的微笑和专业的服务给来自世界各地的运动员、教练员、官员和观众留下了深刻的印象，是一道亮丽的风景线。奥运会结束后，北京市进一步完善了志愿服务组织体系，170 万人的奥运志愿者队伍整体保留，500 个城市志愿服务站点继续保留，成为展现首都社会文明的窗口。2009 年，《2008 北京奥运会、残奥会志愿者工作成果转化研究报告》发布，报告科学总结了既有中国特色又有普遍参考价值的北京奥运会志愿者的工作模式；详细阐述了北京奥运会志愿者工作的经济价值、社会价值、人文价值和精神价值；奥运志愿者工作的经济价值首次被披露，各类志愿者共为奥运会节省开支 42.75 亿元[259]。2010 年，北京将志愿服务精神教育正式纳入中小学课程中，教授学生志愿服务知识，培养学生志愿服务精神。中国体育健儿在赛场上展示的"中国体育精神"，奥运筹办工作者所实践的"奥运五种精神"、广大志愿者所带来的"志愿服务精神"以及全社会日益形成的

① 北京 1 至 4 月交通运行报告出炉日拥堵约减 5 小时——中新网（chinanews.com）[EB/OL]. https://www.chinanews.com/auto/auto-jtxx/news/2009/06-22/1743221.shtml(2009-06-22)[2023-08-13].

"关爱残疾人精神"等，构成了博大精深的北京奥运精神宝库。

12.5　文化遗产

12.5.1　弘扬北京奥运精神，促进社会文明进步

奥运会结束后，北京市不断总结奥运经验、巩固和扩大北京奥运成果，积极举办各类纪念活动，搭建文化交流平台。2009 年 8 月奥运一周年大型摄影图片展在奥林匹克公园举行，一幅幅精彩的图片把观众又拉进到了北京奥运会那段集体记忆中；2010 年 4 月 10 日，为传承"绿色奥运"遗产，实践绿色北京，倡导绿色生活和低碳生活理念，"北京奥运纪念林"落户圆明园遗址公园"曲院风荷"；同年 8 月 22 日，第一届北京奥运城市体育文化节顺利举办，凸显了奥运特色和国际视野，为市民群众带来更多的健康与欢乐，为北京这座奥运城市增添新的动感与魅力[260]。一系列体育文化纪念活动的开展，不断激励着广大群众大力弘扬奥运精神，为推动文明城市、建设和谐社会多做贡献。

12.5.2　加强奥林匹克教育，提高青少年身体素质

一系列奥林匹克教育活动在培养青少年体育价值观中发挥了重要作用。2005 年，北京奥组委和教育部启动了《"北京 2008"中小学生奥林匹克教育计划》，在全国范围内建设和命名 556 所北京 2008 奥林匹克教育示范学校；在北京中小学开展"同心结"活动，组织 210 多所学校与 205 个国家和地区奥委会、160 个国家和地区残奥委会结对交流。2007 年 5 月，我国出台了《中共中央 国务院关于加强青少年体育增强青少年体质的意见》，并积极开展"全国亿万学生阳光体育运动"。在现代奥林匹克文化在我国广泛传播的背景下，以及我国广大青少年学生身体素质持续下降、肥胖者和眼睛近视者越来越多的现实情况下，后奥运时期全国各地继续加强青少年体育工作，动员和组织中小学生积极参与"全国亿万学生阳光体育"活动，把奥林匹克教育融入学校常规体育教学中，落实每天锻炼一小时的要求，切实提高学生的身体素质。

12.6 环 境 遗 产

12.6.1 推行"绿色北京"行动计划，留住"奥林匹克"蓝

"绿色奥运"是北京奥运会的三大理念之一。北京奥运会为北京、中国和世界体育留下了丰厚的环境保护遗产，主要体现在奥运会绿色建筑示范工程，举办大型运动会新的绿色环境管理模式，公众积极参与环保工作的机制，以及社会环境的持续改善等方面，如何继承奥运环保遗产是后奥运环保时代的重要话题[261]。在 2008 年北京奥运会之前，中国开始与联合国环境规划署合作解决污染问题，当时中国的污染水平被认为是世界上较高的，特别是颗粒物和一氧化二氮水平。奥运会成功申办后，北京大力投资改善空气质量，其中包括鼓励使用天然气代替煤炭，关闭主要污染企业，对使用中的车辆进行检查和测试，对城市内使用的车辆进行限制，加强对扬尘高的建筑工地的监督管理，改造 6 万台燃煤锅炉，以及将 4000 多辆城市公交车改用天然气等措施①。2008 年奥运会期间，北京的日均空气污染指数比前八年的平均水平下降了 36%，晴朗的蓝天被称为"奥林匹克蓝"①。奥运会结束后，空气污染防治工作持续推进，政府出台了一些重大举措来帮助进一步改善空气质量，特别是 2013~2022 年的《北京市 2013—2017 年清洁空气行动计划》。这一大规模计划旨在清理、搬迁或关闭污染企业，增加绿色能源发电，减少与交通相关的排放，并在大片贫瘠土地上重新造林。北京也继续大力推进高排放机动车污染治理，2010 年 1~5 月，共淘汰高排放污染车辆5.5 万辆，全市天然气发动机公交车已超过 4000 辆，是世界规模最大的清洁能源公交车队。此外，修订后的《中华人民共和国环境保护法》于 2015 年生效，在国家和地方各级制定了迄今为止最严格的大气污染防治法规。

12.6.2 推广可再生能源，改变能源供给结构

2008 年北京奥运会加速了中国可再生能源的发展，使中国的能源供给结构

---

① IOC. Olympic Blue [EB/OL]. https://olympics.com/ioc/news/olympic-blue[2023-10-30].

发生深刻变化①。中国新的环境政策重点是实现国家能源结构多元化和发展绿色能源行业。一是完善基础设施，扩建天然气管道，天然气供应量由 2000 年的 10 亿 m^3 扩大到 2006 年的 38 亿 m^3，2006 年有多达 350 万户家庭用上了天然气，而 2000 年这一数字为 130 万户，2005~2006 年北京太阳能热水器的数量增加了 17.6%；新建建筑强制采用国家节能建筑标准以提高能源效率，奥运会场馆是可再生能源和能源效率的最佳实践，所有场馆 20% 以上的电力由可再生能源提供；推动学校改用节能灯，2000 所中小学安装了超过 150 万盏灯，政府大楼、酒店、餐馆和大学安装了 30 万盏灯。

12.7 城市遗产

12.7.1 奥运理念转型为城市发展目标，增强城市发展动力

"绿色奥运、科技奥运、人文奥运"是北京奥运会和残奥会的三大理念。北京奥运会不仅在奥运场馆、基础设施建设、环境保护、城市运行等领域为我们留下了大量物质财富和经验，更在弘扬奥林匹克精神，实践"绿色奥运、科技奥运、人文奥运"理念，以及促进世界各国文化交流等方面，留下了宝贵的精神财富。奥运会后，北京站在新的历史起点上，在总结奥运筹办工作成功经验的基础上，2010 年 1 月，北京市委常委会召开会议，审议通过了《人文北京行动计划（2010—2012 年）》。2011 年 8 月，北京发布《北京市"十二五"时期人文北京发展建设规划》，该文件将三大理念提炼和升华为推动北京城市建设的新方向和新思路，提出"以更高的标准推进人文北京、科技北京、绿色北京战略，迫切需要把人文北京建设摆在更加突出的位置"，作为在新阶段推动首都经济社会全面、科学、可持续发展的战略任务。从"绿色奥运、科技奥运、人文奥运"到"人文北京、科技北京、绿色北京"，北京把以人为本、科技创新、生态文明的要求摆在更加重要的位置。随着奥运会的成功举办，筹办奥运所带来的积极影响，将继续伴随北京人民，不断推动城市经济社会健康发展，使广大市民群众得到实惠。

---

① IOC. Promoting renewable energy [EB/OL]. https://olympics.com/ioc/news/promoting-renewable-energy[2023-10-28].

12.7.2 奥运措施成长为城市长效机制，提升居民生活质量

北京奥运会期间，国家和北京市发布实施了涵盖食品安全、环境保护、交通管理、公共安全、公共卫生等 13 大类 4000 余项奥运标准。奥运会后，这些有效措施和奥运标准正在逐步成为北京城市运行管理的长效机制，为不断提升城市服务水平和市民生活质量发挥强有力的推动作用。例如，在交通方面，奥运会期间，北京对小客车实行单双号限行措施，保障了赛事交通顺畅和大气环境质量。奥运会后，北京实行了每周少开一天车的措施，得到了市民的广泛拥护，全市路网速度比"无限行"期间提高 14.7%[①]。

---

① 刘淇全面解读奥运遗产 奥运财富应永远造福人民 ［EB/OL］. https://www. beijing2008. cn/c/2010-08-07/8838. shtml［2023-10-28］.

第13章 2014 年南京青奥会遗产可持续利用与创新发展

2014 年南京青年奥林匹克运动会（简称南京青奥会），于 2014 年 8 月 16 日在中国南京开幕。南京青奥会是继 2008 年北京奥运会后中国的又一个重大奥运赛事，是中国首次举办青年奥林匹克运动会，也是中国第二次举办奥运赛事。南京成功兑现了申办 2014 年青奥会时的所有承诺，为全球青年呈现了一场完美无瑕的体育盛会，更为重要的是，它为奥林匹克运动的创新和可持续发展做出了贡献，为南京这座城市和南京市民留下了宝贵的青奥遗产。经历了青奥会"考验"的南京，正在城市环境、体育发展、场馆设施、文化教育等方面充分利用青奥会留下的宝贵财富，传承和传播奥林匹克精神，促进更多的青少年参与到体育运动中，养成积极健康的生活方式，并通过提供更多的运动机会、更多的绿地和自行车道设施，促进城市体育活动的兴起发展。奥林匹克运动会所倡导的改革创新和可持续发展理念在 2014 年南京青奥会上得到实践，形成的成功经验成为未来青奥会和奥林匹克运动发展的重要参考。

13.1 体 育 遗 产

13.1.1 推进"阳光体育计划"，深入开展启蒙教育

南京青奥会体育遗产重点在于在青少年中广泛可持续地开展体育、文化和教育活动，培养健康和健身理念。青奥会在南京的成功举办，对促进南京市青少年体育事业的发展，特别是对促进南京市学校体育事业的发展和青少年体育赛事改革，发挥了巨大的推动作用。①在学校体育事业方面，南京市政府积极贯彻落实教育部等部门联合印发的《关于开展全国亿万学生阳光体育运动的通知》，鼓励学校广泛开展阳光体育活动，培养学生的兴趣爱好和技能。青奥会后，"阳光体

育运动"深入开展，效果显著。2012～2015年，共有154所学校被命名为"南京市阳光体育学校"，包括97所小学和57所中学，涉及33个体育项目。受青奥会突出体育教育、倡导体育回归课程理念的教育属性启发，教育部门积极推动学校在义务教育阶段开展体育活动，2010～2017年，有545所中小学和53所高中开设了体育的校本课程，将特色运动的普及融入日常体育教学活动中，开发了一些实用易学的"体育操"，如"排球操""足球操""击剑操"等①。②在青少年体育赛事改革方面，南京市打造市、区、校联动的三级青少年阳光体育联赛体系，通过举办青少年阳光体育联赛、青少年俱乐部联赛、体育嘉年华、体育训练营等方式让更多的学生有参加比赛的机会，让更多的青少年通过比赛平台展示体育技能和运动风采。

13.1.2　推广新兴体育项目，大力发展轮滑运动

借助申办青奥会成功的契机，南京积极推广新兴体育项目，并取得一定成效。

南京在2014年南京青奥会期间创立了"体育实验室"，旨在推广深受青年人喜爱的非奥运项目，成功举办了轮滑、攀岩、滑板和武术四项展示项目。以轮滑项目为例，轮滑作为"体育实验室"展演项目完成了一次亮丽的国际展示，受到了南京市民的广泛欢迎和积极参与。青奥会后，南京市政府与国际轮滑联合会（FIRS）展开密切交流合作，签署了打造"南京·世界轮滑之都"的战略协议，在竞赛、活动、场馆等方面积极推进世界轮滑之都的建设。例如，举办"轮滑活动周"、首届国际速度轮滑教练员论坛促进轮滑走进社区；推进轮滑进校园工作，在学校体育课程增加轮滑课内容，并开展轮滑进校园系列活动；修建速度轮滑场地赛场，备战2016年世界速度轮滑锦标赛；筹建轮滑博物馆，由秦淮区体育局牵头组建市速度轮滑队等②。2016年2月1日，鉴于南京市青年人对轮滑运动的无限热爱、倾情投入和专业水准，国际轮滑联合会授予南京"世界轮滑之都"的称号，南京成为世界上第一个被授予该荣誉的城市。2017年，南京市政府办

---

① YOG-2014_Nanjing-Legacy-report ［EB/OL］. https://library. olympics. com/Default/search. aspx? SC=CATALOGUE&QUERY = Authority _id _idx% 3a201&QUERY _LABEL = Summer + Youth + Olympic + Games. + Organizing+Committee. +2%2c+2014%2c+Nanjing#/Detail/［2023-10-28］.

② 南京成世界首个"轮滑之都" 17年办轮滑世锦赛 ［EB/OL］. https://sports. qq. com/a/20160215/037344. htm［2023-10-28］.

公厅出台《南京市关于推进"世界轮滑之都"建设的实施意见》，明确了今后五年的建设发展目标，提出了大力发展校园轮滑、积极推广社会轮滑、加快轮滑设施建设、提升轮滑竞技水平、打造轮滑品牌赛事、快速发展轮滑产业、深化轮滑交流合作七大重点任务。2017 年世界全项目轮滑锦标赛等大型轮滑赛事相继落户南京，丰富的办赛经验及办赛资源是南京推进轮滑项目建设、丰富轮滑活动、传播轮滑文化的"法宝"，轮滑已成为展示南京城市形象的前沿窗口和促进体育文化交流的重要平台。

13.2 场馆遗产

13.2.1 组建综合体育设施群，形成"青奥品牌窗口"

2014 年南京青奥会的体育场馆以改建或临时建筑为主，共使用了 35 个场馆，其中 22 个由现有场馆改建而成，1 个是新建的永久性场馆群，其他均为临时性场馆。所有场馆均按照国际标准进行改造和建设，提供舒适、安全的设施，以满足青奥会使用要求。除新建的永久性场馆群外，其他场馆均已恢复原用途，其中部分场馆的体育功能得到加强，并继续发挥作用。

位于南京市江北新区的青奥体育公园，占地约 101hm^2，主要由"三个综合体、一桥一路"组成，即青奥赛场综合体、体育场馆综合体、健身休闲综合体、跨城南河景观桥和城南河路，总建筑面积约 38 万 m^2，是南京青奥遗产的标志性项目，包含沙滩排球、曲棍球、橄榄球和自行车四大赛场。青奥会结束后，橄榄球、曲棍球赛场作为青奥文化遗产予以保留，青奥体育公园则变身为南京江北新区首个大型综合体育设施群，通过商业空间规划，引入青少年培训、俱乐部、酒店和餐饮配套业态，推进场馆多业态、智慧化发展，成为赛事表演活动的高地，体育主题公园的典范。青奥体育公园陆续承办了 2016 年世界速度轮滑锦标赛、2017 年世界全项目轮滑锦标赛、2018 年世界羽毛球锦标赛、2019 年国际篮联篮球世界杯（南京赛区）等重磅国际大型赛事。截至 2023 年，累计接待来自全国和世界各地的观众超 100 万人次①，是南京青奥品牌向全世界持续输出的重要窗口。

13.2.2 打造城市新生代地标，构筑奥运城市时代印象

为庆祝 2014 年南京青奥会举办，2011 年 4 月，南京向全球设计公司招标，拟建设一座青奥地标建筑。经过多方意见，南京青奥双子塔（官方名称：南京国际青年文化中心）建筑设计脱颖而出，并于 2014 年前夕落成于南京重要的青奥轴线。其总建筑面积约 49 万 m²，两栋塔楼高度分别为 249.5m 和 314.5m，北塔为江景写字楼，南塔为酒店及高级公寓，是一座集酒店、写字楼、大型停车场、购物广场、会议展览、酒店式公寓等功能于一体的摩天大楼②。青奥双子塔作为具有体育纪念意义的标志性城市建筑，见证了中国青年在世界舞台展示自我、促进文化交流的历史时刻，具有重要的体育文化价值。青奥双子塔还是一座充满活力和创新性的建筑，其毗邻扬子江、身处城市结构与沿江公园自然景观的交汇处，是南京滨江风光带的重要组成部分，定期举办众多体育、文化、科技活动和艺术展览，对于赛后青奥村所在地河西新城区域基础设施投资和经济转型发展具有重要催化作用，至今吸引了大量投资和人才集聚于此。

2014 年南京青奥会上，轮滑作为实验性项目进入奥运大家庭，成为体育实验室中的一项，青奥会期间，体育实验室的轮滑项目深受南京市民、青少年的喜爱，每天排队体验的人络绎不绝。为满足市民日益高涨的运动热情，南京市政府将轮滑纳入"一城、两中心、两基地"发展计划中，筹划建立世界轮滑之都，补齐轮滑场地设施短板。在南京市政府与国际轮滑联合会签署了打造"南京·世界轮滑之都"的战略协议后，南京大力推进轮滑场地设施的建设改造工作，包括校园轮滑场地建设改造、速度轮滑场地赛场修建等，长期推动轮滑运动的国际化发展，南京"世界轮滑之都"称号愈发响亮。

---

① 丁媛媛. 承载奥运城市之名 打造世界体育名城 [N/OL]. 南京日报，http://njrb. njdaily. cn/njrb/html/2023-10/12/content_51_112108. htm [2023-10-28].

② 南京国际青年文化中心 [EB/OL]. https://baijiahao. baidu. com/s? id=1619560049825609153&wfr=spider&for=pc [2023-10-28].

13.3 经 济 遗 产

13.3.1 成立体育产业集团，发展特色体育产业

南京青奥会结束后，南京率先成立了全国首家市属体育集团和全市唯一国有经营性体育资产运营主体——南京体育产业集团，肩负"利用放大青奥品牌、盘活公共体育资源、创新发展体育产业"三项任务。南京体育产业集团成立以来，持续放大平台公信力、体量承载力、业态丰富度等优势，逐步形成"金（产业金融—全国首家体育健康科技金融）、木（连锁发散—青奥品牌体育场馆连锁）、水（现金流—体育培训、装备销售等）、火（影响力—体育竞赛、表演会展）、土（重资产—体育公园、体育综合体商业化改造建设）"五项业务板块，全方位支持青奥品牌传承利用。

近年来，南京体育产业集团接连成功承办 2018 羽毛球世锦赛、2019 国际篮联篮球世界杯南京赛区等一系列国际重大体育赛事，常态举办世界体育名城发展峰会、南京城市定向赛、南京国际瑜伽露营节、南京国际水上运动节等本土重要赛事会展，在持续提升城市影响力的同时，引领更多产业消费投资；加大投入建设更新运营青奥体育公园、全民健身中心等重要市级体育中心，整合全市存量体育设施，加快开发城市金角银边和户外空间资源，重点布局打造青奥城市客厅与高品质青奥品牌场馆，提供更多优质体育消费应用场景。2021 年，南京体育产业集团入选国家体育产业示范单位，其旗下多个子企业获国家高新技术企业和"江苏省体育产业示范基地"荣誉称号①。

13.3.2 发挥奥运城市效应，打造体育旅游业态

奥运会的举办对一个城市的经济推动作用是巨大的。在南京青奥会举办期间，全世界各地的观众、运动员、教练员和裁判员汇聚于南京，给南京的旅游业带来了最直接的、最明显的经济效益。根据南京市旅游局（现文化和旅游局）

---

① 南京体育产业集团官网，https://www.nsig.com.cn/profile.html[2023-08-13].

统计，南京市 2014 年旅游人数为 9475.93 万人次，较上年增长了 8.6%，旅游综合收益为 1520.83 亿元，较上年增长了 11.77%。这些数字充分说明了大型体育赛事的举办对城市旅游业发展的促进作用。

借助南京青奥会契机，南京市政府与国际奥委会和各国际单项体育组织也建立起紧密联系，对内对外赛事激活了观赛旅游地的发展。一方面，南京紧抓国际大型体育赛事举办机遇，吸引一批国际大型品牌赛事落户南京，相继成功举办 2015 年国际马拉松赛、2016 年世界速度轮滑锦标赛、2018 年世界羽毛球锦标赛等大型赛事，吸引一批国内外游客观赛旅游。另一方面，南京积极承办国内顶级赛事和本土赛事，传承和利用好青奥遗产。此外，由国际奥委会授权南京建立的奥林匹克博物馆，每年接待访客量 10 余万人次[①]，青奥遗产怀旧游方兴未艾。

13.4 社 会 遗 产

13.4.1 实施"全民健身与青奥同行"计划，提升公共服务水平

南京以举办青奥会为契机，把全民健身事业摆在重要位置，大力实施"全民健身与青奥同行"计划，主要从全民健身活动开展、体育社会组织覆盖、市民体质检测与运动健身指导中心建设等方面促进公共体育服务水平提升。①在全民健身活动开展方面，市、区两级体育部门每年开展规模不等、形式多样的全民健身活动 1000 多项，直接受益人次超过 100 万，体育健身已成为越来越多居民健康生活方式的一部分。②在体育社会组织覆盖方面，青奥会后，南京体育社会组织实现快速发展，市、区两级体育总会实现全覆盖，市级单项协会达 44 个，区级体育协会达 207 个；各级各类社会体育指导员达 22 655 人，每万人拥有社会体育指导员 27 人，每天这些指导员在全市数千个健身站点为居民提供免费健身指导，成为大众健身的引路人。③在市民体质检测与运动健身指导中心建设方面，南京

---

① 陈卫红：青奥会给南京留下宝贵遗产 品牌赛事资源丰富 [EB/OL]．人民网，http://sports. people. com. cn/n1/2017/0323/c400299-29164828. html[2023-10-28]．

全市每年免费为 3 万市民检测体质和提供运动健身指导服务①。市、区两级市民体质检测与运动健身指导中心（站）实现全覆盖，南京市及所属 11 个区因公共体育服务成绩突出，于 2015 年 4 月全部入选"江苏省公共体育服务体系示范区"，这也是国家体育总局认定的全国首批公共体育服务体系示范区。青奥会结束后，城市社区"10 分钟体育健身圈"实现全覆盖，市、区两级全民健身活动中心全部建成，郊区新"四个一"体育设施建设工程全部建成，晨晚练健身站（点）达 3500 个，每万人拥有体育场地 17 个，人均体育场地面积达 2.98m²，各级公共体育场馆实行打折或免费开放，吸引了超过 320 万人次参与。

13.4.2　总结宣传赛时志愿服务经验，延续志愿服务精神

南京市通过多种方式和途径，系统总结宣传青奥会志愿服务经验，延续志愿者服务热情和后青奥会志愿精神。①将志愿服务管理上升为地方标准。2013 年 6 月，顺利通过江苏省质量技术监督局省标准专家评审的《赛事志愿服务招募》和《赛事志愿服务志愿者形象礼仪》两个标准，现已成为江苏省地方标准，被深入贯彻实施，通过标准化工作引导运动会志愿服务工作规范发展。②成立公益服务中心。2015 年，南京小青柠青少年服务中心成立，致力于在公益活动中提升志愿者的公益理念和能力，将在大型体育赛事中"历练"出来的优秀青运会志愿者打造成南京市日常志愿服务和公益项目的主力军和骨干力量。③搭建志愿者联盟。南京市构建青奥"小石灰"志愿者联盟平台，积极与市内各高等院校的志愿服务机构建立合作与互动关系，通过多渠道、多形式的志愿服务活动，促进和保持志愿者队伍的活力，延续志愿者的服务热情。④出版志愿者相关书籍。《中国名片·小青柠》等有关青奥会志愿服务内容的书籍陆续出版，全面展示了个人和志愿者团队的活动和精神，让志愿遗产形成历史文字记录。此外，一批经过青奥会培训的人才也逐步走上了相关的管理工作岗位。例如，南京青奥会中部分奥组委工作人员陆续进入新成立的南京江北新区管理委员会和南京体育产业集

① 南京市人民政府. 市政府关于印发南京市全民健身实施计划的通知［EB/OL］. https://www. nanjing. gov. cn/zdgk/201810/t20181022_573421. html［2023-10-28］.

团等体育企事业单位，继续从事青奥遗产的开发利用工作①。

13.5　文化遗产

13.5.1　"南京青年文化周"汇聚青年文化，推进青年体育文化交流

为使青奥会的文化教育功能落到实处，南京积极实施体育文化建设，创造更为浓厚的体育文化氛围，努力建设丰富又包容的体育文化，致力于打造具有国际知名度的青年体育文化交流中心。青奥会举办期间，南京与联合国教育、科学及文化组织，南京青奥组委会，中华全国青年联合会共同举办了"世界青年体育、文化与和平论坛"，论坛精神成果《南京倡议》提出，今后每两年在南京举办一届以世界青年为参与主体、文化体育交流活动为主要内容的"南京青年文化周"，以此作为传承青奥精神之载体。根据《南京倡议》的提议，南京与联合国教育、科学及文化组织决定自 2015 年起，每两年在南京举办"南京青年文化周"，为世界青年提供一个展示、交流与沟通的平台，从而打造一场永不落幕的青年盛会②。首届活动于 2015 年 9 月举行，由联合国教育、科学及文化组织，中华全国青年联合会，中国慈善联合会和南京市政府共同主办，围绕"体育、文化、和平"三大核心主题，以及通过多国文化交流促进文化理解、通过体育参与传承青奥理念、通过肩负世界和平责任开创世界未来三大主要内容开展活动。重点活动包括文化艺术板块的"国际青年艺术双年展""非遗文化体验""中秋：一起来传承"等，体育运动板块的中外民间体育嘉年华、"读城 City Walks"青春南京城墙电跑等；和平主题板块的"和平之声"专场音乐会等。"南京青年文化周"不断拉近了各国青年距离，增进了青年共识，是发扬青奥会财富、促进国际青年交流和激发国际青年活力的永不落幕的青春盛会。

---

①　YOG-2014_Nanjing-Legacy-report［EB/OL］. https://library. olympics. com/Default/search. aspx？SC=CATALOGUE&QUERY = Authority _ id _ idx% 3a201&QUERY _ LABEL = Summer + Youth + Olympic + Games. + Organizing+Committee. +2%2c+2014%2c+Nanjing#/Detail/［2023-10-28］.

②　江苏省人民政府."南京青年文化周"开幕［EB/OL］. http://www. jiangsu. gov. cn/art/2015/9/27/art_33686_2313985. html［2023-10-28］.

13.5.2 "南京奥林匹克博物馆"传承青奥记忆，持续开展文体教育

南京奥林匹克博物馆是传承南京青奥会文化遗产的重要载体。由国际奥委会委员、国际奥委会文化与遗产传承委员会主席吴经国先生创办，以第二届南京青奥会的举办为契机而建立，是传播奥林匹克精神和开展体育文化教育活动的主要阵地，现已是南京市的体育文化名片和江苏省的青少年体育文化教育基地①。2014~2015 年，已有 5 万名青少年参观了该博物馆。在南京奥林匹克博物馆不仅可以领略奥林匹克的历史和魅力，学习奥林匹克的精神和意志，更能够感受南京这座百年"奥运之城"的韵味和风采。青奥会结束后，南京奥林匹克博物馆于2015 年 9 月加入国际奥林匹克博物馆联盟，第十一届国际奥林匹克博物馆联盟年会于 2016 年 10 月在南京成功召开，这是国际奥林匹克博物馆联盟第一次在中国举办年会，而首站就选在了南京，让世界将目光再次聚焦在南京，再次回顾那段青奥文化记忆。南京奥林匹克博物馆内还有个馆中馆——世界轮滑博物馆，这是首座世界轮滑博物馆，与 2016 年世界速度轮滑锦标赛于 9 月 10 日同一天开幕，该博物馆由国际轮滑联合会主办，南京市体育局、南京奥林匹克博物馆合作运营，为南京打造"世界轮滑之都"增添了独特的人文风采。

13.6 环 境 遗 产

13.6.1 增加绿色休闲空间，持续改善生态环境

青奥会成功申办后，南京市的绿色健身空间持续增加。南京市在筹办青奥会期间建设了四大"健身绿道"，包括滨江风光绿道、明城墙绿道、环紫金山绿道和玄武湖绿道。此外，还完成了明城墙等人文景观的生态建设和综合环境修复，仅城墙全线已新增绿化面积约 25 万 m^2。"绿色青奥"的理念让南京离"国际绿

---

① 南京奥林匹克博物馆官网，http://www.olympicmuseum-nj.org/Panoramic/MuseumSummary？type＝1 [2023-10-28].

色文化名城"的目标越来越近。青奥会期间,南京市森林覆盖率超过 35%,城市绿地率和人均公园绿地面积均居全国前列。南京市中心城区成为绿色中心,连接郊区的二环路沿线实现全域森林化,进出城干道和河湖周边的绿地、林地成为绿色通道,森林公园、湿地公园等公共林地形成大面积绿地,构成了南京新的生态绿色城市景观①。青奥会结束后,南京市继续加大环境治理,绘就城区生态"风景线"。2015 年,南京市出台实施《南京市生态红线区域保护规划》,划定104 块生态红线区域,面积占到全市土地面积的近 1/4。在青奥会举办的历史机遇下及推进生态绿色发展组合拳下,南京市提升了"人文绿都、美丽古都"的品质内涵,放大了都市区的集聚力和影响力,青奥会核心举办地河西新城成为"现代化国际性城市中心"②。截至 2017 年末,南京市常住人口总量与 2010 年全国人口普查相比增加了 32.74 万人,城市变得更加宜居、宜业、宜游。

13.6.2 推广低碳交通方式,有效降低环境污染

在"绿色青奥"理念影响下,南京市持续引导居民改善出行方式,实现低碳交通。一是加快推进"公共交通优先"发展。南京市不断完善公共交通基础设施建设,公共交通的比例从 2009 年的 24.5%上升到 2014 年的 29.5%,公共交通的比例达到 39.9%,各条地铁线路的开通,极大地改善了城市的交通状况。随着公共交通比例的提高,南京居民的出行方式得到了极大的改善,大大降低了能耗、污染和交通拥堵。二是加大公共交通信息发布力度。南京全市各公交站点安装了公交车实时到站信息显示屏,同时还推广了公共交通移动 APP 服务——"南京掌上公交"APP。市民可通过该 APP 查询到公交站点、车辆运行信息、站点位置、公交线路分布、换乘信息等,大大提升了市民乘车体验。三是大力发展清洁能源公交车。南京市积极响应中央"大力推广新能源汽车"的号召和"绿色青奥"的理念,大力发展清洁能源公交车。南京市区清洁能源公交车数量从2009 年的 1261 辆增加到 2014 年的 3648 辆,占公交车总数的比例从 2009 年的

---

① YOG-2014_Nanjing-Legacy-report [EB/OL]. https://library. olympics. com/Default/search. aspx? SC =CATALOGUE&QUERY = Authority _ id _ idx% 3a201&QUERY _ LABEL = Summer + Youth + Olympic + Games. + Organizing+Committee. +2%2c+2014%2c+Nanjing#/Detail/[2023-10-28].

② 南京:擦亮美丽古都名片 [EB/OL]. http://cipasi. ipa361. com/Subjoin/news? catid = 52&id = 30180&store_id=30970[2023-10-28].

26.34%增加到 2014 年的 50.7%。青奥会结束后，"青奥会"公交车已全部转入城市公交车队，并为电动公交车、出租车建设了多个充电桩和充电位，清洁和新能源汽车得到快速普及。另外，南京市机动车排气污染监督管理中心全面推进机动车污染治理，油品全面进入 V 时代，黄标车淘汰任务基本完成[262]。四是积极推广使用公共自行车和自行车运动。在成功申办青奥会后，南京市大力推广公共自行车。公共自行车站点的数量从 2010 年的 98 个增加到 2015 年的 747 个，公共自行车投放使用量从 2010 年的 800 辆猛增至 2015 年的 20 755 辆，年增长率高达92%。随着公共自行车覆盖范围的不断扩大和使用率的不断提高，南京市积极推出公共自行车使用"一卡通"，实现了南京市全域范围内随处可借、随处可还。截至 2015 年上半年，累计发卡 18.5 万张，年增长率高达 189%。平均使用次数也从 2010 年的 178 次飙升至 2015 年的 49 662 次①。

---

① YOG-2014_Nanjing-Legacy-report ［EB/OL］. https://library. olympics. com/Default/search. aspx？SC =CATALOGUE&QUERY = Authority _ id _ idx% 3a201&QUERY _ LABEL = Summer + Youth + Olympic + Games. + Organizing+Committee. +2%2c+2014%2c+Nanjing#/Detail/［2023-10-28］.

第14章 | 2022 年北京冬奥会遗产可持续利用与创新发展

2008 年，北京举办了第 29 届夏季奥林匹克运动会；2022 年，北京举办了第 24 届冬季奥林匹克运动会。北京是世界上首座既举办过夏奥会又举办过冬奥会的城市。赛事期间，来自 91 个国家和地区的 2897 名运动员参加北京冬奥会。北京、延庆和张家口 3 个赛区 12 座竞赛场馆，共举办了 7 个大项、15 个分项、109 个小项的比赛。北京 2022 年冬奥会和冬残奥会是《奥林匹克 2020 议程》发布后第一届从筹办到举办全过程践行可持续性的奥运会。北京冬奥组委将可持续性作为重要理念融入北京冬奥会筹办和赛事举办全过程，开创性地在管理、治理等方面开展了积极探索，创新形成了可操作、可推广、可借鉴的大型活动可持续性管理"北京模式"。

14.1 体育遗产

14.1.1 冰雪参与，巩固和扩大"带动三亿人参与冰雪运动"成果

北京冬奥会申办时，中国提出"带动三亿人参与冰雪运动"。在"带动三亿人参与冰雪运动"的愿景目标推动以及冰雪运动"南展西扩东进"战略深入实施下，冰雪运动参与突破季节和地域限制，实现快速普及发展。2021 年 10 月，全国冰雪运动参与人数达到 3.46 亿人，居民参与率为 24.56%，冰雪运动已成为人们新的时尚生活方式。北京冬奥会后，各级政府持续推动建设一批冰雪运动场地设施，全国范围内初步形成了布局合理、类型多样的冰雪场地设施结构。国家体育总局数据显示，截至 2022 年底，全国共有冰雪运动场地 2452 个，其中滑冰场地 1576 个，滑雪场地 876 个，各类型数量较冬奥会申办前增长数倍。此外，

随着冰雪运动进校园的持续推进，青少年冰雪运动参与率大幅提升。在国家体育总局"校园冰雪计划"的推动下，2020 年中国遴选出中小学校园冰雪运动特色学校 2000 所，到 2025 年预计将为 5000 所，可覆盖超过 280 万户家庭。北京作为主办城市，其青少年冰雪运动参与始终走在全国前列，发展突飞猛进。截至 2021 年 12 月，北京已建设 200 所冰雪运动特色校和 200 所奥林匹克教育示范校，中小学生参与冰雪运动达 210 万人次。我国残疾人冰雪运动发展态势同样良好，残疾人冬季运动设施得到逐步完善，冰雪活动内容不断丰富，形成了以"中国残疾人冰雪运动季"为龙头的品牌冰雪活动。

14.1.2 冰雪竞技，冰雪运动竞技实力不断增强

北京冬奥会有力地促进了中国冰雪运动竞技水平的大幅提升。2017 年习近平总书记在北京市考察冬奥会筹办工作时提到，我国冰雪运动总体上是"冰"强于"雪"，既要强项更强，更要抓紧补短板。国家体育总局以冬奥备战为牵引，通过固强补弱、优化项目布局、科学训练、强化梯队建设等方式多措并举，成立了落后项目重点攻坚工作领导小组，在越野滑雪、冬季两项、冰球、高山滑雪、速度滑冰、单板大跳台等落后项目和基础大项上下功夫，创新人才选拔与培养的新模式，开展跨界跨向选材。北京冬奥会上，中国体育代表团实现"全项目建队""全项目训练""全项目参赛"，勇夺 9 枚金牌、4 枚银牌、2 枚铜牌，取得了我国参加冬奥会的历史最好成绩。近些年，各地积极组建冰雪队伍，夯实人才基础，冬季项目后备人才储备不断扩大。据统计，2023 年全国冬季项目运动员注册人数为 15 435 人，较 2018 年的 8082 人增长近一倍，其中弱势项目越野滑雪的注册人数从 488 人增长至 1040 人[①]。

14.2 场 馆 遗 产

2022 年北京冬奥会共使用 40 个竞赛、非竞赛和训练场馆。其中，竞赛场馆 12 个，北京赛区包括国家游泳中心、国家体育馆、五棵松体育中心、国家速滑

---

① 田洁. "后冬奥时代"冰雪赛事亮点多［N/OL］. 中国体育报，https://www.sport.gov.cn/n20001280/n20067662/n20067613/c26823688/content.html［2023-12-30］.

馆、首都体育馆、首钢滑雪大跳台 6 个竞赛场馆；延庆赛区 2 个，包括国家高山滑雪中心和国家雪车雪橇中心；张家口赛区 4 个，包括云顶滑雪公园、国家跳台滑雪中心、国家冬季两项中心和国家越野滑雪中心（表 14-1）。所有竞赛场馆中有 4 个是利用 2008 年奥运会的比赛场馆，云顶滑雪公园也是建成近 10 年的成熟滑雪场。非竞赛场馆 25 个，主要的非竞赛场馆包括承担开闭幕式任务的国家体育场，分别位于北京、延庆、张家口赛区的冬奥村/冬残奥村，以及承担主新闻中心和国际广播中心任务的主媒体中心。此外，还有 3 个训练场馆，分别是五棵松冰球训练馆、首体花样滑冰训练馆及首体短道速滑训练馆[①]。

表 14-1 北京冬奥会奥运场馆赛前赛后利用情况

序号	场馆名称	场馆建设类别	赛时用途	当前使用状态	赛后用途
1	国家游泳中心	改造	冰壶	使用中	继续用于国内和国际比赛、向公众开放
2	国家体育馆	改造	冰球	使用中	继续用于国内和国际比赛、文艺演出等活动
3	五棵松体育中心	改造	冰球	使用中	继续用于国内和国际比赛、文艺演出等活动
4	首都体育馆	改造	短道速滑和花样滑冰	使用中	继续用于国内和国际比赛、文艺演出等活动
5	国家速滑馆	新建	速度滑冰项目	使用中	继续用于国内和国际比赛，大众冰上休闲
6	首钢滑雪大跳台	新建	自由式滑雪大跳台和单板滑雪大跳台	使用中	继续用于国内和国际比赛和旅游开发；标志性景观地点和休闲健身活动场地，体育主题公园
7	国家高山滑雪中心	新建	高山滑雪赛事	使用中	继续举办高山滑雪赛事，为专业滑雪队提供训练场地，并向滑雪爱好者开放

---

① 北京 2022 年冬奥会和冬残奥会体育遗产报告（2022）[EB/OL]. http//ent. people. com. cn/n1/2022/0119/c1012-32334928. html[2022-01-19].

序号	场馆名称	场馆建设类别	赛时用途	当前使用状态	赛后用途
8	国家雪车雪橇中心	新建	雪车、钢架雪车、雪橇比赛	使用中	继续作为比赛场地，用于承接和举办各类高级别相关赛事，同时为国家队提供专业的训练场地；大众休闲体验
9	国家跳台滑雪中心	新建	跳台滑雪比赛及北欧两项比赛中的跳台分项	使用中	继续用于赛事和专业训练
10	国家越野滑雪中心	新建	越野滑雪比赛及北欧两项比赛中的越野滑雪分项	使用中	打造户外运动公园，发展特色旅游、休闲度假
11	国家冬季两项中心	新建	冬季两项和越野滑雪	使用中	继续承办世界级赛事以及作为国家训练推广基地使用
12	云顶滑雪公园A+B	新建	U 型场地、坡面障碍技巧、障碍追逐、雪上技巧、空中技巧、平行大回转项目	使用中	恢复大众滑雪和旅游度假，具备举办赛事和运动队训练能力

资料来源：笔者基于资料整理

14.2.1　因地制宜，实现场馆与地区联动发展

北京冬奥会各场馆业主和属地政府在建设改造之初，充分满足赛时需求的基础上，从场馆赛后利用方式、赛后改造计划、商业运营计划等 10 个方面，考虑谋划竞赛、非竞赛场馆赛后利用，实现场馆从赛时到赛后的顺利衔接和长期运营。北京冬奥会将场馆的赛后利用融入地区长远发展。比如延庆赛区依托场馆及配套设施，推动延庆区"冬奥、世园、长城"三张金名片联动发展，以全域旅游为主导，大力发展特色体育文化旅游产业；张家口赛区同样依托现有旅游、文化和场馆资源，推动打造全民、全季、全时、全域的全亚洲冰雪旅游度假目的地和"体育之城"。在京津冀区域协同发展大背景下，北京冬奥会推动了北京、延庆、张家口三个赛区冰雪场馆资源联动发展，借助京张高铁、京礼高速等快速交通线路，融合沿线体育设施和旅游文化资源，打造京张体育文化旅游带，带动周

边区域高质量发展，相互促进，共同发展。

14.2.2　多途并进，实现场馆全方位全时利用

在筹办和举办北京冬奥会的过程中，中国政府和主办城市体育部门、场馆业主单位与国际单项体育联合会进行深入沟通，确定了赛后利用方案。这些场馆赛后继续申办、举办高水平国际和国内赛事，并以此带动大众体育和地方发展。赛事举办方面，举办冬奥会留下的办赛经验、场馆设施、冰雪运动氛围等，成为吸引国际高水平赛事落地的重要元素。北京发挥"双奥之城"场馆优势，举办国际滑联速度滑冰世界杯、国际滑联世界花样滑冰大奖赛总决赛等多项国际顶级赛事；张家口对冬奥场馆进行适应性改造，全省统筹赛事活动资源全面向张家口倾斜，2023 年全年在张家口冬奥场馆举办各类赛事活动 303 项；国际单项体育联合会 A 级赛事雪车和钢架雪车世界杯赛事在延庆举办。赛后两年来，国家体育场、国家游泳中心、国家速滑馆三大场馆以优质产品和载体服务文体消费新需求，举办上百场大型活动，累计接待 700 余万人次，书写奥运场馆可持续利用"中国答卷"①。大众健身方面，所有新建场馆在规划设计阶段就充分考虑赛后公众开放，为大众体育休闲健身提供服务等相关事宜。例如，国家速滑馆采用了 1.2 万 m^2 的全冰面，可容纳 2000 名公众同时开展冰上运动。从 2022 年 5 月开始，这些场馆已经向公众全面开放。冰上场馆都是室内场馆，四季向公众开放和举办大型赛事、文化休闲活动。雪上场馆利用赛区人文历史和自然生态优势，建立户外拓展训练中心，发展健身跑、越野跑、山地自行车、登山、攀岩、徒步、滑草等户外运动，并发展区域特色旅游、休闲度假等产业，实现场馆的四季持续运营。

14.3　经 济 遗 产

14.3.1　高速赛道，冰雪运动产业蓬勃发展

北京冬奥会的成功申办点燃了全民的冰雪消费热情，有力推动了我国冰雪产

---

① 北京将举办多项国际顶级赛事 冰雪赛季冬奥场馆好戏连连［EB/OL］. https://baijiahao. baidu. com/s? id=1781792953142404912&wfr=spider&for=pc［2023-12-30］.

业的快速发展。当前，冰雪产业规模不断扩大，产业供给日渐完善，以冰雪运动健身与休闲、冰雪体育竞赛表演、冰雪旅游、冰雪运动培训、冰雪运动装备生产与销售等为重点的冰雪产业链条基本形成。人们对冰雪产品、冰雪装备、冰雪场地、冰雪旅游的需求质量不断提高。据相关数据，2021 年中国冰雪产业市场规模达 5788 亿元，2022 年增长至 8000 亿元，预计 2023 年我国冰雪产业市场规模可达到 8900 亿元，并有望在 2025 年突破万亿规模。

14.3.2 京张体育文化旅游带建设有序推进，冰雪旅游活力持续释放

冬奥场馆和冬奥品牌既是举办体育赛事的优质资产，也是发展文化和旅游的特色资源。北京冬奥会带动冰雪旅游业快速增长，冰雪旅游成为全民新时尚，旅游人数和旅游收入大幅增加，旅游企业和投资数额不断扩大，冰雪小镇和冰雪旅游度假区蓬勃发展，冰雪旅游市场潜能进一步激发。尽管受疫情影响，但全国冰雪旅游人数仍在大幅增长，冰雪旅游人数从 2016～2017 年冰雪季的 1.7 亿人次增加到 2020～2021 年冰雪季的 2.54 亿人次，增幅近 5 成。作为北京冬奥会赛区所在地，京张地区在赛后充分利用冬奥场馆设施与冰雪、文化、森林、草原等资源，加快推进京张体育文化旅游带建设，目前京张体育文化旅游带已成为深入推进北京、河北协同发展的先行区、示范区。2022 年 1 月，文化和旅游部、国家发展和改革委员会、国家体育总局联合印发《京张体育文化旅游带建设规划》①。同年 5 月，三部门办公厅又联合印发《2022 年京张体育文化旅游带建设工作要点》，明确年度工作任务。2022 年 8 月，为协调解决重大活动举办、区域品牌宣传、跨区域项目建设等方面问题，"京张体育文化旅游带建设协调推进工作机制"正式建立①。随着居民冰雪运动热情的不断攀升，京张地区冰雪旅游的消费活力持续释放，为冰雪经济发展持续增添动能，成为拉动冰雪经济的重要引擎。

---

① 京张手牵手 一起向未来——京张体育文化旅游带建设有序推进 [EB/OL]. https://www.mct. gov.cn/preview/whzx/qgwhxxlb/bj/202305/t20230530_944100.htm [2023-12-30].

14.3.3 冰雪竞赛表演市场和冰雪装备制造业持续升级发展

冰雪竞赛表演产业是释放消费潜力、打造经济增长新动能、壮大冰雪产业的重要力量。2018 年 12 月，国务院办公厅印发《关于加快发展体育竞赛表演产业的指导意见》，要求大力发展各类冰雪体育赛事，推动专业冰雪体育赛事升级发展。北京市印发《北京市人民政府关于加快冰雪运动发展的意见（2016—2022 年)》，要求举办单板滑雪、冰壶、空中技巧、花样滑冰、短道速滑等具有较强观赏性的精品冰雪赛事，引进北美职业冰球联赛表演赛等高水平国际赛事；培育本市职业冰球俱乐部……打造北京"冰球名片"。河北省印发《关于加快发展体育竞赛表演产业的实施意见》，要求"大力发展冰雪赛事活动。抢抓北京冬奥会筹办机遇，积极申办承办国内外高水平冰雪赛事，全力打造张家口、承德两大冰雪赛事核心区"。北京冬奥会申办成功以来，国内冰雪赛事蓬勃发展，冰雪赛事表演市场日益成熟，2018～2019 赛季全国冰雪赛事达 75 项①。

冰雪产业园区蓬勃发展。国内冰雪装备市场投资力度逐渐加大，冰雪装备器材产业园区建设稳步推进，研发设计、生产制造、示范应用的产业集群效应逐步增强。截至 2019 年，全国各地在建及拟建的冰雪装备器材产业园区及小镇接近 20 个，其中河北省依托现有产业基础和冰雪资源优势数量多达 9 个。冰雪装备制造自主创新能力不断提高。深入实施"科技冬奥"攻关计划，支持企业加强冰雪装备创新研发，加大科研投入，提升创新能力，取得积极成效。安踏（中国）有限公司建立冰雪装备科学实验室，配备了可穿戴式传感器、服装材料光学显微镜等高精尖技术设备，整合世界冰雪装备高端原材料，实现冰雪装备个性化研发与定制，极大程度提升国家集训队装备水平②。

---

① 国家体育总局冬季运动管理中心. 体育总局冬运中心关于公布 2018/2019 赛季全国冰雪赛事赛历的函. https://www. sport. gov. cn/dyzx/n5169/c884937/content. html[2023-12-30].

② 北京 2022 年冬奥会和冬残奥会经济遗产报告（2022）［EB/OL］. http//ent. people. com. cn/n1/2022/0119/c1012-32334928. html[2022-01-19].

14.4　社会遗产

14.4.1　志愿服务，传播志愿精神

北京冬奥会志愿服务工作卓有成效，在赛事举办过程中发挥巨大作用，1.8 万赛会志愿者和 20 万人次的城市志愿者克服新冠疫情、冰天雪地、两地办赛等种种困难与挑战，用青春和奉献提供了暖心的服务，向世界展示了蓬勃向上的中国青年形象。北京冬奥会带动越来越多的人参与到社会志愿服务中来，截至 2022 年 10 月 18 日，全国实名志愿者注册人数达 2.29 亿人，志愿服务队伍达 132 万个，累计服务时长近 51.6 亿小时。冬奥会后，为传承和利用北京冬奥会志愿服务人才遗产和宝贵经验，北京和张家口两地的 856 个冬奥城市志愿服务站点根据城市功能规划和市民需要适当保留，服务于未来的城市志愿服务活动，进一步带动全社会弘扬冬奥志愿精神，培育文明风尚，健全志愿服务体系，壮大志愿服务队伍，推动我国志愿服务事业持续健康发展。

14.4.2　关爱残障，建设包容性社会

北京冬残奥会的筹办和举办，极大地带动了全社会助残扶残意识的提升，关爱、尊重残疾人的社会氛围更加浓厚。通过广泛开展残疾人冰雪活动，吸引更多残疾人参与冬季健身，体验冰雪运动的快乐；主办城市无障碍环境建设和服务水平显著提升，使越来越多的残疾人走出家门，出行更加方便；通过基层社区为广大残疾人提供康复护理、职业技能培训和法律维权等服务，使残疾人更好地融入社会。截至 2021 年 12 月，北京市创建 666 家温馨家园，年受益残疾人 391.4 万人次；张家口市分别有 7.5 万和 5.5 万名残疾人享受了生活补贴和护理补贴。北京冬残奥会后，冬奥场馆和赛区的无障碍设施将保留并持续沿用，同时将进一步推动城市无障碍环境的改善和提升，在城市更新、乡村振兴、城市慢行系统建设、老旧小区改造、智慧城市建设等城乡建设和公共服务项目中统筹推进无障碍建设。同时，继续营造全社会助残扶残的文明社会氛

围，丰富残疾人精神文化生活[①]。

14.5 文化遗产

14.5.1 冬奥精神，注入强大精神动力

在北京冬奥会申办、筹办和举办过程中，广大冬奥建设者、工作者、志愿者、参与者不负使命、牢记重托、奉献担当、奋力拼搏，共同创造了胸怀大局、自信开放、迎难而上、追求卓越、共创未来的北京冬奥精神，凝结了北京冬奥会的精神成果，形成了北京冬奥会最重要的文化遗产和精神财富。它是体育战线乃至全国人民的一面新的思想旗帜，是全国各族人民向着第二个百年奋斗目标迈进的新标杆。北京冬奥会后，北京冬奥精神持续传承和发扬，激励广大人民群众奋发向上、接续奋斗，北京冬奥精神转化为全面建设社会主义现代化国家、实现中华民族伟大复兴的精神动力。

14.5.2 文化融合，展示中华文化魅力

北京冬奥会既是一场体育盛会，更是一次新时代中国文化的集中亮相和展示，让全世界感受了中华文明的独特魅力和生机活力。北京冬奥会筹办和举办期间，形式多样、内容丰富的冬奥文化设计、文化活动、文化产品等传播了奥林匹克文化和冰雪文化，充分展示了长城文化、春节文化、非遗文化等中国优秀传统文化的独特魅力，为奥林匹克运动发展增添了新的文化动力。赛后，持续组织举办群众性冰雪文化活动，拓展全国大众冰雪季、全国大众欢乐冰雪周、北京市民欢乐冰雪季等群众性品牌冰雪文化活动，办好国际奥林匹克日等奥运文化活动；持续推广"冰雪知识微课堂"等冬奥与冰雪文化知识传播活动，促进冰雪文化融入百姓生活。持续发挥冬奥会的品牌效应，加强中外文化交流和多层次文明对话，深化与国际体育组织交流合作，进一步开拓与冰雪强

---

① 北京 2022 年冬奥会和冬残奥会社会遗产报告（2022）［EB/OL］. http//ent. people. cn/n1/ 2022/0119/c1012-32334928. html［2022-01-19］.

国、友好城市、奥运城市的国际交往，推动民间文化合作交流，推动国际体育文化交流迈上新台阶。值得一提的是，赛事期间吉祥物"冰墩墩"受到国内外人民的广泛追捧和喜爱，在冬奥会结束后，为了延续大众对"冰墩墩"的热爱和期待，中国奥委会与国际奥委会进行了反复沟通与协商，最终形成以北京冬奥会历史知识产权为主的合作方案，实现了奥林匹克历史知识产权在中国奥委会辖区内的再利用，以鲜活的奥运文化遗产延续奥林匹克的品牌精神。

14.6　环　境　遗　产

14.6.1　科技赋能，创新绿色低碳管理

推动场馆建设满足绿色建筑标准。场馆规划设计之初就确定了目标，所有新建室内场馆全部达到绿色建筑三星级标准，既有场馆通过节能改造努力达到绿色建筑二星级标准。针对雪上场馆缺乏绿色建筑标准的问题，组建专家团队，创新制订《绿色雪上运动场馆评价标准》。截至目前，所有场馆均已达到绿色建筑标准，并已通过验收。

采用二氧化碳制冷剂。国家速滑馆、首都体育馆、首体短道速滑训练馆、五棵松冰球训练馆 4 个冰上场馆在奥运历史上首次使用更清洁、更低碳的二氧化碳制冷剂，不仅减少了传统制冷剂对臭氧层的破坏，而且大幅降低制冷系统能耗，与传统制冷方式相比，可实现节能 30% 以上。以国家速滑馆为例，制冷过程中产生的大量高品质余热可以回收利用，用于运动员生活热水、冰面维护浇冰、融冰池融冰等场景，一年可节省 200 万度电。二氧化碳制冷还可以将场地冰面温差控制在 0.5℃ 以内，为运动员提供更优质的比赛场地。此外，首都体育馆内诞生了世界第一块二氧化碳跨临界直冷制冰冰面，制冷过程中产生的余热回收，每年省电 100 多万度。

加强运行能耗和碳排放智能化管理。围绕绿色建筑、智能场馆等重点领域，组织开展科技创新。国家速滑馆、国家游泳中心、冬奥会主媒体中心、五棵松冰球训练馆等多数场馆均设立能源管控中心，利用大数据和人工智能分析，对场馆内的水、电、气、热等能耗数据进行实时采集、记录和分析，实现可视化、智慧化的建筑能耗和碳排放监测管理。

14.6.2 构建低碳交通体系，倡导低碳出行

综合利用智能交通系统和管理措施。加强冬奥交通与城市交通信息的互联互通，完善城市公共交通运行调度系统，提升交通智能化和精细化管理水平。建设冬奥交通指挥中心延庆分中心，实现市区两个层级的系统整合和联合调度，打破各类交通方式之间的壁垒，实现数据的互联互通，可实现信息发布与引导、运力调配、事件处理等多项功能，赛时满足冬奥会延庆赛区的交通服务保障需求，赛后为延庆区日常交通监测和大型活动提供交通运输综合保障。张家口市推进智能公交建设，公交调度指挥管理实现信息化，开通了掌上公交、京津冀一卡通和移动支付乘车服务，建设了智能候车亭及电子站牌等基础设施。

推广使用新能源汽车。积极推广新能源车辆，推动氢燃料车辆的示范应用，合理规划建设充电桩、加氢站等配套设施，满足电动汽车、氢能源汽车运行需求。截至 2020 年底，北京市公交车中新能源和清洁能源车型占比已超过 90%，其中新能源即纯电动车占比接近一半。赛时，延庆区投运 212 辆氢燃料电池大巴，赛后用于延庆区的公共交通，改变公交能源结构。截至 2020 年 9 月，张家口市公交运营车辆 2325 辆，其中新能源公交车 1718 辆，占比约 73.9%。截至 2021 年 6 月，张家口市已投运氢燃料电池公交车 304 辆，累计完成载客量 4300 万人次，累计运行 1480 万 km，是全国燃料电池运行数量最多、最稳定的城市之一。

大力倡导绿色低碳出行。开展各赛区公共交通配套站点建设，保障观众在赛区间的绿色出行。延庆综合交通服务中心、张家口南综合客运枢纽、太子城高铁站客运枢纽、崇礼南和崇礼北客运枢纽先后投入使用，这些项目可更好地实现各类交通方式的衔接转换，提高公共交通的便利性，便于公众绿色出行。同时，北京市和张家口市积极倡导"135"绿色低碳出行方式（1km 以内步行，3km 以内自行车，5km 左右乘坐公共交通工具）。2020 年，北京市绿色出行满意度超过 85%，中心城区绿色出行比例达到 73.1%，张家口市绿色出行比例在 60% 以上。

14.7　城　市　遗　产

14.7.1　共建共享，公共服务能力不断提升

依托北京冬奥会的筹办举办契机，城市基础服务设施更加健全，公共交通体系得到进一步完善，基本公共服务能力不断提升，市民生活水平稳步提高，城市更加和谐宜居。2019 年底，全长 174km 的京张高铁开通运营，成为中国首条建成投用的智能高铁。张家口市紧抓冬奥筹办契机，建成京张高铁崇礼铁路、太锡高铁太崇段，建成张承高速和京礼高速，建成国道承塔线、6 条省道、4 条县道、14 条乡道、259 条村道，建设张家口南、太子城高铁站、崇礼北、崇礼南客运交通枢纽，四纵三横一环的立体交通网络已经形成。从张家口到北京清河最快运行时间由 3 小时 7 分钟压缩至 48 分钟，京张地区实现"一小时交通圈"，促进了京津冀地区要素的自由流动。京张高铁为北京和张家口地区建立快速通道，赛后推动京张两地的协同发展。随着京张高铁和京礼高速通车，延庆区正式进入首都半小时经济圈、生活圈，交通实现了质的改变。几年来，延庆新建城市道路里程 34.19km，乡村公路实现 100% 通车，乡村中等路以上比例达到 73.3%，通车里程 1068km，路网密度进入生态涵养区领先水平，市民的日常出行也更加安全便捷。

北京冬奥会推进了京张地区医疗多方位深层次合作，建设和完善了公共医疗卫生系统。北京市政府、河北省政府和北京冬奥组委共同签订《北京 2022 年冬奥会和冬残奥会京冀医疗卫生保障合作协议》等相关协议，加强区域间医护人员的培训交流，建立京张地区区域性医疗联合体，促进区域内医疗机构合作，提升区域医疗水平。2015～2021 年，张家口有 9 家市属医院与北京 11 家医院建立了合作关系。在北京市有关医院的帮助下，各合作医院医疗服务能力得到大幅提升，张家口市属医院合作学科累计门诊接诊 50.2 万人次，减少进京就诊患者超 30 万人次，让张家口患者在家门口就能享受到高质量医疗服务。

14.7.2 奥运带动，推动城市高质量发展

北京冬奥会的筹办极大地带动了北京、张家口等主办城市的更新和升级发展，全面提升了城市的知名度和影响力，奥林匹克精神深入人心，全民健身热情高涨，社会文明程度显著提升，推动首钢园区、延庆、张家口成为冬奥筹办带动本地发展的典型范例，实现了奥林匹克运动与城市发展的双赢。冬奥会后，举办城市全面发挥奥运遗产对城市发展的促进和带动作用，进一步放大和延长冬奥效应。北京"双奥之城"影响力扩大，打造首钢"首都城市复兴新地标"。在成功筹办举办冬奥新起点上，北京服务国家国际交往能力增强，举办全流程主场外交活动的核心承载空间扩大，国际化服务水平、重大国事活动服务保障能力提升，国际交往中心功能得到更好发挥，不断向世界展示真实、立体、全面的中国。赛后，首钢园区持续放大北京冬奥会的带动效应，承担体育休闲街区、单板与空中技巧研发中心及冬季运动展示等区域功能，举办国内外冰雪运动赛事和城市文化活动，为园区带来游客，激发产业园区发展活力。延庆建设"最美冬奥城"。北京冬奥会的筹办为延庆的绿色发展奠定基础、带来机遇。基础设施提质升级，京礼高速、京张高铁延庆支线建成通车；冰雪资源加速集聚，延庆奥林匹克园区精彩开园；体育文化旅游产业迅猛发展，建成精品民宿 100 余家；"冬奥、长城、世园"三张金名片联动发展，城市品牌认知度和影响力与日俱增。张家口打造"国际冰雪运动和体育文化旅游目的地城市"。北京冬奥会的筹办带动张家口在基础设施、产业转型、生态环境、城乡面貌、民生福祉等各项事业发展中取得显著成效，为张家口全面提速发展打下了坚实基础。赛后，张家口持久释放遗产效益，为城市的高质量发展和人民的幸福生活注入不竭动力。

| 第 15 章 | 北京冬奥精神引领下北京冬奥遗产可持续发展路径

自古以来，奥林匹克精神一直以"更高、更快、更强"的价值观和理念，引发世界各地的运动员和观众共鸣。2021 年 7 月，国际奥委会第 138 次全会正式通过，将"更团结"（Together）加入奥林匹克格言中，强调构建人类命运共同体的理念。2022 年，奥林匹克之光闪耀北京冬奥会，焕发出一种全新的活力，呈现出一种前所未有的北京冬奥精神。2022 年北京冬奥会及冬残奥会（以下简称北京冬奥会）作为一项全球性的冰雪体育盛会，不仅在体育赛事上取得了辉煌的成就，还深刻诠释了北京冬奥精神的核心要义：胸怀大局、自信开放、迎难而上、追求卓越和共创未来。同时，也为世人留下了丰厚的冬奥遗产，值得长久利用和细细品味。在北京冬奥精神引领下，冬奥遗产的可持续发展成为重要的理论和实践议题。基于此，本章在理论上，剖析北京冬奥精神与北京冬奥遗产之间的内在关联，解析北京冬奥精神的核心要义，并阐释其在北京冬奥遗产中的具体表现，为冬奥遗产可持续发展提供新的视角和范式，以进一步丰富奥林匹克理论体系，为未来冬奥遗产可持续发展提供理论指导。在实践上，关注北京冬奥精神引领下的冬奥遗产可持续发展路径，有助于指导北京及其他冬奥会举办城市的政策制定和冬奥遗产的管理与运营，促进资源的优化配置、环境的保护和社会的可持续发展。此外，还有助于推动冰雪运动的普及，激发人们参与冬季体育活动的热情，提高全民健身水平和国民体质素质，以期为其他国际体育赛事的遗产管理提供有益经验。

北京作为世界首个"双奥之城"，从 2015 年申报成功、筹建到顺利举办，七年时间里，北京冬奥会在体育、经济、社会、文化、环境、城市和区域发展七大领域给中国和全世界留下宝贵的物质和精神遗产。习近平总书记在北京冬奥会、

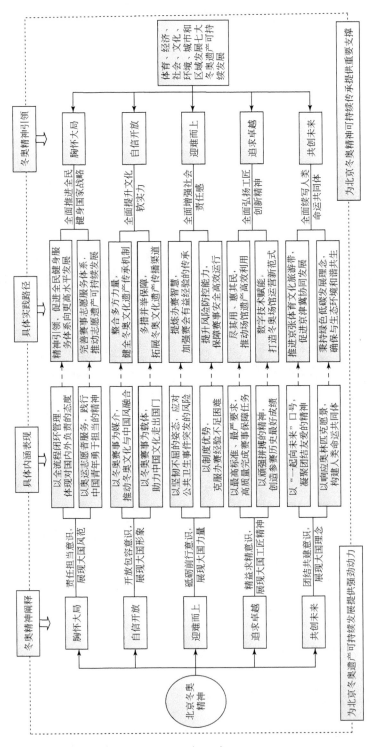

图15-1 北京冬奥精神引领北京冬奥遗产可持续发展的理论框架

冬残奥会总结表彰大会上强调①: "北京冬奥会、冬残奥会既有场馆设施等物质遗产, 也有文化和人才遗产, 这些都是宝贵财富, 要充分运用好, 让其成为推动发展的新动能, 实现冬奥遗产利用效益最大化。" 北京冬奥精神生成于北京冬奥会的实践行动, 包含胸怀大局、自信开放、迎难而上、追求卓越和共创未来等内涵。北京冬奥精神为北京冬奥遗产可持续发展提供强劲动力, 而北京冬奥遗产为北京冬奥精神传承提供重要支撑, 两者是相辅相成、相互影响的, 并以此构建北京冬奥精神引领北京冬奥遗产可持续发展的理论框架 (图15-1)。

15.1 北京冬奥精神引领北京冬奥遗产可持续发展的内涵表现

15.1.1 胸怀大局: 责任担当意识, 展现大国风范

15.1.1.1 以运动员为中心, 体现对国内负责的态度

胸怀大局, 是一种责任、一种担当。2022年北京冬奥会以运动员为中心, 实施全流程闭环式管理, 体现了对国内外负责的态度。随着全球公共问题的增多和中国综合国力的提升, 中国国际责任成为国际社会关注的重点议题。在新冠疫情肆虐全球和多项国际体育赛事延期或停办的双重危机叠加背景下, 北京冬奥会和冬残奥会从人类共同利益出发, 以负责任的态度和"以赛事为核心, 以运动员为中心"的办赛理念, 针对所有涉奥人员实行全流程、全封闭、点对点的"闭环管理"[263], 向世界呈现了中国主动承担国际责任的态度。"闭环管理"是北京冬奥组委将涉赛人员与闭环外公众完全隔离, 阻控大型体育赛事下跨地区人员流动和人群聚集引起的呼吸道传染性疾病传播, 同时要保证赛事相关活动的顺利进行和比赛相关人员及公众的安全[264]。闭环内外完全无接触的"双轨并行"不仅将闭环内病毒传播风险控制在最低水平, 同时彻底阻断疫情向社会面和国际外溢扩散的风险。国际奥委会主席表示, 在北京冬奥会期间, 闭环内核酸检测阳

---

① "后冬奥文章", 这样进课堂、进教材、进试题 [R/OL]. https://m.gmw.cn/baijia/2022-07/25/35905525.html[2023-12-30].

性率仅为 0.01%①。北京冬奥会和冬残奥会用全面和严格的"闭环"措施回应了中国"维护国际和平与安全"的国际承诺，展现了中国负责任大国的国家身份。

15.1.1.2 以奥运志愿者服务，践行中国青年勇于担当的精神

青年一代勇担时代重任充分发挥其社会先导作用，是人类解放和社会进步的必要条件[265]。在经济全球化和政治多极化格局不断深入、全球命运与共休戚相关的背景下，努力促进世界人民相互理解和世界文化交流互鉴是当代青年人对人类和世界的诚挚担当。北京冬奥会和冬残奥会通过重点聚焦"五区四线三周边"，设置 758 个城市志愿服务站点，为中国青年与世界交流搭建了重要平台，期间累计上岗人数 20 万人次，94% 的志愿者是 35 岁以下具有高学历高素养的青年人[266]。作为新冠疫情发生以来首次如期举办的全球综合性体育盛会，北京冬奥会和冬残奥会面临着新冠疫情输入风险增大、体育政治化声音增多等多重危机挑战升级的困难。中国青年志愿者积极面对挑战，在北京冬奥会和冬残奥会筹办及运行期间，立足赛事需求，践行"绿色、共享、开放、廉洁"办奥理念，参与赛前筹办、赛时运行、测试赛、城市运行保障和奥运遗产转化五方面的志愿服务项目，用"手拉手"的热情服务和代表奉献、爱与微笑的"笑脸"热情高效完成冬奥志愿服务工作。中国青年将担当精神与时代使命深度融合，用"奉献、友爱、互助、进步"的奥运志愿服务践行了"使命在心、责任在肩"的担当精神。

15.1.2 自信开放：开放包容意识，展现大国形象

15.1.2.1 以冬奥赛事为媒介，推动冬奥文化与中国风融合

内在的文化自信与彰显。从冬奥标识理念到冬奥场馆设计、从开闭幕式呈现到颁奖仪式表达，北京冬奥会一系列的中国风元素"表述"将奥运文化与中国风高度融合：作为冬奥代表性标识的冬奥会会徽采用了中国汉字"冬"的抽象造型，冬奥奖牌"同心"的设计则源自中国古代天文图和同心圆纹玉璧元素，

---

① "成功的防疫成就了精彩的奥运!"——北京冬奥会疫情防控彰显"以人为本"理念 [R/OL]. https://baijiahao.baidu.com/s? id=1725724209550583911&wfr=spider&for=pc[2023-12-30].

冬奥火炬"飞扬"则表达了"道法自然、天人合一"的中国哲学理念，冬奥吉祥物"冰墩墩"和冬残奥吉祥物"雪容融"采用了中国熊猫和灯笼的独特形象，冬奥会体育图标以中国汉字为灵感来源，以篆刻艺术为主要呈现形式；首钢滑雪大跳台"雪飞天"的敦煌壁画飞天元素、国家跳台滑雪中心"雪如意"的如意造型、国家雪车雪橇中心"雪游龙"、国家高山滑雪中心"雪飞燕"、张家口赛区云顶滑雪公园坡面障碍技巧场地"雪长城"等冬奥场馆均蕴藏着中国风；冬奥会开幕式中"黄河之水天上来"和闭幕式"折柳送别"的中国诗句意境、中国传统二十四节气呈现的奥运倒计时、虎头衣和中国传统剪纸"连年有余"的中国风服饰；颁奖仪式礼服"瑞雪祥云""鸿运山水""唐花飞雪"均是中国传统符号与现代服饰的结合。北京冬奥会以赛事为媒介，推动了冬奥文化与中国风的融合。

15.1.2.2 以冬奥赛事为载体，助力中华文化走出国门

多样文化的传承与传播。中华文化是中华民族五千年文明的蕴藉和积淀，是中华民族独特的精神标识。北京冬奥会是东西方文明交流互鉴的国际载体，将中国独特的文化和传统价值传播给世界：在开闭幕式精心策划和设计舞蹈、音乐、武术、戏曲等传统元素展示中国的文化魅力；在冬奥会期间安排一系列音乐会、艺术展览、电影展映等文化交流活动展示中国的文化艺术；在冬奥会举办地附近设置文化展览馆展示中国的非物质文化遗产和传统手工艺品，传播中国的历史和文化；设计特色纪念品、设计师服装、艺术品等创意文化产品，展示现代中国文化；在冬奥会期间推广中国传统菜肴和特色小吃，向国际观众和运动员展示中国美食文化。北京冬奥会成为一个让世界更好地认识和了解中国文化的窗口，推动自身文化产业的发展，提升文化软实力，助力中国文化走出国门。

15.1.3 迎难而上：砥砺前行意识，展现大国力量

15.1.3.1 以坚韧不屈的姿态，应对公共卫生事件突发的风险

克服外部突发事件的风险难关。中华民族在历史上经历过很多磨难，但中国人民通过坚定的理想信念和坚忍不拔的革命意志汇聚成磅礴的精神力量，愈挫愈

勇，不断在磨难中成长、从磨难中奋起，从来没有被压垮过[267]。公共卫生事件的突发是时代对世界的又一次考验，在各国各项事业受到严重威胁和体育事业经历着大型赛事接连延期或停办等重大危机背景下，北京冬奥会面临着疫情输入风险骤然增大导致办赛与防控双重压力增加、运动员训练比赛受限造成训练压力增加、体育产业发展空间压缩导致赛事投资资源减少等更深层的困难与挑战。中华民族再次不惧困难凝聚力量，保持坚定的心态和信念，知重负重，用勇战新冠疫情的魄力，通过积极谋划、风险评估、精细管理、科技赋能等措施克服财务管理、宣传传播、品牌管理、重型装备、专属场馆、疫情防控、舆论传播等[268]多重风险危机，团结协作攻坚克难，不仅成为新冠疫情发生以来首次如期举办的全球综合性体育盛会，同时还确保了赛事安全、顺利、精彩举办。

15.1.3.2　以制度优势，克服办赛经验不足困难

克服内部协调的困难。北京冬奥会作为我国重要历史节点的重大标志性活动，面临组织和协调能力、资金和赞助、媒体和宣传、风险管理等办赛经验不足的挑战：赛事组织需要协调场地选择、物流运输、安全保障、酒店安排、志愿者管理等方面，避免组织混乱和资源分配不均；办赛需要庞大的预算来承担场馆租赁、设备购买、团队组建等费用；保证媒体宣传效果，提升观众数量、知名度和品牌价值；需要完善风险识别和管理能力，以应对突发事件；等等。面对困难和挑战，北京冬奥会始终做到了"四个坚持"，坚持党的集中统一领导，统筹协调推进办赛工作；坚持集中力量办大事，为成功办赛提供坚实保障；坚持主动防范应对各种风险挑战，提升应急管理能力主动应对风险；坚持办赛和服务人民、促进发展相结合，实现共同参与成果共享。在中国特色社会主义制度的引领下，北京冬奥会成功举办，并为世界形成了"中国方案"。

15.1.4　追求卓越：精益求精意识，展现大国工匠精神

15.1.4.1　以最高标准、最严要求，高质量完成赛事保障任务

赛事保障求稳求精。为了高质量完成北京冬奥会、冬残奥会的赛事保障任务，北京冬奥会组委会始终践行工匠精神，以最高标准、最严要求开展工作；高

标准完成场馆设施建设，以"科技、智慧、绿色、节俭"为准则，匠心精研高新材料、制冷系统、智慧管理、精确空间测量放线及定点、"雪花"肌理玻璃幕墙、装配式运动员更衣室等技术，通过科技赋能精准施工，为运动员提供了安全、舒适的竞赛环境，完成了多项可持续发展"精品工程"。严格要求完成赛事组织运营，以"简约、安全、精彩"为要求，统筹协调交通运输、住宿餐饮、签证申请等赛事服务，从通信保障到网络安全保障统一实现"零干扰、零失误、零差错"。突破关键技术自主研制国产雪车、滑雪板、冰刀、速滑服等冰雪竞技器材和国产雪蜡车、索道、便携式雪粒径测量仪和雪硬度测量仪、短道速滑防护垫等赛事辅助产品，确保赛事的安全有序进行。创新毫秒级低时延多视角切换、8K+VR超高清直播等观赛应用，打通8K全链路技术链条，实现有史以来"最清晰"冬奥会，保障赛事精彩呈现。北京冬奥会全面完成了场馆建设与维修、基础设施建设、安全保障、志愿者招募与培训、赛事组织与管理、传媒与宣传等全方位高质量的赛事保障，体现了中国追求卓越的价值观，展现了追求完美的大国工匠精神。

15.1.4.2 以顽强拼搏的精神，创造参赛历史最好成绩

赛事成绩不断超越。在一百年的非凡奋斗历程中，从"井冈山精神"、"长征精神"到"抗洪精神"、"抗疫精神"，从"登山精神"、"女排精神"到"中华体育精神"、"北京冬奥精神"，"顽强拼搏"一直是中国人的精神传承，是中国体育的奋斗力量。北京冬奥会我国代表队不断以顽强拼搏的精神攻坚克难、创新突破：国家花样滑冰队教练赵宏博对训练条件和运动技术精益求精，带领中国花样滑冰队与国外各个协会和训练团队合作，并在疫情期间创造封闭环境全力保护运动员健康安全，最终国家花样滑冰队拿下了花样滑冰金牌，直接将代表团奖牌榜排名从第七位提升到第三位；自由式滑雪女子空中技巧运动员徐梦桃在备战奥运期间针对自己的短板不断苦练体能精进技术，在膝盖伤病的情况下依然顽强奋战，不断创造新的世界纪录……我国代表队在北京冬奥会的赛场上不断挑战自我，在参赛项目方面参与了全部 7 个大项和 15 个分项的比赛；在参赛成绩方面共获得 15 枚奖牌，金牌榜排名第三，多项成绩创历史最佳，其中 4 枚冰上项目金牌、5 枚雪上项目金牌，扭转了以往"冰强雪弱"的参赛成绩格局[269]，最终以顽强拼搏的精神完成了"全项目参赛"和"最好成绩"的目标。

15.1.5 共创未来：团结共建意识，展现大国理念

15.1.5.1 以"一起向未来"口号，凝聚团结友爱的精神

团结共建意识。团结友爱的体育精神是中国传统文化中所蕴含的集体主义价值观，是中国人民和中华民族的国家情怀与民族精神[270]。北京冬奥会和冬残奥会作为传达体育精神的重要窗口，在受疫情影响、全世界需要体育精神凝聚力量的特殊时期，将"Together"（团结）写入了主题口号，用蕴含中国文化的"一起向未来"（Together for a Shared Future）向世界诠释了中国团结友爱的体育精神与体育期望。"Together"（团结）一方面体现了全世界人民多领域团结的价值共识，另一方面也呼应了国际奥委会将"更团结"加入奥林匹克新格言的价值取向；"Shared"（共享）一方面体现了面对不断变化与不安的世界环境，所有国家守望相助、共建共享的合作精神，另一方面也传达了中国愿与世界团结一致携手共进、追求和平发展的美好愿望；"Future"（向未来）一方面体现了体育精神引领人类文明协同进步的时代之需，另一方面也表达了在奥林匹克精神影响下追求世界统一、和平与进步的未来愿景。"一起向未来"将团结友爱的精神价值融入奥林匹克运动，从全球观与人类观的视角诠释了体育精神的集体主义内涵，表达了体育发展团结互助的精神价值。

15.1.5.2 以响应奥林匹克愿景，构建人类命运共同体

共创人类未来。随着中国的和平崛起与世界地位的不断提升，国际大国之间的战略关系发生变化，中国提出了"构建人类命运共同体"的全球治理方案，用人类命运共同体理念传达了对合作共赢与和平发展的追求。"更快、更高、更强、更团结"的奥林匹克格言展现了奥林匹克"携手共创人类美好未来"的美好愿景。北京冬奥会融聚的"健康、绿色、人文、共享、开放、科技、简约、安全、精彩、一起向未来"等中国体育理念高度契合人类命运共同体的价值目标，是人类命运共同体理念继推动建设"一带一路"、支持联合国体系、推动改革不合理的国际经济治理制度等外交实践后在体育领域的又一重要实践[271]。从高水平场馆规划建设到冰雪运动开展，从赛事举办到城市区域发展，北京冬奥会将"团结、公平、和而不同"的体育思想逻辑融入奥林匹克竞争体系，通过保障措

施和预案管理排除在经济和政治中的负面影响，消除种族、地区和国家之间的偏见，兑现了"同世界各国人民一道，同国际奥委会一起共同见证奥林匹克冬季运动发展和奥林匹克精神传播的新境界"的承诺[272]，响应奥林匹克对人类未来社会和共同世界的憧憬与期许。

15.2 北京冬奥精神引领北京冬奥遗产可持续发展的实践路径

15.2.1 胸怀大局：全面推进全民健身国家战略

15.2.1.1 精神引领，促进全民健身服务体系向更高水平发展

1）学习冬奥健儿精神，持续点燃全民健身热情

北京冬奥精神源自北京冬奥会的实践行动，给世人留下了宝贵的文化遗产，可转化为全民健身的主动意识和精神动力。一方面，要充分利用冬奥健儿的故事和榜样效应，激发公众对健身的兴趣和热情。例如，2023 年北京体育大学成立"冠军之家"栏目，并设置"冠军讲体育"课程，以冠军公益行、冠军沙龙、课程打造、出国访学和举办成果展等活动形式宣传体育精神，促进体育人文交流。另外，通过制作冬奥健儿题材的宣传视频，展示他们在比赛中的拼搏精神和取得的成就，通过社交媒体等渠道广泛传播，让更多人了解和认同冬奥健儿的精神。另一方面，将冬奥健儿精神融入体育课堂和社区活动中，培养居民的健身习惯和意识。学校通过与体育俱乐部、冬季运动协会等合作，组织开展冬奥课程、冰雪运动体验营等活动，让学生接触和了解冬奥运动，激发他们的兴趣和热爱。同时，在社区活动中邀请冬奥健儿参与，与公众分享他们的经验和训练方法以及对健身的看法，激励更多人积极参与冰雪运动。

2）加强冰雪后备人才培养，为全民健身注入新活力

习近平总书记指出，完善全民健身体系，增强广大人民群众特别是青少年体育健身意识，增强我国竞技体育的综合实力和国际竞争力，加快建设体育强国步伐。青少年作为全民健身的重点对象，是实现"带动三亿人参与冰雪运动"目标的重点人群，要秉持以人为本的价值理念，将冰雪运动后备人才嵌入全民健

身。在后冬奥时期，冰雪运动后备人才培养要紧紧围绕"高质量"发展方向开展，走体教融合人才培养之路，要充分整合和利用赛后留下的场馆资源、人力资源，建立青少年冰雪运动俱乐部，进行市场化运作与推广，以更好地服务于全民健身国家战略。同时，继续深化体教融合，推动冰雪运动进校园进社区。会同教育部制定冰雪运动传统特色标准，遴选冰雪运动特色学校，将冰雪运动纳入学校体育教学大纲，建立并完善大中小学冰雪运动竞赛体系，全面提高冰雪运动在校园中的量和质。

3）完善冰雪体育社会组织建设，推广和普及冰雪运动

全民健身离不开身边的场地设施、群众体育赛事活动、全民健身组织、科学的健身指导等。冰雪体育社会组织自然成为冰雪运动融入全民健身的重要环节。首先，要明确冰雪体育社会组织在冰雪运动推广和普及中的重要价值，强调它在组织冰雪活动赛事、培养冰雪专业人才、传播冬奥精神、运营与管理冰雪俱乐部等方面的特殊作用。其次，加快推进冰雪体育社会组织实体化建设。政府应转变思维，将冰雪体育社会组织视为推动冰雪运动发展的重要力量，并加强相应的政策支持。通过制定优惠的税收政策，提供专项补贴，鼓励冰雪体育社会组织的发展。同时，通过提供场地资源、减少行政审批等方式，简化办事流程，降低冰雪体育社会组织的运营成本。此外，充分利用社会资源，引导和支持企业、社会团体等积极参与冰雪体育社会组织的建设和发展，在资金、场地、设备等方面提供扶持。最后，以冰雪体育协会为载体，培养高水平冰雪骨干人才，面向专业运动员、体育教师、裁判员、滑雪爱好者，制定不同的培训模式，全方位提升冰雪人才队伍的稳定性。

15.2.1.2 完善赛事志愿服务体系，推动志愿遗产可持续发展

1）延续赛事服务经验，推进赛事志愿服务制度建设

在后冬奥时期，延续志愿服务参与社会治理的步伐，推进赛事志愿服务制度建设，为志愿服务和志愿者提供有力的法律保障。政府应制定并完善相关的法律法规和政策支持，包括赛事志愿服务组织的设立和管理、志愿者权益保护、志愿服务活动的范围和内容等方面的规定，明确赛事志愿服务的法律地位和义务，规范赛事志愿服务组织的管理和运作，促进志愿者的参与和发展。例如，2021 年，为培育形成积极参与冬奥志愿服务的良好氛围，对《北京市志愿服务促进条例》进行修订，以加强激励保障制度建设。相应地，重视赛事志

愿服务组织的建设和培训工作，强调科学系统性，一方面，最大限度地利用现有资源和场地，尤其是积极推进"互联网+"培训平台和考试机制。例如，北京冬奥组委为志愿者规划了奥林匹克基础知识、北京冬奥会和冬残奥会应知应会知识、志愿服务通识、志愿服务技能 4 个板块 23 门必修课程，并提供部分选修课程。同时，建立赛事志愿服务组织培训基地，以确保赛事志愿培训的持续性，并建立有效的考核、评估和退出机制。另一方面，依托官方组织机构，为赛事志愿者和赛事服务组织提供标准化、专业化、规范化的课程培训体系与技能认证制度，推动国家赛事志愿服务资格准入制度的发展，以确保赛事志愿者具备良好的业务素养。

2) 创新志愿者管理，搭建赛事服务志愿者网络平台

赛事志愿服务是一种弘扬北京冬奥精神的有效形式，能够全面提升人们的素质，更好地满足社会需求，促进社会的和谐与发展。在 2022 年北京冬奥会志愿服务中，共录用志愿者达 1.9 万人，包含通用志愿者和专业志愿者两大类，服务范围涵盖对外联络、竞赛运行等十大类别，涉及场馆管理、赛事服务、物流、技术、新闻运行、语言服务、体育竞赛、颁奖礼仪等 41 个业务领域。赛会结束后，如何管理并利用好冬奥志愿遗产将是下一步面临的重要任务。当前，我国正处于数字化转型阶段，互联网已经成为人们生活、学习和工作不可或缺的重要工具，在志愿者管理中引入互联网可以为赛事志愿服务和志愿者管理提供更强有力的支持。通过互联网技术，可以实现志愿者的在线注册、信息管理、培训指导和服务协调，提高志愿者管理的效率和便利性。因此，亟须建立完善统一、专业迅捷的赛事志愿服务信息平台，具备集招募、筛选、培训和聘用于一体的管理功能，实现数据信息共享、互联互通，以此来建立赛事志愿者长效服务机制。

3) 加强志愿服务力度，完善赛事志愿服务保障机制

随着我国体育赛事的规模不断增大，体育赛事的举办日趋频繁，赛事志愿者需求显著增加，赛事志愿者队伍的稳定性和专业性无疑对赛事的成败起着关键作用。为此，建立健全赛事志愿服务保障机制显得尤为重要。北京冬奥组委专门制定《北京 2022 年冬奥会和冬残奥会赛会志愿者激励工作指导意见》，它是国内第一份专门的大型赛会志愿者激励工作指导意见，以"弘扬志愿精神"为主线，强调志愿者自我驱动的内在因素，制定"三大激励、十项行动"计划，可为后续其他赛事的传承路径提供宝贵经验。从国家层面，弘扬家国情怀，充分发挥志愿精神的激励作用，为志愿者颁发志愿服、荣誉证书、相关纪念品等，同时志愿者可以享受免费餐饮、人身意外伤害保险、一定金额补贴、相关医疗服务等。从社会层面，增加财政扶持，探索多元化的经费来源渠道。建立赛事志愿服务资金支持保障制度，国家层面出台相应的政策文件，针对赛事的级别、性质、区域等不同，要求各地方政府将赛事志愿服务经费纳入地方财政支出预算，设立赛事志愿服务专项资金，以保障赛事志愿服务的可持续性。同时，调整财税制度和其他激励政策，鼓励社会力量积极参与赛事志愿服务并捐赠资金，重点推动政府财政拨款、企业捐赠和社会捐助等多元化经费筹集模式，形成更为完善的资金支持网络。

15.2.2 自信开放：全面提升文化软实力

15.2.2.1 整合多方力量，健全冬奥文化遗产传承机制

1）传承奥运遗产，完善冬奥文化遗产管理

一方面，健全冬奥文化遗产管理机构。北京奥运城市发展促进会作为"双奥"遗产机构，承接北京冬奥组委职能，负责冬奥文化遗产的保护、评估、研究和管理工作，协调各方力量共同参与和推动冬奥文化遗产的传承。另一方面，充分发挥政府在冬奥文化遗产保护中的协同作用，政府为捐赠和投资冬奥文化遗产保护项目的企业和个人提供减免税收或税务优惠，以此促进社会资本的积极参与。同时，加强与国际组织、非营利机构、学术界和民间团体之间的合作交流，共享资源和经验，共同制定保护冬奥文化遗产的策略和行动计划。借助高校学术平台，成立冬奥文化遗产研究中心，推动相关研究和学术交流。例如，依托首都体育学院建立的北京国际奥林匹克学院，成为传播北京冬奥精神与传承冬奥遗产的重要载体。除此之外，加强文化认同，吸纳社会资本建立专门的冬奥文化保护基金，用于支持冬奥文化遗产的保护和修复工作。

2）吸纳多方人才，提高冰雪文化遗产保护和利用效益

一是，加强冰雪文化遗产的活化利用。通过产业链延伸、产业技术渗透和产业重组等方式形成多元化的冰雪文化新业态，不断激发冰雪文化遗产新动能。例如，以产业链延伸模式可衍生出冰雪装备制造业、冰雪教育培训业、冰雪广告传媒业等。二是，加强冰雪文化活动的宣传和推广，提供多样化的公共

文化服务。建设多功能冰雪文化展览馆，用以展示当地的冰雪事迹、冠军荣誉、民俗故事，吸引游客体验和了解当地的冰雪文化。此外，注重社区、学校、企业的冰雪文化普及工作，定期开展冰雪文化节、比赛和展览等活动，让民众参与其中，增强其对冰雪文化的认同感和归属感。例如，开展冰雪主题的文化活动和演出，组织冰雪艺术展览、音乐会、舞蹈演出，吸引观众和消费者，提高其对冰雪文化创意产品的认知和兴趣，为冰雪文化创意产品的推广提供平台和机会。

3) 健全冬奥文化传播的人才支撑体系

借助高等体育院系人才培养的阵地，搭建多层次、多形式的冬奥遗产文化教育培训体系。近年来，北京冬奥会促进体育院校加速转型，承担冰雪人才培养的重任，包括高校本科和研究生专业、职业培训机构和业余培训等多种形式，以满足不同层次、不同类型的冬奥遗产人才需求。课程设置强调理论与实际相结合，突出学科交叉融合特点，培养具有文化、艺术、历史、体育、旅游、法律、外语、市场营销等不同学科背景的人才。同时，加强学科交叉研究与教育，促进不同专业人才的相互学习与借鉴，推动冬奥文化遗产的全面发展。采用"请进来"与"走出去"相结合的国际人才培养方式。例如，通过建立实践基地、项目合作的方式，建立冬奥遗产人才国际交流专家库，聘请外籍专家指导培训，同时选派优秀人才赴境外学习，为冬奥文化遗产人才提供更多实践的机会与平台。

15.2.2.2 多措并举保障，拓展冬奥文化遗产传播渠道

1) 数字化嵌入，为冬奥文化遗产保护传承提供新方式

在北京冬奥会开幕式上，使用激光与数字光影机械装置，为观众呈现非物质文化遗产"二十四节气"，让中国文化的内核得到完美表达[273]。冬奥文化遗产数字化保存和传播具有抗风险、传播快、便捷、共享性强等特点，它主要通过将数字化技术与冬奥文化遗产资源相结合，实现冬奥文化遗产以全新的方式永久保存，有利于传承北京冬奥文化记忆。首先，通过文献资料、博物馆藏品、档案文件、口述历史等渠道做好冬奥文化遗产的分类、收集与整理工作。其次，使用高分辨率扫描仪、图像处理软件、数据库等工具对冬奥场馆、纪念品、文化活动、文化产品等资源进行数字化处理，确保其可持久性和保真度。再次，建立基于云计算存储系统的冬奥文化遗产数字化平台，用于存储、管理和展示冬

奥文化遗产资源。譬如，在 2021 年 5 月，中国人民大学首次尝试建立"3D 扫描+平面拍摄"的奥运数字展厅[274]。最后，建立广泛合作伙伴关系。加强与博物馆、图书馆、学术研究机构、奥委会等机构之间的合作交流，举办在线展览、研讨会、工作坊等多种活动，分享和交流冬奥文化遗产资源，以提高公众对冬奥文化的理解和认同。例如，中国奥委会与国际奥委会反复沟通与协商，最终形成以北京冬奥会历史知识产权为主的合作方案，在 2024 年龙年春节之际，推出"龙墩墩"系列新产品，实现奥林匹克历史知识产权在中国奥委会辖区内的再利用。

2）全方位叙事，讲好北京冬奥故事

以感染性强、专业性高的方式进行传播，使国际社会更加全面、立体、生动地了解和认识中国传统文化，提高北京冬奥的国际关注度和影响力。一是，通过举办国际艺术节、北京奥运城市体育文化节、北京国际体育电影周等多种路径传承冬奥文化。其中，国际艺术节是通过音乐会、舞蹈、美术等各类艺术形式，将冬奥故事融入艺术创作之中，向国际观众传递中国文化和冬奥精神。例如，"相约北京"国际艺术节、冰上舞剧《踏冰逐梦》，以文化艺术表演的形式，诠释冬奥文化，传播冬奥精神。二是，借助北京广播电视台冬奥纪实频道，通过纪录片、访谈、特别报道等多种电视节目形式，深入挖掘中国冬奥故事，包括冬奥选手的训练经历、比赛精彩瞬间、场馆建设背后的故事等，激发大众对冬奥文化的兴趣。三是，依托北京冬奥宣讲团。按照冰雪运动"南展西扩东进"战略，冬奥宣讲团足迹遍布北京、河北、黑龙江、内蒙古、新疆、西藏、青海、福建等18 个省（自治区、直辖市）。通过研讨会、交流讲座、校园巡回等形式，向不同层面的听众阐述中国冬奥的意义、举办经验和文化传承，加深国际社会对中国冬奥的了解和文化认同。

15.2.3 迎难而上：全面增强社会责任感

15.2.3.1 提炼冬奥办赛智慧，加强赛会有益经验的传承

1）坚持党的领导，为体育事业发展提供政治保障

国际奥委会主席巴赫不禁感叹，"尽管面临着疫情挑战，冬奥筹办工作进展十分顺利，这几乎就是奇迹！"这充分体现了中国共产党领导的社会主义制度优

势。纵观整个办赛过程，面对异常复杂的国际形势，加上新冠疫情全球肆虐，对赛事的如期举办产生严峻的考验，在党的统一领导下，全国人民万众一心、齐心协力，攻坚克难、共同抗疫，使得冬奥会顺利举办，生动诠释了党领导的国家体育事业取得历史性成就。中华人民共和国成立 70 余年来，历史的实践经验再次充分表明，坚持党的全面领导是我国体育事业发展的有力保证。因此，要毫不动摇地坚持党的领导，统筹协调各项工作，确保体育事业与国家整体发展保持一致，避免力量分散和资源浪费。

2）大力弘扬冬奥精神，助力体育强国建设

在北京冬奥会上，中国冬奥代表团共获得 9 金 4 银 2 铜，首次闯进奖牌榜前三甲，刷新金牌榜和奖牌数历史新高。中国冬奥健儿表现出奋勇争先、超越自我的拼搏精神，团结协作、顾全大局的集体精神，展现了当代运动员的精神风貌，不断激发运动员砥砺前行，并潜移默化地推动体育事业更高质量发展。例如，"00 后"小将谷爱凌勇夺三金，老将徐梦桃用 16 年坚持四届冬奥，圆梦金牌。新时代新征程，在竞技体育层面，欲求新绩，唯有拼搏，牢记使命，秉持"胸怀大局"的责任担当，把冬奥精神融入日常的备战训练、竞赛、科研当中，为实现中华民族伟大复兴的体育强国梦贡献力量。在群众领域，秉承"迎难而上"的决心，以人民为中心，以满足人民体育需求为根本目标，着力解决全民健身供需不足的短板，努力构建更高水平的全民健身公共服务体系。在体育文化领域，推动运动项目文化建设，促进体育文化繁荣发展，彰显"自信开放"的冬奥精神[275]。在体育科技领域，弘扬"追求卓越"的冬奥精神，统筹推进技术研发、科技创新和成果转化，为实现体育强国提供有力支撑。

15.2.3.2　提升风险防控能力，保障赛事安全高效运行

1）健全大型体育赛事公共安全风险管理的顶层设计

在北京冬奥会期间，疫情防控进入常态化阶段后，中外大型体育赛事应对疫情风险的经验对于即将举办的全球一系列大型体育赛事具有启发借鉴意义。一是，建立综合运行指挥体系。从战略决策、运行指挥、应急处置三个方面建立"三位一体"的综合指挥体系，形成上下联动的应急指挥部体系。二是，对赛事风险进行精准评估，编制应急预案体系。世界卫生组织大型体育赛事风险评估工具的构成内容共分为 6 个部分[276]，分别是使用说明、风险决策、风险评估、风险控制、决策矩阵和风险沟通（图 15-2）。通过评估工具对赛事进行系统科学

评估，最大限度规避各种风险。三是，建立协同合作机制，强化应急演练。整合各个相关部门（如公安、消防、交通、医疗等部门），以确保信息的共享和协调行动，定期组织模拟演练，包括紧急情况下的疏散、伤员救治、媒体应对等，以提高应对突发事件的能力。四是，健全区域协同的应急物资保障体系。加强各类应急物资和能力储备，构建智慧应急物资综合指挥调度平台，实现应急物资精准定位、高效共享、快速调配、及时保障，提升跨领域、跨区域的协调联动能力。

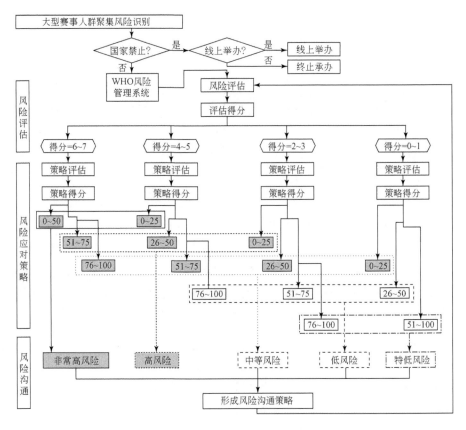

图 15-2　世界卫生组织（WHO）大型体育赛事风险评定步骤[276]

2) 利用数字技术提升大型体育赛事公共安全风险治理水平

北京冬奥组委采用科学的管理手段，打造了最安全的冬奥盛会，通过建立闭环体系，实现场馆内的疫情防控与城市疫情完全阻隔，互不关联。指挥调度中心作为"冬奥大脑"的核心，对北京、延庆、张家口三大赛区实施24小时监控、调度、响应及服务，这是比赛场馆外最快速的保障机制。在面对重大公共卫生事件风险因素的后冬奥时代，大型体育赛事规模大、复杂性强，传统的体育赛事安全风险管理模式难以适应数字化时代的需求，数字技术作为新时代社会变革的驱动力，将会有效提升大型体育赛事公共安全风险治理水平。一方面，充分利用云计算、大数据、5G、人工智能、虚拟现实、增强现实、区块链等信息技术建立体育赛事数字化管理平台，收集各类体育赛事公共安全风险治理数据，并且智能化地进行风险识别、评估及给出相应的应急方案。另一方面，举办一次大型体育赛事涉及不同人群（运动员、裁判员、志愿者、技术官员、观众等）、多种场地（各比赛项目场地）、诸多部门（酒店、交通、卫生、公安等），如何达到快速响应及准确判断的需求，创新数字化安保机制变得尤为重要。加强与数字化科技公司合作，建立"人、车、物、证、码"多场景一体化防控，打造"赛事治安防控识别圈"，实现多维数据管控，布控预警、态势感知、可视化指挥调度。

15.2.4　追求卓越：全面弘扬工匠创新精神

15.2.4.1　尽其用、惠其民，推动场馆遗产高效利用

1）继续服务专业赛事，促进冰雪竞技运动高质量发展

在竞赛场馆方面，一共使用12个竞赛场馆，其中北京赛区6个，张家口赛区4个，延庆赛区2个，场馆条件达到世界一流水准，同时，所有新建的场馆都满足国际绿色建筑评价认证 LEED 标准。面对奥运场馆赛后利用的普适性难题，超前谋划，所有场馆赛前制定详细利用计划，向全世界展示中国智慧和国际典范，为未来其他国家和地区举办大型赛事提供借鉴。一是，继续发挥场馆竞赛功能，承接高水平赛事，发展赛事经济。例如，在延庆，冬奥会后"雪游龙"首次承接高水平赛事，2022～2023赛季全国雪车锦标赛、全国钢架雪车锦标赛、全国雪橇冠军赛3场国家级赛事圆满结束。二是，向国家队、省队提供专业训练，提升冰雪运动竞技实力。在钢架雪车、雪橇、跳台滑雪、自由式滑雪、单板滑雪等许多冰雪项目，由于缺乏高质量的冰雪场地，需要耗费大量的人力、物力和财力资源前往欧洲和北美进行训练和竞赛。现如今，冬奥场馆赛后专业利用为运动员的高质量训练提供保障，全面提升竞技水平。三是，培养复合型冰雪人才队伍，提升科学研究能力。借助冬奥场馆助推冰雪高质量发展的载体作用，提高

教练员的执教水平、丰富裁判员的执裁经验、提升科研人员的创新能力等。在 2023 年 1 月的河北省体育工作会议上，张家口已组织 3 期冰雪运动青少年培训、2 期冰雪运动教练员和裁判员培训。

2）面向大众开放，坚持冬奥成果全民共享

冬奥场馆因赛而建，承办赛事是场馆的本源职责，同时，要重视场馆赛后的利用价值，凸显可持续发展理念。冬奥场馆赛后利用，面向大众开放，鼓励全民参与，推动全民健身纵深发展是其应有之责。加强冬奥场馆功能转换，重点转向服务普通大众休闲健身，为增强人民体质、推进健康中国战略、增进民众福祉提供有力支撑。首先，以人民需求为中心，建立人性化的开放机制，制定一馆一策的弹性政策，确保冬奥场馆在对公众开放的方式、时间和费用等方面达到公平、公正和可持续的标准。其次，大力开展冰雪群众赛事和健身活动。针对不同年龄阶段人群，定期举办速度滑冰、冰球、冰壶、花样滑冰等各类冰上群众赛事和健身活动，鼓励群众积极参与冬季体育运动，为全民提供展示自己的机会，让更多人体验到冬奥场馆的魅力。比如，国家速滑馆、首都体育馆、国家游泳中心、国家雪车雪橇中心等冬奥场馆相继对公众开放，通过举办群众性赛事、培训体验等活动，让群众可以多元参与冰雪运动。最后，提供社会公益服务。冬奥场馆可以成为社会公益活动的场所，如举办慈善义赛、为残障人士提供无障碍体验、组织公益培训等，通过提供社会公益服务，让更多弱势群体和社区受益，推动冬奥成果的全民共享。

15.2.4.2　数字技术赋能，打造冬奥场馆运营新范式

1）数字赋能，推进冬奥场馆数字化发展

近几年，国家出台若干政策积极推动体育场馆数字化转型。体育场馆作为体育产业数字化转型的重要内容和应用场景，将会提升场馆运营效率、优化人力资本结构、升级低碳环保配置、节约耗能、降低运营成本、减轻财政压力[277]。2022 年北京冬奥场馆运用仿生模拟系统、虚拟现实技术、数字孪生技术等在开闭幕式、竞赛、赛事转播等方面进行有效应用。冬奥会结束后，为充分实现场馆效益最大化，北京市国有资产经营有限责任公司作为国家体育场、国家游泳中心和国家速滑馆三大冬奥场馆的主营单位，运用先进科技，升级三大场馆硬件设施，提升场馆运营效能，拓展服务领域。例如，国家速滑馆以智慧管理平台为支撑，推进馆内导航、赛事信息、票务管理、运动健康等功能应用，建设稳定、流

畅、安全的无线使用场景，构建休闲消费新场景、新模式，强化场馆消费体验的便捷性、独特性、社交性。

2）深入挖掘场馆多元业态，建立体育综合服务

以体育服务为核心，将冬奥场馆与体育、健康、文化、旅游、休闲、娱乐、商业等相关业态深度融合，形成功能相互依存、相互支撑、相互裨益的多功能、多业态、高效益的体育消费聚集区，向消费者提供多元化、一站式服务场景，全面提升场馆经营效益。基于北京冬奥场馆差异化特征，根据各场馆的功能定位，打造"一核心、多业态、全方位"的运营模式。例如，双奥场馆北京五棵松体育馆，从 2008 年北京夏奥会篮球场馆改造为 2022 年冬奥会冰球场馆，赛后，从单一场馆升级为综合性场馆，形成了以冰球为核心，体育与商业、文化、旅游相融合的服务综合体，集体育竞赛表演、文化、教育、培训、会展、娱乐等于一体的多元业态，不断提升场馆自我造血能力。

15.2.5 共创未来：全面续写人类命运共同体

15.2.5.1 推进京张体育文化旅游带，促进京津冀协同发展

1）完善顶层设计，创新协同管理机制

首先，充分发挥政府统筹协调作用。依托京津冀协同发展领导小组工作机制，探索设立京张体育文化旅游带发展办公室，建立"省（直辖市）—市（区县）—项目部门"协调推进工作机制，打破原有行政区划和部门管理界限，强化政策、资源、项目和产业资金等方面的协同对接功能，打造体育文化旅游融合发展新平台，重塑京张经济地理新格局。其次，充分发挥市场在配置资源要素上的关键作用，以"体育+""文化+""旅游+"为主线，重点从挖掘京张体育文化旅游带文化内涵、打造跨区域文化旅游体验产品、开展赛事和群众体育活动、建设京张城市品牌等工作着手，统筹推动京张体育文化旅游带体育、文化和旅游产业的融合发展，将京张体育文化旅游带打造成国内首个"国家级体育文化旅游融合先行试验区"。最后，充分发挥京张体育文化旅游带品牌优势。京张体育文化旅游带依托处于大都市圈和生态功能区交界的区位优势，利用京津冀协同发展国家战略和北京冬奥会举办带来的机遇，发挥北京国际交通枢纽优势，推动跨区域的基础设施建设、体育文化旅游开发、产业布局、公共服务和生态环境一体化

发展，共同建设立足京津冀协同发展、辐射全球的世界级体育旅游目的地[278]。

2) 依托区域协同战略，推动三大赛区场馆联动发展

一是，建立场馆信息共享机制。创建互通互享互联的场馆平台，包含场馆竞赛、培训、租借、维护等，促使三个赛区的冰雪场馆能够共享资源，即使在非比赛期间，各个赛区的冰雪场馆互相借用、合理配置资源，提高冰雪场馆的利用率，减少建设和运营成本。如2023年4月，国家体育馆与国家体育场、国家游泳中心、国家速滑馆签署战略合作协议，首次启动四大场馆协同运营，携手探索冬奥赛后利用新模式。二是，加强赛事合作。三个赛区共同申办国际冰雪赛事，联合训练和比赛，提高运动员的训练和竞技水平，增强赛事的吸引力和国际影响力。此外，定期开展冰雪运动培训和科研，加强对运动员、教练员与裁判员的业务学习，并联合进行奥运攻关科研项目，共享资源和经验，提升本土冰雪人才质量。三是，利用冰雪场馆资源，发展冰雪旅游产业。三个赛区合作推出差异化的冰雪旅游主题，吸引国内外游客，提高区域经济发展水平。四是，加强政策支持和资金投入。政府提供财政补贴、税收优惠和项目招商等方面的支持，鼓励赛区合作，加快冰雪场馆资源的联动发展。同时，增加资金投入，优化交通、通信和基础设施建设，增强赛区之间的交通连接，建设快捷高效的交通网络，方便场馆间的人员流动和资源运输。

15.2.5.2 秉持绿色低碳发展理念，确保与生态环境和谐共生

1) 树立绿色发展理念，倡导健康文明生活方式

首先，加强绿色生态教育。举办各类论坛、研讨会和培训活动，邀请相关专家和学者，就绿色发展和环境保护议题进行深入讨论和交流，增强参与者的环保意识和知识水平。其次，利用网络媒体和社交媒体等渠道，广泛宣传绿色行动和绿色生活方式。创新宣传主题和内容，吸引大众的关注，传递绿色低碳发展理念。例如，2023年"地球一小时"活动在全球范围内开启，当晚的奥林匹克中心区一片静谧。国家体育场、国家游泳中心和国家速滑馆作为"双奥之城"的标志性场馆群，同时熄灭场馆灯光，共同传递节能减排的理念，呼吁全社会关注保护地球家园、携手共创人与自然和谐共生的美好未来。再次，发展绿色交通系统。改善公共交通设施，推广电动汽车、自行车共享和步行等低碳交通方式，减少个人车辆使用。在北京冬奥会筹办期间，北京出台了《北京市慢行系统规划（2020年—2035年）》，将慢行系统与城市发展深度融合，形成"公交+慢行"绿

色出行模式，建成步行和自行车友好城市[261]。积极引导社会公众养成"绿色低碳"的生活习惯，促使冬奥环境遗产成为推动人类文明进步的重要财富。最后，奖励低碳行为。建立物质和精神双重奖励机制，鼓励个人和组织采取低碳行为，推出节能减排的奖项，奖励在能源消耗、碳排放减少等方面做出杰出贡献的个人、企业和社区。同时，政府通过税收、补贴和奖金等经济激励措施来推动低碳生活模式。

2）加强绿色科技创新，推动冬奥场馆低碳发展

一是，采用绿色科技创新和低碳建设方法显著减少碳排放。通过太阳能和风能等可再生能源替代传统能源，减少化石燃料依赖。根据国际能源署的数据，可再生能源在能源消耗中的占比不断增长，有助于降低体育场馆的碳足迹，减少对全球气候变化的负面影响。例如，国家速滑馆采用了更先进、更环保、更高效的二氧化碳跨临界直冷制冰技术，近 1.2 万 m^2 的全冰面碳排放趋近于零，冰场制冷所产生的余热经过回收转化再利用，一年可节省约 200 万度电。二是，绿色科技创新在体育场馆建设中实现能源和资源的有效利用。智能照明系统根据实际需要自动调节光线亮度，减少能源浪费，在建筑设计中使用节能材料和先进的隔热技术，降低能源消耗，并提供更绿色、更可持续的场馆环境。三是，绿色科技创新促进各类技术的应用和推广。智能建筑、可持续材料、清洁能源存储和利用等方面的绿色技术得到应用，为相关产业带来新的商机和发展动力。如北京冬奥场馆 100% 绿电供应，向世界各国展示我国新能源技术的创新突破，证明了新能源供电的可靠性和有效性，为日后绿电供应及多种绿色能源的综合利用提供参考借鉴。

参 考 文 献

［1］闫静，Becca Leopkey. 奥运遗产溯源、兴起与演进研究 ［J］. 北京体育大学学报，2016，
39（12）：14-19，36.

［2］洪鹏飞，蒋依依. 可持续发展议题下的奥运遗产研究进展与趋势：兼论对北京冬奥遗产研
究的启示 ［J］. 北京体育大学学报，2022，45（1）：123-134.

［3］Morags M，Kennett C，Puig N. The Legacyof the Olympic Games：1984-2000 ［M］. Lausanne：
International Olympic Committee，2003.

［4］Cashman R. What is "Olympic Legacy"？ ［C］//de Moragas M，Kennett C，Puig N. The
Legacy of the Olympic Games，1984-2000. Lausanne：International Olympic Committee，2003.

［5］Chappelet J L. The Legacy of the Olympic Winter Games：An Overview ［C］//de Moragas M，
Kennett C，Puig N. The Legacy of the Olympic Games，1984-2000. Lausanne：International
Olympic Committee，2003.

［6］Cornelissen S，Bob U，Swart K. Towards redefining the concept of legacy in relation to sport
mega-events：Insights from the 2010 FIFA World Cup ［J］. Development Southern Africa，
2011，28（3）：307-318.

［7］Dickson T J，Benson A M，Blackman D A. Developing a framework for evaluating Olympic and
Paralympic legacies ［J］. Journal of Sport & Tourism，2011，16（4）：285-302.

［8］Kaplanidou K. The importance of legacy outcomes for Olympic Games four summer host cities
residents' quality of life：1996-2008 ［J］. European Sport Management Quarterly，2012，
12（4）：397-433.

［9］Leopkey B，Parent M M. Olympic games legacy：From general benefits to sustainable long-term
legacy ［J］. The International Journal of the History of Sport，2012，29（6）：924-943.

［10］Li S N，McCabe S. Measuring the socio-economic legacies of mega-events：Concepts，
propositions and indicators ［J］. International Journal of Tourism Research，2013，15（4）：
388-402.

［11］Preuss H. A framework for identifying the legacies of a mega sport event ［J］. Leisure Studies，
2015，34（6）：643-664.

［12］Grix J，Brannagan P M，Wood H，et al. State strategies for leveraging sports mega-events：Unpacking the concept of 'legacy' [J]. International Journal of Sport Policy and Politics, 2017, 9 (2): 203-218.

[13] Preuss H. Event legacy framework and measurement [J]. International Journal of Sport Policy and Politics, 2019, 11 (1): 103-118.

[14] IOC. Olympic games guide on legacy [EB/OL]. https: //olympics. com/ioc/news/legacy (2019-06-01) [2021-05-01].

[15] Preuss H. The conceptualisation and measurement of mega sport event legacies [J]. Journal of Sport & Tourism, 2007, 12 (3-4): 207-228.

[16] 王月, 孙葆丽. 可持续发展视阈下北京 2022 年冬奥会遗产探析 [J]. 北京体育大学学报, 2019, (1): 8.

[17] Chappelet J L. Mega sporting event legacies: A multifaceted concept [J]. Papeles de Europa, 2012, (25): 76-86.

[18] Coakley J, Souza D L. Sport mega-events: Can legacies and development be equitable and sustainable? [J]. Motriz: Revista de Educação Física, 2013, 19 (3): 580-589.

[19] Leopkey B, Parent M M. Olympic games legacy: From general benefits to sustainable long-term legacy [J]. The International Journal of the History of Sport, 2012, 29 (6): 924-943.

[20] Preuss H. A Framework for Identifying the Legacies of A Mega Sport Event [M]. London: Routledge, 2018.

[21] Veal A J, Toohey K, Frawley S. The sport participation legacy of the Sydney 2000 Olympic Games and other international sporting events hosted in Australia [J]. Journal of Policy Research in Tourism, Leisure and Events, 2012, 4 (2): 155-184.

[22] Dawson J, Jöns H. Unravelling legacy: A triadic actor-network theory approach to understanding the outcomes of mega events [J]. Journal of Sport & Tourism, 2018, 22 (1): 43-65.

[23] Schmidt-Traub G, Kroll C, Teksoz K, et al. National baselines for the Sustainable Development Goals assessed in the SDG Index and Dashboards [J]. Nature Geoscience, 2017, 10: 547-555.

[24] Anderson C C, Denich M, Warchold A, et al. A systems model of SDG target influence on the 2030 Agenda for Sustainable Development [J]. Sustainability Science, 2022, 17 (4): 1459-1472.

[25] Mallen C, Stevens J, Adams L J. A content analysis of environmental sustainability research in a sport-related journal sample [J]. Journal of Sport Management, 2011, 25 (3): 240-256.

[26] Weiler J, Mohan A R. The Olympic games and the triple bottom line of sustainability: Opportunities and challenges [J]. The International Journal of Sport and Society, 2010, 1 (1): 187-202.

［27］ Gold J, Gold M. "Bring it under the legacy umbrella": Olympic host cities and the changing fortunes of the sustainability agenda ［J］. Sustainability, 2013, 5 (8): 3526-3542.

［28］ 任慧涛, 郑志强. 全球体育可持续发展战略整合、协同推进和中国参与研究 ［J］. 北京体育大学学报, 2021, 44 (8): 32-41.

［29］ 左伟.《奥林匹克 2020 议程》实施进展与北京冬奥会实践 ［J］. 天津体育学院学报, 2020, 35 (4): 486-490.

［30］ 王道杰, 刘力豪. 国际奥委会改革理念的创新及其对北京冬奥会的启示: 基于《奥林匹克 2020 议程》的词频统计 ［J］. 中国体育科技, 2021, 57 (3): 52-57, 79.

［31］ 易剑东, 王道杰. 论北京 2022 年冬奥会的价值和意义 ［J］. 体育与科学, 2016, 37 (5): 34-40, 33.

［32］ 易剑东. 国际奥委会改革理念阐释与中国体育的战略选择构想 ［J］. 上海体育学院学报, 2019, 43 (1): 7-16.

［33］ Diederichs N, Roberts D. Climate protection in mega-event greening: The 2010 FIFA™ World Cup and COP17/CMP7 experiences in Durban, South Africa ［J］. Climate and Development, 2016, 8 (4): 376-384.

［34］ 王润斌, 肖丽斌. 国际奥委会改革的新动向与中国使命 ［J］. 成都体育学院学报, 2015, 41 (5): 1-6.

［35］ 王润斌, 郑一婷, 李慧林. 基于《奥林匹克 2020 议程》的奥运会申办规则修订与启示 ［J］. 北京体育大学学报, 2020, 43 (4): 18-32.

［36］ 梅祖武. 北京申办奥运会促进首都现代化 ［J］. 城市问题, 1993, (1): 4-8, 16.

［37］ 戴祖明. 试论大型综合性运动会经济效益 ［J］. 体育与科学, 1995, 16 (5): 32-33.

［38］ 王章明. 奥运盛会: 人类的光荣与梦想——论竞技运动的精神及影响 ［J］. 天津体育学院学报, 1996, 11 (4): 38-39.

［39］ 李可, 贾海力. 圣火不灭——谈古代奥林匹克的宝贵遗产 ［J］. 沈阳体育学院学报, 1999, 18 (4): 13-15.

［40］ 路得. 北京奥运: 中国青年长久受益的三大遗产 ［J］. 中国青年研究, 2001, (5): 14-16.

［41］ 卢元镇. 解析独一无二的宝贵遗产 ［J］. 体育文化导刊, 2001 (6): 19.

［42］ 董进霞. 北京奥运会遗产展望: 不同洲际奥运会举办国家的比较研究 ［J］. 体育科学, 2006, 26 (7): 3-12.

［43］ 袁懋栓. 绿色奥运、科技奥运、人文奥运三大理念是奥运非物质遗产 ［J］. 北京社会科学, 2008, (3): 14-17.

［44］ 孙丹薇. 传承绿色奥运遗产 ［J］. 思想理论教育, 2008, (22): 33-35.

［45］ 沈聪. 志愿精神是独特的人文奥运遗产——访北京奥组委专家孙葆丽 ［J］. 前线,

2008，（9）：21-22.

[46] 金元浦．人文奥运：北京留给世界的珍贵精神遗产［J］．科学对社会的影响，2008，
    （4）：50-54.

[47] 戴勇．北京"人文奥运"非物质文化奥运遗产特点分析［J］．体育与科学，2008，
    29（5）：18-21.

[48] 时勘，贾宝余．北京奥运会的精神文化遗产［J］．科学对社会的影响，2008，（4）：
    40-45.

[49] 王晓微，于静，邱招义．奥运场馆赛后利用对北京建设世界体育中心城市影响的研
    究［J］．北京体育大学学报，2014，37（11）：43-48.

[50] 赵海燕，孙葆丽，曹秀玲．对奥运遗产观的理性思考［J］．成都体育学院学报，2010，
    36（1）：13-16.

[51] 王诚民，郭晗，姜雨．申办冬奥会对我国冰雪运动发展的影响［J］．体育文化导刊，
    2014，（11）：53-56.

[52] 吕婵，阚军常．冬奥会效益助推京津冀地区城市竞争力提升研究［J］．体育文化导刊，
    2020，（7）：7-13.

[53] 徐宇华，林显鹏．冬季奥运会可持续发展管理研究：国际经验及对我国筹备 2022 年冬奥
    会的启示［J］．北京体育大学学报，2016，39（1）：13-19.

[54] 陆诗亮，李磊，解文龙，等．国际奥委会可持续发展理念下的冬奥会冰雪体育场馆设计
    研究［J］．建筑学报，2019，（1）：13-18.

[55] 徐子齐，孙葆丽，董小燕．"可持续发展战略框架"下北京冬奥会城市遗产愿景实现探
    究［J］．成都体育学院学报，2020，46（4）：89-94.

[56] 闫静，徐诗枧．奥运遗产可持续发展的域外经验及其启示［J］．首都体育学院学报，
    2021，33（6）：588-594.

[57] 陈悦，陈超美，刘则渊，等．CiteSpace 知识图谱的方法论功能［J］．科学学研究，2015，
    33（2）：242-253.

[58] 孙葆丽，朱志强，刘石，等．"冬奥遗产"初创期研究［J］．首都体育学院学报，2021，
    33（2）：199-204.

[59] 孙葆丽，朱志强，刘石，等．冬奥遗产可持续发展期研究［J］．武汉体育学院学报，
    2022，56（2）：5-11.

[60] 孙葆丽，骆秉全，张昊，等．可持续发展视域下"双奥之城"北京市冬奥体育遗产愿景
    实现效益研究［J］．西安体育学院学报，2022，39（6）：552-560.

[61] 孙葆丽，孙葆洁，叶凡希，等．北京市冬奥社会遗产的概念内涵、发展愿景与现实效益
    研究［J］．山东体育学院学报，2023，39（3）：1-9.

[62] 王智慧，张柳霞，李卫平．奥运会举办前北京市民主观幸福感状况研究［J］．天津体育

学院学报，2008，23（4）：289-291.

[63] 徐拥军，张丹.论北京奥运档案的遗产价值 [J].档案学通讯，2022（1）：4-14.

[64] 徐拥军，张丹，闫静.奥运遗产理论的构建：原则、方法和内涵 [J].成都体育学院学报，2021，47（2）：16-21.

[65] 王润斌.奥运遗产治理的模式比较与选择优化 [J].上海体育学院学报，2023，47（3）：25.

[66] 熊晓正，王润斌.对北京奥运会"独特遗产"的理解——实现"跟着讲"向"接着讲"的跨越 [J].武汉体育学院学报，2006，40（10）：1-5，10.

[67] 李慧林，王润斌.论北京奥运会遗产及其可持续发展 [J].体育文化导刊，2007，（6）：45-47.

[68] 吕季东，史国生，缪律.奥运遗产传承与保护经验及启示 [J].体育文化导刊，2019，（4）：24-29，35.

[69] 缪律，史国生，周铭扬.奥林匹克运动深化改革背景下奥运遗产现代治理的中国方案与推进策略 [J].天津体育学院学报，2021，36（2）：166-172.

[70] 蒋依依，洪鹏飞.奥运杠杆作用：理念模型评述和整体分析框架构建 [J].北京体育大学学报，2022，45（5）：121-134.

[71] 王宁，蒋依依，徐海滨，等.北京2022年冬奥会冰雪旅游遗产赛前评估 [J].Journal of Resources and Ecology，2022，13（4）：578-591.

[72] 张月，蒋依依.冬奥旅游遗产的创造、识别与利用 [J].旅游学刊，2022，37（1）：13-15.

[73] 林俊，陈作松，翁慧婷，等.北京奥运精神遗产质性研究 [J].武汉体育学院学报，2011，45（8）：5-14.

[74] 史国生，范好婧，吕季东.奥运遗产研究前沿与热点分析 [J].成都体育学院学报，2018，44（6）：68-73.

[75] 高嵘，张建华.顾拜旦体育思想的教育价值 [J].武汉体育学院学报，2005，39（3）：26-29.

[76] IOC. Olympic Charter [M]. Lausanne：The International Olympic Committee，2020.

[77] 茹秀英.北京中小学奥林匹克教育遗产研究 [J].西安体育学院学报，2012，29（1）：107-111.

[78] 东芬，尤传豹，杨静.南京青奥会对青少年的教育价值及其实现途径 [J].南京体育学院学报（社会科学版），2015，29（1）：78-83.

[79] 茹秀英，何丽娟.北京冬奥会奥林匹克教育传承与创新研究 [J].北京体育大学学报，2022，45（5）：32-50.

[80] 赵溢洋，刘一民.论北京奥运精神遗产的 AGIL 模型与文化载体的利用 [J].体育科学，

2009, 29（8）：20-25.

[81] 习近平. 在北京冬奥会、冬残奥会总结表彰大会上的讲话［N］. 人民日报，2022-04-09（2）.

[82] 李文钏. 奥运治理反思：设计原则、遗产及制度意蕴——北京奥运与伦敦奥运的比较［J］. 成都体育学院学报，2012，38（12）：7-12.

[83] 周文静，张瑞林，王恒利. 从救国到强国：中国体育现代化的实践与方略［J］. 山东体育学院学报，2023，39（3）：10-16.

[84] 卡迪娅·英格丽切娃，让-卢·查普莱，易剑东. 奥运会前后主办国家的体育参与——奥运会能改变什么？［J］. 体育与科学，2020，41（4）：80-87.

[85] 贺凤凯，王文龙，张佑印. 体育参与涓滴效应：冬奥体育名人与大学生冰雪运动意愿的形成机制［J］. 首都体育学院学报，2023，35（3）：326-335.

[86] 王成，田雨普，谭琳. 北京奥运会文化遗产的基本理论研究［J］. 西安体育学院学报，2011，28（3）：309-312.

[87] 孙葆丽，王家宏，林存真，等. 奥运遗产特点架构研究［J］. 天津体育学院学报，2021，36（4）：399-404.

[88] 崔乐泉，王安荣. 遗产层摞与创造：北京 2022 年冬奥会和冬残奥会遗产战略研究［J］. 武汉体育学院学报，2022，56（2）：20-26.

[89] 胡孝乾，何奇泽. 奥运遗产的研究热点及其对北京 2022 年冬奥会和冬残奥会遗产治理的启示［J］. 首都体育学院学报，2021，33（6）：656-665.

[90] 胡孝乾，陈姝姝，Jamie Kenyon，等. 国际奥委会《遗产战略方针》框架下的奥运遗产愿景与治理［J］. 上海体育学院学报，2019，43（1）：36-42.

[91] 董红刚. 北京冬奥会场馆治理的现实问题、理论难题及解题之道［J］. 上海体育学院学报，2019，43（1）：31-35，71.

[92] 任振朋，王润斌. 奥林匹克治理体系的时代窘境与纾困之道［J］. 成都体育学院学报，2022，48（2）：24-30.

[93] 丁焕峰，朱玉希，孙小哲. 举办奥运会对主办国经济增长的非对称影响：准自然实验下的新证据［J］. 上海体育学院学报，2022，46（12）：82-93，108.

[94] 张亚雄，赵坤. 北京奥运会投资对中国经济的拉动影响——基于区域间投入产出模型的分析［J］. 经济研究，2008，43（3）：4-15.

[95] 顾海兵，张晓燕. 冬奥会对北京经济的影响预测［J］. 经济与管理研究，2016，37（9）：27-36.

[96] 白宇飞，冯珺. 北京 2022 年冬奥会和冬残奥会经济遗产研究：理论诠释与经验证据［J］. 北京体育大学学报，2022，45（5）：51-64.

[97] 王科峰，张册，杨建昆. 举办北京奥运会的社会效益评价研究［J］. 沈阳体育学院学

报, 2009, 28 (4): 28-31.

[98] 钱娅艳, 张君, 韩庆丽. 北京奥运会对社会软环境的影响 [J]. 北京体育大学学报, 2010, 33 (4): 20-22, 26.

[99] 王智慧. 大型体育赛事举办后对承办地区居民幸福指数影响的实证研究 [J]. 体育科学, 2012, 32 (3): 28-38.

[100] 王春玺, 杜松石. 运用北京冬奥遗产提升国家认同的机制与路径思考 [J]. 北京体育大学学报, 2022, 45 (5): 1-10.

[101] 郭新彪, 吴少伟. 大气质量改善的健康效益——北京奥运的宝贵遗产 [J]. 北京大学学报 (医学版), 2011, 43 (3): 327-328.

[102] 郭振, 乔凤杰. 北京绿色奥运遗产及其困境与继承 [J]. 武汉体育学院学报, 2016, 50 (8): 18-22, 38.

[103] 罗乐, 孙葆丽, 郭贤成, 等. 青奥会和奥运会与环境互动关系之比较 [J]. 武汉体育学院学报, 2014, 48 (1): 11-16.

[104] 孙葆丽, 沈鹤军, 徐子齐, 等. 夏季奥运会和冬季奥运会与环境互动关系之比较 [J]. 武汉体育学院学报, 2018, 52 (10): 13-17.

[105] Malfas M, Theodoraki E, Houlihan B. Impacts of the Olympic Games as mega-events [C]. Proceedings of the Institution of Civil Engineers- Municipal Engineer, 2004, 157 (3): 209-220.

[106] Searle G. Uncertain legacy: Sydney's Olympic stadiums [J]. European Planning Studies, 2002, 10 (7): 845-860.

[107] Essex S, Chalkley B. Olympic Games: Catalyst of urban change [J]. Leisure Studies, 1998, 17 (3): 187-206.

[108] Essex S, Chalkley B. Mega- sporting events in urban and regional policy: A history of the Winter Olympics [J]. Planning Perspectives, 2004, 19 (2): 201-204.

[109] McCartney G, Thomas S, Thomson H, et al. The health and socioeconomic impacts of major multi-sport events: Systematic review (1978-2008) [J]. BMJ, 2010, 340: c2369.

[110] Girginov V. Governance of the London 2012 Olympic games legacy [J]. International Review for the Sociology of Sport, 2012, 47 (5): 543-558.

[111] Weed M, Coren E, Fiore J, et al. Developing a physical activity legacy from the London 2012 Olympic and Paralympic Games: A policy-led systematic review [J]. Perspectives in Public Health, 2012, 132 (2): 75-80.

[112] Mahtani K R, Protheroe J, Slight S P, et al. Can the London 2012 Olympics 'inspire a generation' to do more physical or sporting activities? An overview of systematic reviews [J]. BMJ Open, 2013, 3 (1): e002058.

[113] Minnaert L. An Olympic legacy for all? The non-infrastructural outcomes of the Olympic Games for socially excluded groups (Atlanta 1996 – Beijing 2008) [J]. Tourism Management, 2012, 33 (2): 361-370.

[114] Bell B, Gallimore K. Embracing the games? Leverage and legacy of London 2012 Olympics at the sub-regional level by means of strategic partnerships [J]. Leisure Studies, 2015, 34 (6): 720-741.

[115] Aizawa K, Wu J, Inoue Y, et al. Long-term impact of the Tokyo 1964 Olympic Games on sport participation: A cohort analysis [J]. Sport Management Review, 2018, 21 (1): 86-97.

[116] Bauman A E, Kamada M, Reis R S, et al. An evidence-based assessment of the impact of the Olympic Games on population levels of physical activity [J]. The Lancet, 2021, 398 (10298): 456-464.

[117] Brent Ritchie J R, Aitken C E. Assessing the impacts of the 1988 Olympic winter games: The research program and initial results [J]. Journal of Travel Research, 1984, 22 (3): 17-24.

[118] Kasimati E. Economic aspects and the Summer Olympics: A review of related research [J]. International Journal of Tourism Research, 2003, 5 (6): 433-444.

[119] Li S N, Blake A, Thomas R. Modelling the economic impact of sports events: The case of the Beijing Olympics [J]. Economic Modelling, 2013, 30: 235-244.

[120] Bondonio P, Guala C. Gran Torino? The 2006 Olympic Winter Games and the tourism revival of an ancient city [J]. Journal of Sport & Tourism, 2011, 16 (4): 303-321.

[121] Baumann R, Matheson V. Mega-events and tourism: The case of Brazil [J]. Contemporary Economic Policy, 2018, 36 (2): 292-301.

[122] Prayag G, Hosany S, Nunkoo R, et al. London residents' support for the 2012 Olympic Games: The mediating effect of overall attitude [J]. Tourism Management, 2013, 36: 629-640.

[123] Liu D F, Broom D, Wilson R. Legacy of the Beijing Olympic Games: A non-host city perspective [J]. European Sport Management Quarterly, 2014, 14 (5): 485-502.

[124] Gursoy D, Kendall K W. Hosting mega events: Modeling Locals' Support [J]. Annals of Tourism Research, 2006, 33 (3): 603-623.

[125] Qi C X, Gibson H J, Zhang J J. Perceptions of risk and travel intentions: The case of China and the Beijing Olympic games [J]. Journal of Sport & Tourism, 2009, 14 (1): 43-67.

[126] Karadakis K, Kaplanidou K. Legacy perceptions among host and non-host Olympic Games residents: A longitudinal study of the 2010 Vancouver Olympic Games [J]. European Sport Management Quarterly, 2012, 12 (3): 243-264.

［127］ Brown G, Smith A, Assaker G. Revisiting the host city: An empirical examination of sport involvement, place attachment, event satisfaction and spectator intentions at the London Olympics ［J］. Tourism Management, 2016, 55: 160-172.

［128］ Ritchie B W, Chien P M, Shipway R. A Leg (acy) to stand on? A non-host resident perspective of the London 2012 Olympic legacies ［J］. Tourism Management, 2020, 77: 104031.

［129］ Kokolakakis T, Lera-López F, Ramchandani G. Did London 2012 deliver a sports participation legacy? ［J］. Sport Management Review, 2019, 22 (2): 276-287.

［130］ Pappous A S, Hayday E J. A case study investigating the impact of the London 2012 Olympic and Paralympic Games on participation in two non-traditional English sports, Judo and Fencing ［J］. Leisure Studies, 2016, 35 (5): 668-684.

［131］ Chappelet J L. From Lake Placid to Salt Lake City: The challenging growth of the Olympic Winter Games Since 1980 ［J］. European Journal of Sport Science, 2002, 2 (3): 1-21.

［132］ Kariel H G, Kariel P E. Tourist developments in the kananaskis valley area, Alberta, Canada, and the impact of the 1988 winter Olympic games ［J］. Mountain Research and Development, 1988, 8 (1): 1-10.

［133］ Chappelet J L. Olympic environmental concerns as a legacy of the winter games ［J］. The International Journal of the History of Sport, 2008, 25 (14): 1884-1902.

［134］ Collins A, Jones C, Munday M. Assessing the environmental impacts of mega sporting events: Two options? ［J］. Tourism Management, 2009, 30 (6): 828-837.

［135］ Huang Q X, Zhao X, He C Y, et al. Impacts of urban expansion on wetland ecosystem services in the context of hosting the Winter Olympics: A scenario simulation in the Guanting Reservoir Basin, China ［J］. Regional Environmental Change, 2019, 19 (8): 2365-2379.

［136］ Beesley L G, Chalip L. Seeking (and not seeking) to leverage mega-sport events in non-host destinations: The case of Shanghai and the Beijing Olympics ［J］. Journal of Sport & Tourism, 2011, 16 (4): 323-344.

［137］ Faulkner B, Tideswell C. Leveraging tourism benefits from the Sydney 2000 Olympics ［J］. Pacific Tourism Review, 1999, 3 (3/4): 227-238.

［138］ Morse J. The Sydney 2000 Olympic Games: How the Australian Tourist Commission leveraged The Games for tourism ［J］. Journal of Vacation Marketing, 2001, 7 (2): 101-107.

［139］ Hayday E J, Pappous A S, Koutrou N. Leveraging the sport participation legacy of the London 2012 Olympics: Senior managers' perceptions ［J］. International Journal of Sport Policy and Politics, 2017, 9 (2): 349-369.

［140］ Golubchikov O. From a sports mega-event to a regional mega-project: The Sochi winter

Olympics and the return of geography in state development priorities [J] . International Journal of Sport Policy and Politics, 2017, 9 (2): 237-255.

[141] Rocha C M. Rio 2016 Olympic Games and diplomatic legacies [J] . International Journal of Sport Policy and Politics, 2017, 9 (2): 277-294.

[142] Bason T, Grix J. Planning To fail? Leveraging the Olympic bid [J] . Marketing Intelligence & Planning, 2018, 36 (1): 138-151.

[143] Scheu A, Preuß H, Könecke T. The legacy of the Olympic games: A review [J] . Journal of Global Sport Management, 2021, 6 (3): 212-233.

[144] Preuss H, Plambeck A. Utilization of Olympic Stadiums: A conceptual stadium legacy framework [J] . International Journal of Sports Marketing and Sponsorship, 2020, 22 (1): 10-31.

[145] Arnold R, Banister C, Weir A, et al. Delivering London 2012: The velodrome [C] . Proceedings of the Institution of Civil Engineers-Civil Engineering, 2011, 164 (6): 51-58.

[146] Chen Y Y, Jin G Z, Kumar N, et al. The promise of Beijing: Evaluating the impact of the 2008 Olympic Games on air quality [J] . Journal of Environmental Economics and Management, 2013, 66 (3): 424-443

[147] He G J, Fan M Y, Zhou M G. The effect of air pollution on mortality in China: Evidence from the 2008 Beijing Olympic Games [J] . Journal of Environmental Economics and Management, 2016, 79: 18-39.

[148] Tu Y, Chen B, Yang J, et al. Olympic effects on reshaping urban greenspace of host cities [J] . Landscape and Urban Planning, 2023, 230: 104615.

[149] Tan T C, Houlihan B. Chinese Olympic sport policy: Managing the impact of globalisation [J] . International Review for the Sociology of Sport, 2013, 48 (2): 131-152.

[150] Geffroy D, Oliver R, Juran L, et al. Projecting the Metropolis: Paris 2024 and the (re) scaling of metropolitan governance [J] . Cities, 2021, 114: 103189.

[151] Byun J, Dowling M, Leopkey B. Governance of post-Olympic games legacy organizations: A comparative study [J] . Journal of Sport Management, 2023, 37 (1): 27-38.

[152] Seltmann M. The institutional position of athletes in the governance networks of the Olympic movement in Canada, Germany and the United Kingdom [J] . The International Journal of the History of Sport, 2021, 38 (10-11): 1165-1188.

[153] Smith A. Events and Urban Regeneration: The Strategic Use of Events to Revitalise Cities [M] . London: Routledge, 2012.

[154] Merkel U, Kim M. Third time lucky!? PyeongChang's bid to host the 2018 Winter Olympics-politics, policy and practice [J] . The International Journal of the History of Sport, 2011,

28（16）：2365-2383.

[155] Houlihan B, Zheng J M. The olympics and elite sport policy: Where will it all end? ［J］. The International Journal of the History of Sport, 2013, 30（4）：338-355.

[156] Chen H L. Medals, media and myth of national images: How Chinese audiences thought of foreign countries during the Beijing Olympics ［J］. Public Relations Review, 2012, 38（5）：755-764.

[157] Lai K. Influence of event image on destination image: The case of the 2008 Beijing Olympic Games ［J］. Journal of Destination Marketing & Management, 2018, 7：153-163.

[158] Kassens-Noor E, Vertalka J, Wilson M. Good games, bad host? Using big data to measure public attention and imagery of the Olympic Games ［J］. Cities, 2019, 90：229-236.

[159] Dansero E, Puttilli M. Mega - events tourism legacies: The case of the Torino 2006 Winter Olympic Games-a territorialisation approach ［J］. Leisure Studies, 2010, 29（3）：321-341.

[160] Boukas N, Ziakas V, Boustras G. Olympic legacy and cultural tourism: Exploring the facets of Athens' Olympic heritage ［J］. International Journal of Heritage Studies, 2013, 19（2）：203-228.

[161] Nichols G, Ralston R, Holmes K. The 2012 Olympic Ambassadors and sustainable tourism legacy ［J］. Journal of Sustainable Tourism, 2017, 25（11）：1513-1528.

[162] Chen S S, Preuss H, Hu X R, et al. Sport policy development in China: Legacies of Beijing's 2008 summer Olympic games and 2022 winter Olympic games ［J］. Journal of Global Sport Management, 2021, 6（3）：234-263.

[163] Brent Ritchie J R. Assessing the impact of hallmark events: Conceptual and research issues ［J］. Journal of Travel Research, 1984, 23（1）：2-11.

[164] Barget E, Gouguet J J. The total economic value of sporting events theory and practice ［J］. Journal of Sports Economics, 2007, 8（2）：165-182.

[165] Byers T, Hayday E, Pappous A S. A new conceptualization of mega sports event legacy delivery: Wicked problems and critical realist solution ［J］. Sport Management Review, 2020, 23（2）：171-182.

[166] 王龙飞. 节俭与环保：伦敦奥运会场馆建设的启示 ［J］. 体育文化导刊, 2013,（10）：79-82.

[167] 廖含文. 伦敦奥运场馆建设最新进展 ［J］. 城市建筑, 2009,（11）：31-35.

[168] Heather Hilburn, 李华东. 再生之地与可持续发展的标杆——2012 伦敦奥运公园及场馆设计 ［J］. 建筑学报, 2011（9）：44-49.

[169] 胡军. 伦敦奥运会的可持续发展理念 ［J］. 体育文化导刊, 2012,（2）：15-17, 41.

[170] 金睿. 伦敦奥运会场馆的赛后利用及启示 ［J］. 体育成人教育学刊, 2018, 34（5）：

27-29，36.

[171] 谢晖，赵琼. 伦敦奥运会英国体育政策研究 [J]. 体育文化导刊，2014 (1)：24-27.

[172] 王磊，司虎克，张业安. 以奥运战略引领大众体育发展的实践与启示——基于伦敦奥运会英国体育政策的思考 [J]. 体育科学，2013，33 (6)：23-30.

[173] 党挺. 伦敦奥运会后英国青少年体育新政策及启示 [J]. 西安体育学院学报，2017，34 (2)：177-181.

[174] 周婷婷，刁永辉. 试论伦敦奥运会对英国旅游业的影响 [J]. 体育与科学，2012，33 (5)：48-51.

[175] London Organising Committee of the Olympic and Paralympic Games. Get involved：The volunteer programme- London 2012 [R]. London：London Organising Committee of the Olympic and Paralympic Games, 2009.

[176] 李清娟. 奥运会与伦敦东区再造 [J]. 国际市场，2013，(6)：53-54.

[177] 田莉，桑劲，邓文静. 转型视角下的伦敦城市发展与城市规划 [J]. 国际城市规划，2013，28 (6)：13-18.

[178] 张华，石磊，白莉莉. 全球体育城市建设域外经验及启示——以东京为例 [J]. 体育文化导刊，2023，(7)：24-31.

[179] 姚畅，杨丽媛，李思琪. 2022 年北京冬奥会城市形象塑造与传播——借鉴 2020 年东京奥运会城市建设经验 [J]. 卫星电视与宽带多媒体，2019，(18)：51-53.

[180] United Nations Climate Change. Sports for Climate Action [EB/OL]. https：//unfccc. int/climateaction/sectoral- engagement/sports-for-climate-action [2023-08-13].

[181] 贺桂珍，张衢，吕永龙. 冬奥会对举办城市生态环境的影响研究进展 [J]. 生态学报，2020，40 (4)：1129-1139.

[182] 甄梦晨，王飞，姜昂，等. 冬奥会场馆赛后利用经验与启示——以温哥华、索契、平昌冬奥会为例 [J]. 体育文化导刊，2022，(2)：14-21.

[183] 孙葆丽，宋晨翔，杜颖，等. 温哥华冬奥会遗产工作研究及启示 [J]. 北京体育大学学报，2017，40 (10)：1-8.

[184] 刘昕，巩文群. 一场大型活动的可持续遗产——2010 年温哥华冬奥会的可持续性管理 [J]. WTO 经济导刊，2017，(9)：39-42.

[185] 杜颖，孙葆丽. 冬奥会举办地可持续发展研究——以温哥华惠斯勒度假区为例 [J]. 体育文化导刊，2018，(2)：23-28.

[186] 程晓多. 索契冬奥会场馆建设及其赛后利用模式研究 [J]. 俄罗斯中亚东欧市场，2010，(7)：8-14.

[187] Azzali S. The legacies of Sochi 2014 Winter Olympics：An evaluation of the Adler Olympic Park [J]. Urban Research & Practice, 2017, 10 (3)：329-349.

[188] 邱雪. "新时空" 理念下平昌冬奥会办赛经验及启示 [J]. 体育文化导刊, 2020, (2): 70-75, 110.

[189] 陈文倩. 破解难题, 创新模式: 2018 平昌奥林匹克教育活动开展及对 2022 北京冬奥会的启示 [J]. 体育教学, 2020, 40 (10): 50-52.

[190] 段天龙. 平昌冬奥会筹备对 2022 年北京-张家口冬奥会的启示 [J]. 山东体育学院学报, 2019, 35 (2): 7-12.

[191] 朱春山, 韩改玲, 朱美珍, 等. 2018 年平昌冬奥会举办愿景与举办效应研究及启示 [J]. 首都体育学院学报, 2021, 33 (1): 49-55.

[192] 侯宇鹏. 基于一般均衡理论的北京奥运经济效应研究 [D]. 哈尔滨: 哈尔滨工业大学, 2009.

[193] Billings S B, Holladay J S. Should Cities Go for the Gold? The Long-Term Impacts of Hosting the Olympics [J]. Economic Inquiry, 2012, 50 (3): 754-772.

[194] Pereira R H M. Transport legacy of mega-events and the redistribution of accessibility to urban destinations [J]. Cities, 2018, 81: 45-60.

[195] Li X, Kaplanidou K. The Impact of the 2008 Beijing Olympic Games on China's Destination Brand: A U.S.-Based Examination [J]. Journal of Hospitality & Tourism Research, 2013, 37 (2): 237-261.

[196] Zhang L, Zhao S X. City branding and the Olympic effect: A case study of Beijing. Cities, 2009, 26 (5): 245-254.

[197] Brunton M, Eweje G, Taskin N. Communicating corporate social responsibility to internal stakeholders: Walking the walk or just talking the talk? [J]. Business Strategy and the Environment, 2017, 26 (1): 31-48.

[198] Potwarka L R, Leatherdale S T. The Vancouver 2010 Olympics and leisure-time physical activity rates among youth in Canada: Any evidence of a trickle-down effect? [J]. Leisure Studies, 35, 241-257.

[199] Shipway R. Sustainable legacies for the 2012 Olympic Games [J]. The journal of the Royal Society for the Promotion of Health, 2007, 127 (3): 119-124.

[200] Kolk A, Lenfant F. Stakeholder theory and sustainability management: Links, similarities, and dissimilarities [J]. Journal of Business Ethics, 2018, 148 (4), 895-910.

[201] May V. Environmental implications of the 1992 Winter Olympic Games [J]. Tourism Management, 1995, 16 (4): 269-275.

[202] Reis A C, de Sousa-Mas F R, Gurgel L A. Rio 2016 and the sport participation legacies Rio 2016 and the sport participation legaciesRio 2016 and the sport participation legacies [J]. Leisure Studies, 2014, 33 (5): 437-453.

［203］ Darcy S. The politics of disability and access：The Sydney 2000 Games experience ［J］．Disability & Society, 2003, 18 (6), 737-757.

［204］ Cai H, Xie S D. Traffic-related air pollution modeling during the 2008 Beijing Olympic Games：The effects of an odd-even day traffic restriction scheme ［J］．Science of the Total Environment, 2011, 409 (10)：1935-1948.

［205］ Shao M, Wang B, Lu S. Effects of Beijing Olympics Control Measures on Reducing Reactive Hydrocarbon Species ［J］．Environmental Science & Technology, 2011, 45 (2)：514-519.

［206］ Long X L, Chen B, Park B. Effect of 2008's Beijing Olympic Games on environmental efficiency of 268 China's cities ［J］．Journal of Cleaner Production, 2018, 172：1423-1432.

［207］ Chappelet J L. Beyond Legacy: Assessing Olympic Games Performance ［J］．Journal of Global Sport, Management, 2019, 4 (3)：236-256.

［208］ Müller M. (Im-) Mobile policies: Why sustainability went wrong in the 2014 Olympics in Sochi ［J］．European Urban and Regional Studies, 2015, 22 (2)：191-209.

［209］ Parent M M, Kristiansen E, Skille E A, et al. The sustainability of the Youth Olympic Games：Stakeholder networks and institutional perspectives ［J］．International Review for the Sociology of Sport, 2015, 50 (3)：326-348.

［210］ Leader A M, Wang X, Gaustad G. Creating the 2020 Tokyo Olympic medals from electronic scrap: sustainability analysis ［J］．JOM, 2017, 69 (9)：1539-1545.

［211］ Kromidha E, Spence L J, Anastasiadis S, et al. A longitudinal perspective on sustainability and innovation governmentality: the case of the Olympic games as a mega-event ［J］．Journal of Management Inquiry, 2019, 28 (1)：77-93.

［212］ Lauermann J. Visualising sustainability at the Olympics ［J］．Urban Studies, 2020, 57 (11)：2339-2356.

［213］ He G Z, Yeerkenbieke G, Baninla Y. Public participation and information disclosure for environmental sustainability of 2022 winter olympics ［J］．Sustainability, 2020, 12 (18)：7712.

［214］ Baroghi F, Ribeiro P, Lourenço J M. Experts' opinions about the sustainability impact intensity of the olympics in Rio de Janeiro ［J］．Journal of Urban Planning and Development, 2021, 147 (1)：DOI：10.1061.

［215］ van Wynsberghe R, Derom I, Pentifallo Gadd C. Legacy and sustainability in the Olympic Movement's new normera: when reforms are not enough ［J］．International Journal of Sport Policy and Politics, 2021, 13 (3)：443-460.

［216］ Kim H M, Grix J. Implementing a sustainability legacy strategy: A case study of PyeongChang 2018 winter Olympic games ［J］．Sustainability, 2021, 13 (9)：5141.

［217］ Zhu L, Wang C, Huang N, et al. Developing an indicator system to monitor city's sustainability integrated local governance：A case study in Zhangjiakou［J］．Sustainability，2022，14（9）：5047

［218］Müller M，Wolfe S D，Gaffney C，et al．An evaluation of the sustainability of the Olympic Games［J］．Nature Sustainability，2021，4：340-348.

［219］Walton H，Longo A，Dawson P．A contingent valuation of the 2012 London Olympic games-A regional perspective［J］．Journal of Sports Economics，2008，9（3）：304-317.

［220］洪扬．全面深化改革对中国经济发展的影响效应与作用路径——基于回归控制法的实证检验［J］．软科学，2023，37（2）：51-58.

［221］Hsiao C，Steve Ching H，Ki Wan S．A panel data approach for program evaluation：measuring the benefits of political and economic integration of Hong Kong with mainland China［J］．Journal of Applied Econometrics，2012，27（5）：705-740.

［222］高子鑫，刘晓辉，席丽佳．"8·11"汇改降低了人民币抛补利率平价的偏离程度吗？——基于回归控制法的反事实研究［J］．世界经济与政治论坛，2023，（4）：123-148.

［223］Yan G P，Chen Q．RCM：A command for the regression control method［J］．The Stata Journal：Promoting Communications on Statistics and Stata，2022，22（4）：842-883.

［224］王金营，贾娜．政策调整变迁与京津冀区域协同发展——基于合成控制法的分析［J］．人口与经济，2020，（5）：72-86.

［225］严宁宁．基于志愿行为态度中介变量的志愿行为与国家认同研究——以北京2022年冬奥会和冬残奥会志愿者为例［D］．北京：北京体育大学，2023.

［226］周金钰，王相飞，王真真，等．奥运夺冠短视频的新媒体传播与国家认同构建——以2016年里约奥运会为例［J］．山东体育学院学报，2019，35（4）：19-25.

［227］李根，高嵘．国家认同与集体记忆："国球"乒乓的塑造过程及象征意义［J］．沈阳体育学院学报，2019，38（4）：78-85.

［228］Allain K A．Kid Crosby or Golden Boy：Sidney Crosby，Canadian national identity，and the policing of hockey masculinity［J］．International Review for the Sociology of Sport，2011，46（1）：3-22.

［229］李敏，周明洁．志愿者心理资本与利他行为：角色认同的中介［J］．应用心理学，2017，23（3）：248-257.

［230］Karkatsoulis P，Michalopoulos N，Moustakatou V．The national identity as a motivational factor for better performance in the public sector［J］．International Journal of Productivity and Performance Management，2005，54（7）：579-594.

［231］Lai M H C，Ren M Y W，Wu A M S，et al．Motivation as mediator between national identity and intention to volunteer［J］．Journal of Community & Applied Social Psychology，2013，

23（2）：128-142.

［232］林云晓. 奥运遗产旅游情境下集体记忆对游客国家认同的影响研究——基于集体自豪的中介效应分析［D］. 北京：北京体育大学，2022.

［233］徐嵩龄. 我国遗产旅游的文化政治意义［J］. 旅游学刊，2007，22（6）：48-52.

［234］Ashworth G J, Larkbam P J. A heritage for Europe［J］. Building A New Heritage（RLE Tourism），2013，25（5）：17-24.

［235］李彦辉，朱竑. 地方传奇、集体记忆与国家认同——以黄埔军校旧址及其参观者为中心的研究［J］. 人文地理，2013，28（6）：17-21.

［236］Winter C. Tourism, social memory and the great war［J］. Annals of Tourism Research，2009，36（4）：607-626.

［237］孙艳，李咪咪，肖洪根. 海外移民返乡家庭旅游的集体记忆和国家认同建构［J］. 旅游学刊，2022，37（2）：46-61.

［238］张朝枝，屈册，金钰涵. 遗产认同：概念、内涵与研究路径［J］. 人文地理，2018，33（4）：20-25.

［239］张卉妍. 遗址型工业博物馆文化记忆的游客情感体验研究［D］. 沈阳：沈阳师范大学，2021.

［240］Lazarus R S. Psychological Stress and the Coping Process. New York：McGraw-Hill, 1966.

［241］涂红伟，熊琳英，黄逸敏，等. 目的地形象对游客行为意愿的影响——基于情绪评价理论［J］. 旅游学刊，2017，32（2）：32-41.

［242］郭俊伶，卢东，金鹏. 红色旅游中敬畏情绪对游客国家认同的影响研究［J］. 资源开发与市场，2018，34（7）：1026-1031.

［243］Pappalepore I, Duignan M B. The London 2012 cultural programme：A consideration of Olympic impacts and legacies for small creative organisations in East London［J］. Tourism Management, 2016, 54：344-355.

［244］Duignan M B, Pappalepore I. Visitor（im）mobility, leisure consumption and mega-event impact：The territorialisation of Greenwich and small business exclusion at the London 2012 Olympics［J］. Leisure Studies, 2019, 38（2）：160-174.

［245］Vlachos P. The 2012 Olympics and Small Local Business：A 5-Year Longitudinal Study of South-East London［M］. London：Routledge, 2015.

［246］Mount J, Leroux C. Assessing the effects of a mega-event：A retrospective study of the impact of the Olympic games on the Calgary business sector［J］. Festival Management and Event Tourism, 1994, 2（1）：15-23.

［247］Keller K L. Conceptualizing, measuring, and managing customer-based brand equity［J］. Journal of Marketing, 1993, 57（1）：1-22.

[248] Chalip L. Chapter 12. beyond impact: A general model for sport event leverage [M] // Ritchie B W, Adair D. Sport Tourism. Bristol, Blue Ridge Summit: Channel View Publications, 2004.

[249] Duignan M B, Pappalepore I. How do Olympic cities strategically leverage New Urban Tourism? Evidence from Tokyo [J]. Tourism Geographies, 2023, 25 (2/3): 425-449.

[250] Kirby S I, Duignan M B, McGillivray D. Mega-sport events, micro and small business leveraging: introducing the "MSE-MSB leverage model" [J]. Event Management, 2018, 22 (6): 917-931.

[251] 蒋依依, 金山, 薛涛. 政府如何支持小微企业获得大型体育赛事的红利? ——来自北京冬奥会的案例经验 [J]. 北京体育大学学报, 2023, 46 (4): 13-25.

[252] 国家体育总局. 改革开放 30 年的中国体育 [M]. 北京: 人民体育出版社, 2008.

[253] 何健, 傅砚农, 李春鹏. 近年我国体育改革与成就述评 [J]. 体育文化导刊, 2010, (10): 10-12, 26.

[254] 黄艳. 在北京城市发展战略与规划下的北京奥运会场馆设施规划建设 [J]. 建筑学报, 2008, (10): 11-15.

[255] 胡洁, 吴宜夏, 吕璐珊. 北京奥林匹克森林公园 [C] //安东晚、刘晓明. 国际风景园林师联合会亚太区第 6 届风景园林奖 2009 获奖作品集. 北京: 中国建筑工业出版社, 2010.

[256] 袁书营. 2008 年北京奥运会有形遗产利用现状研究 [D]. 北京: 北京体育大学, 2012.

[257] 刘鹏. 2008 北京奥运会遗产保护研究 [D]. 北京: 北京体育大学, 2010.

[258] 奥运志愿者的不了情 [J]. 中国大学生就业, 2008, (15): 14.

[259] 魏娜, 等. 经济·价值·影响: 2008 北京奥运会、残奥会志愿者工作成果转化研究 [M]. 北京: 中国人民大学出版社, 2010.

[260] 邵玉辉. 2008 年北京奥运会无形遗产保护和开发研究 [D]. 北京: 北京体育大学, 2011.

[261] 郭振, 乔凤杰. 北京绿色奥运遗产及其困境与继承 [J]. 武汉体育学院学报, 2016, 50 (8): 6.

[262] 程明凯. 南京青奥遗产的保护与传承研究 [D]. 南京: 南京师范大学, 2015.

[263] Shen Y, Huo D, Yu T, et al. Bubble strategy-a practical solution to return to regular life in the intertwined era of vaccine rollouts and virus mutation [J]. China CDC Weekly, 2022, 4 (4): 71-73.

[264] 王雪纯, 闫翔宇, 裴少君, 等. 2022 年北京冬奥会和冬残奥会闭环管理新型冠状病毒肺炎疫情防控效果评价 [J]. 疾病监测, 2022, 37 (12): 1594-1598.

[265] 王春虹，范春蕊，杨晓曦．习近平关于青年担当精神重要论述的基本要义［J］．新视野，2022，(3)：36-42，80.

[266] 邱辉，孟昭雯．北京2022年冬奥会志愿遗产及其内涵研究——基于21名志愿者的口述史［J］．北京体育大学学报，2022，45(5)：91-100.

[267] 汪亭友．中华民族在磨难中成长、从磨难中奋起［J］．党建，2020，(8)：31-34.

[268] 戴朝，尤静怡．疫情防控常态化背景下我国大型体育赛事筹办的评估体系优化策略［J］．南京体育学院学报，2022，21(7)：9-14，2.

[269] 赵晶，闫育东，白金木，等．北京2022年冬奥会我国参赛目标、参赛成绩审视与后冬奥时代发展战略思考［J］．中国体育科技，2023，59(9)：81-88.

[270] 汪兰云．人类命运共同体视域下北京冬奥口号的内涵解读与价值阐释［J］．北京体育大学学报，2022，45(1)：84-91.

[271] 安德万．人类命运共同体理念下的中国外交新实践［J］．江苏大学学报(社会科学版)，2021，23(6)：18-29.

[272] 加快培养专业化国际化冬奥人才队伍［J］．中国人才，2020(7)：57.

[273] 王嘉．数字技术为文化遗产带来了什么？［N］．成都日报，2022-07-07(8)．

[274] 冯惠玲，任瑾，陈怡．北京"双奥"遗产的数字化保存与传播［J］．图书情报知识，2022，39(3)：22-31.

[275] 孙葆丽，沈鹤军，孙海潮，等．北京冬奥精神的内涵特征、时代意蕴与传承路径［J］．武汉体育学院学报，2022，56(9)：15-20.

[276] 张传昌，王润斌．疫情防控常态化背景下大型体育赛事风险管理的历史经验与现实镜鉴［J］．体育学刊，2022，29(3)：26-33.

[277] 张强，王家宏．新时代我国智慧体育场馆运营管理研究［J］．武汉体育学院学报，2021，55(11)：62-69.

[278] 蒋依依，洪鹏飞，谢婷，等．京张体育文化旅游带建设的使命与路径［J］．北京体育大学学报，2021，44(4)：1-12.